육효박사

저자 : 이시송

- 들어가는 말 ·· 7

- 본인점사 편 ·· 15
- 타인 신수점 ·· 51
- 재물점사 모음 ···································· 97
- 타인 재물점 ······································ 161
- 심리점사 ·· 185
- 건강점 모음 ······································ 277

- 기타점사 ·· 321

- 나가는 말 ·· 363

책 출간 축하멘트 모음

점복학은 더욱더 겸허한 마음과 두려운 마음, 그리고 수양하는 마음으로 임하기 바랍니다.
- 정종호(공주대학교 대학원 동양학과) 검사 논문 지도교수

검사 선생님, 축하드립니다.
제가 문의 드린 점사도 지나고 보니 정확하게 적중하였지요. 사례도 못 드리고 있는데…
다시 감사드리고요. 이번 발간은 역리차원에서는 육효 이론 실증에 중요한 자료가 될
것입니다. 개인적으로도 더욱 정진하실 계기가 되실 것입니다.
- 장동순(충남대학교 공대 환경공학과) 교수

검사 선생님의 육효책 출간을 축하하며 무궁한 발전을 기원합니다.
- 박영창(글로벌사이버대학교 동양학부 학부장) 교수

주역으로 길흉을 판단하는 방법은 크게 두 가지로 구분된다. 하나는 점괘를 뽑아서
점단하는 법과, 괘를 만들지 않고 역수로 길흉을 예측하는 방법이다.
점괘로 점단하는 방법은 다시 전통 주역점과 경방역점으로 구분할 수 있다.
전통주역점은 괘를 뽑아서 『역경』의 괘효사와 괘효상을 보고 길흉을 판단한다. 이에 비해
경방역점은 괘를 뽑은 다음 괘효상에 간지를 배합하고, 간지의 오행 간에
상생상극의 관계를 살펴서 점단하는 방법이다.
오행역점 또는 육효점이라고도 불리는 경방역점은 전통 주역점보다 구체적이고 가시적이며
계량적인 판단이 가능한 방법이라고 할 수 있다.
그런데 이렇게 괘를 뽑아서 점단하는 방법은 점을 치는 사람과 천지신명 간에 감응이
되어야하는 전제가 있다. 점을 치는 이치를 아는 사람이라도 신명과 소통이 잘 안 되는
사람은 궁금한 문제에 대한 해답을 제대로 얻기 어렵다는 말이 된다.
이번에 육효점단 사례를 정리해 책을 펴내는 이시송 박사는 점의 이치는 물론
신명과 소통하는 능력이 있음을 필자는 확인한 바 있다.
모쪼록 이 책이 경방역점을 공부하는 독자들에게 좋은 참고가 될 것으로
믿어 의심치 않는 바이다.
- 2014년 3월 慈悲之雨 씀 (공주대학교 대학원 역리학과 석사, 한문교육학과 박사) 김진희 박사

겸사 선생님의 책은 육효 공부를 하고 있는 분들에게
좋은 길잡이가 될 것으로 생각됩니다. 다시 한 번 출간을 축하드리며 많은 분들이
이 책을 접하셨으면 하는 바램입니다.
　- 독자 수현~

겸사 선생님 이 좋은 봄날에 좋은 책을 내셨군요. 축하 축하드립니다.
공주대학교대학원 동양학과 카페에 글들이 어디로 사라졌나 했더니 이 책으로 갔군요.
공부 많이 되도록 열심히 보겠습니다.
　- 독자 녹파

육효의 묘미를 육효실관사례를 통해 실생활에 접할 수 있는 계기가 되는 좋은 책으로
추천하고 싶습니다. 이 책과 함께 독자 분들도 번창하십시오.♥♥♥
　- 주은화(공주대학교 대학원 동양학과 9기, ㄷ 대학교 박사과정)

책 쓰신다고 머리는 짐승이고, 방은 돼지우리라고 하시더니 드디어 책이 나오는 군요.
기대됩니다. 축하드립니다.
　- 윤경옥 (공주대학교 대학원 동양학과 11기)

아주 어려서부터 역학 공부를 해 왔지만, 제 역학 인생은 10여 년 전,
겸사 선생님께 육효를 배우기 전과 그 후로 나누어집니다. 늘 학문에 정진하시고 후학을
위해 열정을 아끼지 않으시는 겸사 선생님께 무한한 존경을 표합니다.
본 책을 읽어보니 저는 아직도 멀었다는 생각이 듭니다.
좋은 책을 출간해 주시어 감사드립니다.
　- 제자 묵등

이 박사님!『육효박사』출간을 진심으로 축하드리며, 아울러 훌륭한 성과가
있기를 기원하겠습니다.
　- 녹담 구현식(공주대학교 대학원 동양학과 박사 1기) 박사

이시송 박사님의 신통력과 천인감응능력뿐만 아니라 총명영리하고 해박하신 지식과
지혜가 이제 세상 밖으로 나와서 만인의 등불이 되어 주시니 이시송 박사님께 진심으로
감사드리고 또한 축하드립니다.
- 서곡 정대붕(공주대학교 대학원 동양학과 박사 2기) 박사

이 박사님 고생 많으셨습니다. 주사위 선물해주셔서
저도 요즘 팔괘와 64괘를 암기하고 주역점에도 잘 쓰고 있습니다.
육효가 아직 일반인들에게 많이 확산되지 않은 감이 있지만 선생님처럼 쉽게 이론과 실관을
통하여 많은 사람들에 정보를 주시어 여러 사람들이 일상생활에 애용되어지길 희망합니다.
수고 많으셨고 책도 많이 팔리시기 바랍니다.
- 묵선 김형일(공주대학교 대학원 동양학과 박사 2기) 박사

드디어 정식 출간을 하는군요. 축하드립니다. 여러분들도 감사드립니다.
- 김수연(공주대학교 대학원 역리학과 석사 3기) 겸사의 반려자.

전문 지식인이 아닌 독자가 읽어도 삶의 참 모습과 지혜를 공감할 수 있는
인생의 지침서와 같은 책
- 독자 은기 한미영(강원대학교 대학원 국어국문학과 석사)

쌤 책 정식 출간을 축하드립니다. 잘 될 겁니다. 느낌 아니까
- 장현삼(공주대학교 대학원 동양학과 10기, 사회교육학과 박사과정)

책 한권에 육효학에 관하여 놀라운 이론과 통변용 멘트까지 쓰신
겸사 선생님 정성에 감탄합니다. 축하드립니다.
- 윤겸 조철휘(공주대학교 대학원 동양학과 10기, 역학신문 대표)

이 박사님! 출간을 축하합니다. 후학들을 위해 자주자주 길잡이 역할을 부탁합니다.
- 文靑 강정수(문청역학원) 원장

축하합니다!! 드디어 박사님 책이 출간되는군요. 육효에 관심있는 모든 분들의 길잡이가 될
것입니다. 앞으로도 계속적인 출간을 기대해 봅니다.
- 심당 성홍숙(공주대학교 대학원 동양학과 8기)

들어가는 말

그간 제 책이 정식적으로 나오기를 고대해주신 여러분들께 감사합니다. 그리고 이 책을 출간해 주신 류래웅 선생님께 감사드립니다.

제가 여러해에 걸쳐서 실관을 하면 할수록 좋은 경험이 쌓였습니다. 그간의 저의 경험을 털어놓아 독자 여러분에게 작은 보탬이 된다면 그걸로 족합니다.

제 육효 풀이 방식은 『야학노인 점복전서』에 따르며 천금부와 18문답을 기준으로 풉니다. 그러므로 신살이나 육수를 거의 쓰지 않고, 용신(자부재관형제세응) 즉 묻는 사람의 핵심사안 위주이니 참고하시기 바랍니다. 그리고 문어체가 아니라 구어체(강의 직업병)입니다.

이 책은 초보들은 보고 쉽게 이해하기 힘든 책이고, 어느 정도의 기본기가 되어 있어야 잘 읽힙니다. 초보 선생님들은 8괘, 64괘 명, 8궁 오행소속궁 찾기를 통해 괘를 만들고, 납갑 납지를 올리고 월 일 공망을 기입하고, 용신(다 해봐야 7개 : 세, 응, 자, 부, 재, 관, 형제)을 찾고 통변하면 됩니다.

괘를 만드는 것은 한나라 때 경방이 화주림법이라 하여 주역의 정통서법을 동전으로 간소화한 것, 즉 동전을 던져 작성하기도 하고, 쌀을 가지고 엄지검지 꼬집듯이 잡아내어 8로 나누고 나머지를 하괘, 두 번째도 똑같이 하여 상괘, 세 번째는 6개로 나누고 나머지가 동효를 만듭니다. 솔잎이나, 은행알, 작은 돌맹이를 이용하여도 되고 요즘은 주사위 3개를 이용한 서주법, 휴대폰 시계를 이용하여 득괘하는 법 등, 수없이 많은 작괘법이 있습니다.

저는 긴 점사는 48개 산대를, 심리나 짧고, 복잡하지 않은 점사는 주사위 3개를 한꺼번에 던집니다. 외부에 있을 땐 휴대폰 시간을 가지고 점단합니다.

점을 자꾸 치다보면 주사위를 던지자마자 괘가 머릿속에 그려지니 시각장애인 선생님들과 말이 잘 통합니다. 이분들은 괘를 머릿속에 그리시기에 그러하고 독자 여러분들도 자꾸 점치면 이렇게 됩니다.

육효점은 사주의 육친을 세분화하여 비견, 겁재 이렇게 나누지 않고 같이 묶어 '형제'로 보니까 참 쉬운 것 같은데 사주명리에선 고정된 글자 8자를 보고 세운보고 대운보고 억부니 조후니 가종이니 진종이니 그런대로 어떤 틀이 있지만 육효의 육친은 많은 의미를 지니고 있답니다.

사주에선 월지와 일간을 먼저 들여다보지만 육효는 지금 묻는 것이 본인에 대한 점인지, 1:1 심리인지, 자손이야기인지, 남편 이야기인지 거기서 더 나아가 자손의 입시인지, 자손의 직장문제인지, 막 뻗어 나가면서 초보자들은 빙빙 돕니다.

그런데 여기서 독자들과 겸사가 약속해둬야 할 규칙이 있다면, 육효에선 자신점, 즉 점을 보러온 당사자, 혹은 전화로 묻는 본인, 선생님 우리 아들이 이것 좀 물어보래요 하면 이 모든 것은 본인점이고 그 외의 질문들 즉, 우리 자손이 유학 가서 잘 있나요? 우리 남편 건강이 어떤가요? 우리 사위가 이번에 승진이 될까요? 이런 점사를 타인점사라고 명명하는 것입니다.

쉽게 다시 한 번 정리하면 - 자기에 관련한 것은 자기점

자, 부, 재, 관, 형제에 관한 것이라면 - 타인점

그가 나를 어떻게 생각하는가?, 우리 아들이 날 어찌 보는지, 우리 집 주인이 순이 엄마를 어찌 생각하는지, 우리 교수님이 날 어찌 생각하는지, 동업자가 날 어찌 생각하는지 이런 인간관계의 심리를 본다거나, 한국과 일본이 축구 경기를 하는데 누가 이길 것인지, 민사송사는 누가 이기는지, 대출 넣으려는 은행에선 대출이 되는지, 돈 떼먹은 사람이 돈 언제 주는지 - 이런 점사는 심리점사로 크게 나눕니다.

그러니 이번에 『육효 박사』 실관 사례집은 이렇게 크게 3가지를 집중적으로 조명하려고 합니다. 제가 운영하는 다음카페 공주대학교 대학원 동양학과 모임 - 육효실관사례방에 계속 업데이트 해드릴 것이니 이 책을 보신 분들은 자주 자주 오서서 오홍 겸사[1]가 또 이렇게 풀었네, 혹은 여러분들도 점보시다가 기발한 것들을 발견하시면 같이 공유하여 주시기 바랍니다.

육효도 상식선에서 통변해야 할 것이 있습니다.

너무 먼 나라 이야기, 너무 모호한 이야기, 전문기관이 점 보다 더 명확한데 점을 통해 해결하려는 이야기, 두 가지를 한꺼번에 물어보는 이야기, 여기서 예를 들어 볼까요?

육효점사에 어울리지 않는 점사들

지정이 안 된 이야기 들

제가 옷가게를 하면 어떨까요? 제가 이사를 하면 어떨까요? 제가 떡볶이 장사를 하면 어떨까요? - 육효는 가게를 보고 와서 점쳐야 합니다.

소개팅이 있는데 그녀와 어떨지? - 일단 소개팅하고 오서서 보서요 해야 합니다. 이사하면 어떤가요? - 이사할 집을 보고 오서요. 그럼 점 쳐드릴께요 하면 되고요. 지금 아버지가 병원에 가셨는데 괜찮을까요? - 일단 전문가의 말을

---

[1] 겸사는 이 책의 저자 이시송박사의 호(號)입니다.

듣고 점 보셔요.

올해 우리 아들이 대학갈 수 있을까요? - 이렇게 막연히 물으면 못가도 간다고 해야 희망을 가지니까 수능 점수 나오고 같은 날 겹치는 대학이 있으면 찍어드린다고 하면 됩니다.

막연한 이야기
우리 아들이 초등학생인데 훗날 국회의원이 될 수 있을까요? 이 경우는 육효점이 아닌 순수한 주역점사를 보는 게 더 정확합니다.

엉킨 이야기
재산싸움에 정신이 없는 우리 형제들 어떻게 될까요? 여기서 형제들이란 말이 걸립니다. 육효는 지극히 작게, 핵심만 나오기에 이런 점들은 주역점사가 낫습니다.
이번에는 또 상식적인 이야기를 하겠습니다.

육효는 자기와 관련된 이야기만 잘 나옵니다. 그래서 천금부에선 자기점 자기가 치라는 것이 있습니다. 사촌이 요즘 뭔가 고민하는데 그 동네 어쩌고 저쩌고 - 그 분더러 직접 오시라고 하셔요. 이렇게 말해야 합니다. 교감이 없는 사람들은 점 잘 안나옵니다. 그런데 사촌이 절 죽이려고 해요 저 무탈할까요? 이런 것은 금방 나옵니다. 그러니 본인과 직접 관계가 되는 일만 물어야 합니다.

지금의 육효학이 완성되기 까지의 역사를 다 알고 계신가요?
정통 주역에선 괘명과 괘사 효사 중심이었다면 중국 한나라 때 경방은 괘에 십간 십이지즉 오행을 부여하였고, 육친도 생성시켰고, 송나라 소강절 선생님 때에 와선 지금의 천금부의 전신인 십팔문답 편 섭렵가에서 천금부의 반이 완성되고 명나라 때 유백온은 『역은』이라는 책 속에 유백온선생총단이 천금부의 반을 완성 했습니다. 그러다가 청나라 때 왕홍서라는 분이 외과 의사 하다가 문걸어 잠그고 점단 공부하시어 여러 점치는 책을 종합하여『복서정종』이라는 책을 냈고, 야학이라는 분이 복서정종의 내용을 증가, 삭제 하여『증산복역(야학노인점복전서)』를 냈습니다.

왕홍서는 점을 칠 때 분점 즉 일사일점주의를 설하셨고, 야학은 모호한 점사는 재점도 가능하다고 하셨습니다. 둘이 이 문제로 많이 싸우십니다.

그 덕에 우린 그냥 숟가락만 들고 그 분들 책을 잘 봅니다. 우리 훗날 경방, 소강절, 유백온, 왕홍서, 야학 선생님에 대하여 제사 한 번씩 각자 드립시다. 그 분들 덕에 우리가 잘 배우고 쓰고 있으니까요.

여기서 일사일점 주의는 참으로 중요합니다. 한 가지 사안에 한 가지 점쳐야 하는데 어떤 분은 괘를 하나 내 놓으시고 다 푸신다고 하니 이런 분은 대단하신 분입니다.

일사일점에 위배되는 질문 유형 볼까요? 이 질문들을 하늘에 고하고 점단하려 할 때를 말합니다.
김씨가 저를 더 좋아하나요? 박씨가 더 좋아하나요?
제 성적으로 서울대가 좋은가요? 고려대가 좋은가요?
제가 직장을 그만 두는 게 나은가요? 다니는 게 좋은가요?
이 사람이 직장이 나오면 계속 잘 다닐까요?
우리 아들이 올해 장가를 가나요? 안 가나요?
언니랑 동업하면 잘 될까요? (돈인지 인간관계인지 분점 할 것)
하여튼 겹치는 질문은 나눠야 합니다.

다시 치는 재점은 모호한 일은 가능한데 재점이 안 되는 점사가 있습니다.

김씨와 해로할까요? - 이건 한 번 점단으로 끝납니다.

한달 후, 일년 후 물어보면 당연히 괘가 바뀌지만 하늘은 일단 답을 주었으면 그만입니다. 상대가 바뀌면 점단할 수 있지만…

한국과 일본 축구경기 하루 전에 점단하고 시작 전에 또 점단하고 이것도 안됩니다.

1월에 점 보러 왔을 때 3월에 취직이 된다고 했는데 2월에 또 와서 물어봐도 그 시일이 지나고 와서 점단하라고 해야 합니다.

그리고 핵심사안 얘기 해드립니다.

맨날 재물점 치면 잘 안 맞습니다. 신수점 매일 친다고 자랑하지 마시기 바랍니다.

애정이 담뿍 담긴 사람들도 점 잘 안맞고… 세상에 세상에 자기점 (육효인) 처럼 잘 안맞는 사람 또 있을까요? 우리들은 대개 점사가 잘 안 나오면 계속 잘 나올 때까지 치는 사람들이 됩니다.

점은 급박하고, 선택의 기로에 섰을 때… 딱 맞습니다. 그리고 서필성심(筮必誠心)정성을 다해서 점을 치러 와야 하고, 점단해줘야 합니다. 전화로 쉽게 물어보지 말고 직접 와서 묻는 것도 정성입니다.

그리고 꿈해몽 너무 자주 해주지 마시기 바랍니다. 버릇들이면 피곤합니다.

연인심리도 자꾸 점단하면 피곤해집니다. 선생님 오늘 이 사람은 절 어찌 생각하나요? 돈이나 잘 부쳐주면서 그리하면 덜 피곤한데 여러분들을 막 사용하려 합니다. 우리 학당에선 돈 안주고 점쳐주는 것을 강간점사라고 하니 학생들이 오셔서 나 오늘 강간 두 번 당했네 한 번 당했네 합니다.

이 정도 말하면 여러분들은 저랑 많이 공감이 되었을 것 같습니다. 그럼 본격적인 실관사례를 보도록 하는데 한 마디 더 하겠습니다. 주역의 요체는 생생지위지역이라 하였습니다. 생생의 덕 사람을 살리고 살리라는 뜻입니다.

그러니 괜히 점보러 온 사람들 죽여 놓고 점 잘 쳤다고 박수 치지 마시고 살려서 내 보내시기 바랍니다. 육효를 잘 치는 방법 중에도 이 사람을 어떻게 하면 살릴까 하고 괘를 뚫어져라 보면 답이 보입니다.

살리라고 했더니 살려 줄테니 천만원 가져와 굿하게… 이러시면 곤란합니다. 지성감천이고 기도는 하늘도 뚫는다는 말이 있으니 뭔가 어떤 의식을 통해서라도 그 사람을 살리고 싶다면 소액으로 하시기 바랍니다. 하늘이 다 보고 계시다는 생각 꼭 하셔요.

그리고 점쳐서 고객에게 이렇게 이렇게 말하면 아니요. 아닌데요 혹은 막 덤비더라도 말바꾸기 하지 마시고 그냥 진행하시기 바랍니다. 나중에 오셔서 다 맞다고 합니다.
그런 것은 알아서들 하시고요 우리 독자들은 육효로 많은 분들 살리시는 홍익인간이 되시길 바랍니다.

본인점사 편

신수점으로 사람 잡자[2].

 신수점이란 뭐라고 생각하시나요? 너무 광범위하지만 우리끼리 말하면 그 사람의 현재 상태를 점검하는 것입니다.
 저 같은 경우 사주부터 일단 써 놓고 왕쇠를 가리면 쉬운데 이건 참 복잡한 사주들 강한 것도 약한 것도 아니고 도대체 알 수 없는 사주랑 만나면 제가 항상 써먹는 것입니다. 우리 신수점부터 볼까요? 산대를 드리면서 혹은 주사위를 드리면서 나의 신수가 어찌 흘러가고 있는지 알려 주십시오 하고 기도 드리라고 하고 기도가 끝나면 산대를 다시 제가 흔들어서 6개를 뽑으라고 하고 괘를 그려서 봅니다.

 살피는 순서는
 세효(世爻) - 세효에 임한 육친 - 월일 왕쇠 비교 … 여기서 세효가 월과 일에서 하나라도 생조 받으면 통과인데 세효가 약하면 자신감부족, 방전, 환경

---

[2] 신수(身數)란 보통 일반적으로는 건강상태나 일년간의 운을 보는 일년신수를 말하지만 이곳에서의 신수는 다른 의미이다.

불량이 됩니다.
　세효에 육친을 뭘 잡았는지도 봐야 하지만 하나라도 생조 받으면 괜찮습니다.
　세효에 申금을 잡았는데 월도 午화, 일도 午화 이렇게 극을 받을 때와
　세효에 申금을 잡았는데 월은 子수 일도 子수라면 위와 비교했을 때 누가 더 힘드나요?
　극 받는 다는 것은 - 월과 일이 주먹으로 때리는 것이고
　휴수하다는 것은 - 세효를 그냥 왕따 하는 것이니 극 받을 때 더 힘이 듭니다. 이럴 때 통변은 선생님 지금 너무 힘드시네요. 하면 엉엉 우십니다. 이건 진짜 환경 불량이니 한 달만 참으시면 미월이 와서 괜찮다고 위로 하시면 됩니다.
　휴수한 것은 자기가 자신감이 떨어졌거나 의욕이 없는 것, 방전입니다. 그러므로 자신감이 왜 이리 떨어지셨냐고 주체를 튼튼히 하는 말을 해야 합니다.

　세효에 부효를 잡았다는 것은 - 맘속에 비가 내리는 현상, 우울, 마음의 병입니다. 겸사는 꾀가 나서 연세가 드신 분들에겐 왜 우울하시대유? 하고 물으면 그 사연을 말해주시기도 합니다. 부효는 편안함을 뜻하는 손을 치는 글자라 불편하다, 불안하다는 뜻도 있습니다. 왕상하면 이기는데 그래도 이건 말씀드려보면 뜨끔해 하십니다.

　세효에 손효를 잡으면 - 편안하다는 뜻도 있지만 중년 부인들은 남편이 싫어요 라는 뜻도 있고, 직장인 여자라면 직장이 싫어요도 되고, 나는 자손 걱정이 있어요도 됩니다. 난 자식이 걱정되어요도 되고, 왕상하면 그냥 통과하시면 됩니다.

　재물점에서 세효에 손효는 - 난 돈 벌고 싶어요 하는 욕망입니다.
　세효에 형효를 잡으면 - 나 돈 많이 썼어요, 왕상하면 벌긴 했는데 손에 남는 게 없어요도 됩니다.

세효에 관을 잡으면 - 나 질병있어요도 되고 너무 떨고 점쳐도 이것도 불안 걱정 스트레스입니다.

세효에 재를 잡으면 - 왕상하면 나 돈은 충분해요. 휴수하면 재는 음식도 되고 돈도 되니 음식 많이 드시라고 자신감만 있으면 손에서 돈 안 떨어진다고 하여야 합니다. 공망이면 돈 못 받은 거 있어요. 집 안 나갔어요.도 되고...

세효에 공망이라면 - 진실이 아닐 수도 있고(우리에게 말 못할 고민), 난 맘이 붕떠 있어요. 손효가 공망이면 자녀가 비었어요. (유학, 군대)

관이 공망이면 (대개 출장) 이런 것으로도 응합니다.

하여간 세효가 월일 대입하여 휴수하면 - 위에 말을 하면 되고 왕상하면 다른 문제 일 수도 있으니 다른 문제 뭐? 쥐어 터진 육친, 혹은 휴수하거나 복신 된 것들을 건드려야 합니다.

세효가 월파(月破)3) 맞으면 - 월(月)이 깨뜨렸으니 주인공은 휘청했지요. 아팠을 수도 있고요.

저는 관효가 월파 맞았기에 남편 이달에 아팠나요? 했더니 수술했다고 하더군요.

세효가 고(庫)에 빠지던지, 동하여 입묘4)되던지... 월 일 동효에 의해 생조 받으면 고에 안 들어가고 고에 안 빠집니다. 세효 이외의 글자도 마찬가지임.

월과 일진은 임금이면서 장수라고 해도 직접적으로 세효나 용신을 죽이진 못하고 생사 여탈 권은 오로지 동효(動爻)입니다. 그러므로 어떤 땐 동효하나로 게임 끝날 때도 있습니다. 변효는 항상 미래임으로 동효가 먼저 이고 변효가 나중이 됩니다.

---

3) 월파란 월령의 글자와 상충인 것을 말함. 그 달에는 만사가 불통으로 봄. 기신의 월파는 오히려 그 달이 길함.
4) 고(庫)나 입묘(入墓)는 12포태법의 묘(墓)를 만나는 것을 말함.

긴 점사라면 변효도 중요하지만 대부분 동효가 일을 끝냅니다.
그러므로 길흉은 동변효에 있다고 하는 것입니다.
신수점에서도 동효가 무슨 짓을 하나 잘 봐야 합니다.
세효가 동하여 변효 만드는 것은 대개 갈등지상으로 봐야 합니다.

세효가 동하면 내가 움직인다. 내 맘이 바뀐다. 이걸 잘 응용하면 그러한 현상이 나옵니다. 그러므로 세효가 동하여 회두극하여도 갈등 현상 할까 말까 지상입니다.
실관사례를 통해 잘 모르는 용어는 상세히 설명해 드리겠습니다.
항상 손님과 교감을 통해야 하고, 고인이 되신 선배 역술인 홍몽선 선생님이 강조했던 나이, 주거, 직업 이런 것들을 파악하고 점쳐야 합니다.
제가 실관사례에 적나라하게 내용을 적고 싶어도 혹시라도 그 분들이 보면 상처 받을까봐 의사 변호사 교사 교수 방송인 이런 직업을 그냥 전문직으로 포괄적으로 말해야 하고
포주, 불륜, 불법적 일을 하시는 분들 이런 분들도 사연이 많은데 참 뭐라고 표현할 방법이 없답니다.

모든 것은 태극이며 음양인지라 건전한 이야기도 있지만 음란, 불륜 이런 이야기도 많은데 이 또한 독자들을 위하면 다 설명해야하는데 혹시라도 그분들이 보면 상처받을까봐 이러지도 저러지도 못합니다.

19금 점사는 따로 모았지만 의미가 없어서 그냥 이 책이 지루할 때 마다 하나씩 양념처럼 공개 하겠습니다. 졸지마시고 잘 읽으셔요.
우리의 학문은 아무리 세월이 지나도 음의 학문이 맞음을 느낍니다. 그러니 여러분들도 유명세 타려고 너무 부각 하지 않으셨음 합니다. 건전한 것도 반 음적인 것도 반 양념반 후라이드 반 상담입니다.

저는 제 제자 선생님5)들의 연세가 모두 저보다 많으셔서 카리스마나 고압적이거나 대접받거나 하는 그런 것들은 개를 준지 오래라 말하듯 글을 쓰니까 건방지게 누굴 자꾸 가르치려 드네 이런 시각으로 보지마시고 겸사가 어른들 상대하다 보니 저렇구나 생각하시고 문어체 보다는 구어체를 쓰니까 그리 알고 읽으시기 바랍니다.

자아 그럼 2012년 4월부터 14년 2월까지 점단한 내용 중에서 여러분들이 자주 접하게 될 신수점부터 올립니다.

---

5) 제자 선생님이란 용어는 국어사전에 없는 용어이지만 이시송박사가 나이 많은 제자들의 인격을 생각하여 만든 용어이니 양지하시길.

1. 50대 여자분 신수점

교포 분 58세 여자분 홀로 되시고 아이 둘 열심히 키우시다가 이제 결혼을 앞두었다고 택일하러 오신다고해서 편안한 한 날 잡으셔서 하시라고 했더니 그래도 물을 게 많다고 오심. 이것저것 다 물으시고 자신의 올해 신수 보심.

```
▶ 건金궁 (산지박) 2효동
·····································
財 寅 ―
孫 子 - - 世              卯月
父 戌 - -
財 卯 - -
官 巳 -//-(父 辰) 應      寅日 (오미공망)
父 未 - -
```

세효에 손효 잡고 월일에 휴수됨. 휴수하면 꼭 자세히 통변하여야 합니다.
자나 깨나 아들, 딸 걱정 밖에 안 하시쥬?
그렇다고 하네요... 세효 손효인데 월일 미약하니 그랬지요?

가택효인 2효가 동이라 왜 방을 옮기셨나요? 직장을 옮기셨나요?
한 달 전에 일하다가 지금 집에 들어와서 거주하면서 일을 돕는다고 ... 100평이 넘는 집에서 가사 도우미 붙박이 하신다고 합니다.

이렇게 신수점은 과거로도 응하니까 여러분들은 그냥 나오는 대로 읽으시면 그게 답입니다. 2효는 항상 가택효라고 생각하시고 4효는 유혼, 3효는 귀혼이지요?

그게 뭐다냐? 하시는 분은 건괘에서 구 돈 비 관 박 진 대유에서 끝에서 두 괘 즉 화지진, 화천대유에 세효가 붙으면 유혼 귀혼이 됩니다. 신약하면

넋이 나가다, 산송장이다, 거동이 불편하다. 라는 뜻이 있고, 불상이나 마리아상 즉 성물을 모시고 계신분도 됩니다.

　재물은 현재 많이 따르기에(왕상) - 돈도 걱정 없고 급료 이외에 다른 것들도 생기나 봅니다. 했더니 그러냐고 지금 편하다고 합니다.

　세효가 자수인데 곤괘에서 관이 동하길래,

　엄마가 아이들 때문에 너무 걱정하면 소화도 안 되고 배가 아프다고 하는데 배는 어떠세요? 요즘 소화가 안 된다고 합니다.

　이건 자녀로 인한 신경성이니(자손 애정병) 손효를 보강시켜주어야 하길래 틈틈이 절이나 교회 가서 기도 좀 하셔요 했더니 그러면 효과가 있느냐고 하십니다. 당연히 있다고 하였습니다. (세효 손효를 강화시켜주려는 멘트 임)

　이 분이 날 첨 보는데 내가 편하다고 그저 목소리만 들어도 복이 들어 올 것 같고, 맘이 편한 사람이라고 이렇게 말씀하시는데 요즘 내가 칭찬에 굶주렸더니 오히려 내가 편안해지는 이유는 뭘까요?

　신수점은 약한 것 건드려 설명하고 자본주의 시대이니 돈복은 괜찮은가 동효는 뭔짓을 하나 이것만 건드려주시면 되고 거기서 약한 것에 대하여 물어보시고 세밀하게 분점을 치면 됩니다. 신수점 하나로 모든 것을 해결하지 마시시기 바랍니다.

　이분은 지금 자손효와 세효가 같은 글자인데 그것 걱정 밖에 없는 사람이니 돈 괜찮고 자손 걱정 너무 하지 마시라고 위로 해주면 끝입니다.

2. 70대 여자분 신수점

거창에서 아시아 1인극제 행사참여로 갔을 때 연세 드신 분이 겸사가 왔다고 하니 택시타고 오셨다고 하셔서 신수점부터 보자고 하여서 나온 괘

```
▶ 지풍승 (진木궁)
..........................
官 酉 -//-(兄 卯)
父 亥 -//-(孫 巳)              未월
財 丑 - - 世
官 酉 一
父 亥 一                        戌日(진사공망)
財 丑 - - 應
```

여기서 상식적인 이야기

20대는 미혼이라면 직장, 이성문제 많이 나오고

30대 40대는 기혼이라면 아기 문제, 남편 승진, 시부모 문제 많이 나오고

50 60대는 아이들 결혼문제, 매매문제 대부분 매매 부동산 문제 많음을 염두에 두시길 (경험상)

이제 이괘를 봅니다. 세효에 재효 임하였고 월파 한 번 그러나 일진에서같은 오행으로 힘이 빵빵하니 재력은 확보 되셨고, 항상 길흉은 동변효로

보니 관, 부효 반음 지상이라.

관이 동하면 재의 힘을 빼니 돈 나가는 문제, 부효는 집이나 문서문제로 지금 왔다 갔다가 하시는 일이 있으신데 여기에 대하여 말씀 하시라고 하니 건물 3개 안 팔리셔서 힘드신 상태라고 모텔과 집이 안 나가서 하나씩 점단해드림.

언제나 그렇듯 신수점 하나로 다 풀지 않고 신수점은 항상 이 분의 현재 상태만 알려준 것임.

3. 40대 중반 여자분 신수

겸사랑 한 살 차이나는 여자 선생님 신수 봐 달라고 하셔서 본인이 괘를 냄.

```
▶ 지뢰복 (곤土궁) 2효동
..........................................
孫 酉 - -
財 亥 - -                           未月
兄 丑 - - 應
兄 辰 - -
官 寅 -//- (官 卯)              酉일(진사공망)
財 子 一 世
```

세효에 재 자(子)수, 일진에서 생조해 주니 재물 상황 좋습니다.

가택효 2효가 동하여 진신되나 지금은 진신작용 미미하고 대시이진(기다렸다가 나감)으로 인묘월 발생 집이 들썩 거리는데 거기로 돈이 나간다고 하니 이게 무슨 말이냐고 하니 집을 지으려고 지금 설계사 알아보러 다니고 있다고 하여서 그러냐고…

2효가 움직인 것은 - 현재 살고 있는 집도 내놓으시고 새집을 지으신다고 함. 두개 다 들썩임으로 양력 2 3월에 다 완공되느냐고 하니 그럴거라고 하심

그래도 재물상황은 충분하고 일진에서 계속 재가 힘 받기에 재벌이라고 하시니 옆 분 부러워 하심.

4. 40대 여자분 신수

```
▶ 화풍정 (火) 초효동
......................................
兄 巳 ―
孫 未 - - 應              巳월
財 酉° ―
財 酉° ―
官 亥 ― 世              丑일(신유공망)
孫 丑 -//-(官 子)
```

수요일 반에서 수업 끝나고 이 문제를 내고 학생분들에게 통변하라고 하니 한 분이 갑갑하네요 하시길래 겸사가 잘 보셨다며 다른 분들에게 왜 갑갑하다고 했는지 3개를 찾으라고 했습니다.

그랬더니 세효에 관을 지세했고, 월일에 휴수하니까요.

또요 했더니 축토가 동했구요 하셔서 또요? 했더니 못 찾으시길래 못 찾으면 못 가신다고 했습니다.

이번엔 목요일반에서 저사람 신수를 보라고 하니

재효가 공망이라 돈 얘기 한다고 하여서 신수를 볼 때 순차적으로 해야지 재공망은 두 번째 중요하다고 하였습니다. 그랬더니 세효가 월파 맞았고 관지세하여 힘들다고 하여서

월파 잘 찾아냈다고 손님에게 월파 맞았네요라고 하면 그 사람이 알아 듣냐고 하니 그게 잘 안된다고 하십니다. 수요일 반에서는 월파를 못 찾아내서 제게 고문당하셨고, 이번 목요일은 월파는 찾았는데 무엇이 월파를 맞았냐는 것을 시원하게 말을 못하셔서 고문당하셨습니다.

세효가 관을 지세하면 막히고 체하는데 세효에 관을 지세하여 휴수하니 이 사람은 관에 해당하는 것을 말하면 됩니다. 직장, 남자, 남편 중에 이달에 깨어졌다로 통변하셔야 합니다. 물론 이것은 대화법으로 이 달에 직장, 남편, 남

친 중에 깨어졌지요? 하면 저쪽에서 네 하고 그 중에서 말해줍니다.

손이 동하면 또 가중되니까 아마 셋 다 걸릴 것 같아서 왜 이리 맘이 괴로우세요? 했더니 학원에서 꽃남 선생이 아무 표현도 못하고 있다가 다른 곳을 가게 되어 맘이 아프다고 합니다.

재효가 공망이길래 못 받은 돈은 공망이 풀리면 받는다고 했더니 대박이라고 좋아합니다.

저 축토가 해수를 때리니 직장을 바꿔 볼까? 자영업으로 해볼까도 생각되고 저 꽃남은 나를 어찌 생각하느냐 연락은 오겠느냐 묻습니다.

꽃남의 나이가 연하(年下)여서 표현도 못하고 꽃남은 이달에 갔다고 합니다… 지금 이 부인은 온통 그 꽃남의 아쉬움으로 저리 휴수하고 있었습니다.

신수점에서 세효와 세효에 임한 육친 월일대비 왕상휴수, 동효가 세효를 극하는지… 이것을 잘 읽으면 지금 그 사람의 맺힌 심정이 그대로 보입니다.

원래 유금 재효 공망은 축일에 입묘되는데 다시 축토가 동하여 입묘가 되지 않아 그리 심각한 문제는 아닙니다.

저 여자분 해수의 마음이 월일 대비 동효 보니 얼마나 기운이 없고 갑갑한지 혹 느낌이 오시나요?

5. 갑진생 여자분 신수점

검사가 일요일 시골서 서울로 올라왔는데 상담하시려고 지방서 오신 분, 머리 커트하시고 화장도 안하시고 학원경영하시는 분으로 얼굴은 예쁘장하시지만 아직 미혼 분이심 인천에서 쭉 사심.

사주는 식신생재하심. 일단 신수운부터 보자고 하고 산대드림.

```
▶ 화풍정 (火) 2효동
..................................
兄 巳 ―
孫 未 - - 應              巳월
財 酉° ―
財 酉° ―
官 亥 ―/ (兄 午) 世      巳일(신유공망)
孫 丑 - -
```

일단 세효 봅니다. 동위시(動爲始) 변위종(變爲終)이니까 동효 먼저 읽으세요.

동효는 처음이고 변효는 결과니까 세효 해수를 보고 월과 일을 보니 월과 일과 주변에서 다 때렸지요?

세효가 해수였다가 오화로 변화합니다.

관변형은 - 관에 대한 것 과 변효는 형효니까 돈 나가는 일

세효가 동하는 것은 대부분 갈등지상도 있습니다.

경찰에 신고할까 말까도 됩니다.

재 공망은 못 받은 돈 있다.

괘를 보자 마자 아이구우 우리 선생님 지금 너무 너무 힘드시네요? 돈도 다 비었고… 그러자 우십니다.

23년 같이 돌보아 주시며 의지하셨던 분이 집안 도우미 하시던 분이 5억을

가지고 내빼셨다고 합니다. 이 분은 돈보다 인간적인 배신에서 더 아파하셨습니다.

집을 판 돈을 대신 받아오라고 했더니 가지고 사라졌다고 합니다.

내가 육효 치면서 가장 놀랄만한 일 베스트 2위 입니다.

500도 아니고 5천도 아니고 5억…

관변형 풀이 - 도둑 맞다로 암기하시기 바랍니다. 관은 도적도 되고 형은 돈 나감이니 도적이 돈 가지고 갔다.

관은 도둑으로 보셔요

나쁜 것 맞추어도 별로 좋은 소린 못 듣는다는 것 명심.

6. 위의 문제와 연결한 점사
- 그 내뺀 여자, 앞으로 어떻게 나오는지 물음

```
▶ 택화혁 (감水궁)
......................................
官 未 - -
父 酉 —                    巳月
兄 亥 — 世
兄 亥 —
官 丑 -//-(孫 卯)           巳일(신유공망)
孫 卯 — 應
```

　1 : 1 봐야합니다. 세효 해수, 응효 묘목 유혼, 나 식물인간, 산송장이에요 그 가운데 관변손
　응효에 손효가 있고, 세효는 월일에 휴수합니다. 그 돈 가져간 분 자손이 잘 안 풀리는 것 같습니다. 가택효 관변손 뭘로 읽혀지나요?
　잘 추측이 안 되신다면 - 응효는 무엇을 지세하고 왕쇠는 어떤가요? 기분이 몹시 좋은가요? 아님 어떤가요?
　저 관변손 무엇으로 읽을까요?
　관변손은 관적인 일이 풀어졌다고 보시면 될 것 같습니다. 그러므로 돈 가져간 것은 자식이 관공서에 일이 있었던 것으로 추측됩니다.
　지금 읽으셔야 할 것은 저 응은 우리에게 고마워하고 있고, 세효는 저 응을 도와주고 싶어하고… 내가 그렇게 당하고도 그 사람이 안 되셨슈? 했더니 자신이 생각해도 돈을 더 보내주어야 하지 않나? 하시기에 아이고 겸사보다 200배 착한 사람 보았습니다.
　(몇 년 후 소식 들어보니 이 도우미 오히려 자기를 도둑으로 몰고 그럴 수 있냐고 적반하장인데 그래도 다시 와서 일한다고…
　물론 돈은 떼이고 이 도우미를 의지하는 것은 음식, 청소 짱 이 주인공이 다른 사람 적응 못한다나 어쨌다나 이 여자로 인해 유방암까지 앓았음
　그래도 23년간의 우정으로 이 원장님 그녀를 저리 짝사랑합니다. 에구 참)

7. 40대 여자분 신수

```
▶이火궁 (이위화)
..........................
兄 巳 一世
孫 未 - -                        亥월
財 酉 一/(孫 戌)
官 亥 一 應
孫 丑 - -                        子일(오미공망)
父 卯 一
```

둘이 같이 오시고 직장 다니신다고 하시는 분 먼저 신수점 함

주사위 점단 3 3 나옴… 6충괘이니 뭐가 깨졌을까?

세효 사화 해월 해수에 월파 자일 일진에 또 터지고…

세효만 봐도 너무 힘드신 분

내가 뭐가 깨졌을까요? 중얼 거렸더니 옆에 오신 분이 해설해 주길 재혼이시라고 아하 6충, 세효 관효들에게 쥐어 터져서 지금 직장에서 입지가 안 좋으시다고 했더니 새로운 상관이 예전에 다퉜던 분이라 가시방석이라고…

여기선 멀리 통변 안해도 됩니다. 세효 자체에 문제가 많기 때문이지요.

관에게 쫓았으니 아프시기도 하고 불안 초조등등

선생님 재효 동한 것 왜 안보세요?

휴수해서 보기 좀… 그냥 세효의 직장 문제만 집중으로 묻기로 하였습니다. 앞으로 인사권에 대해 이동이 있냐고 물으니… 본인이 먼저 움직이는 상. 그 분과의 관계 분점… 통관을 시키는 방법을 알려드림

이렇게 세효가 이렇게 극을 받을 땐 세효 자체 문제만 잘 얘기해서 점단 분점해서 이겨낼 수 있게 하셔요. 다시 강조하면 신수점에선 쥐어 터진 것, 약한 것이 문제입니다.

8. 30대 노처녀 신수

미혼인데 둘이 같이 와서 먼저 이분부터 신수점부터 보자고 유도하여 신수점 괘를 내니 아래와 같음

```
▶ 곤土궁(택천쾌) 3효동
........................
兄 未 - -
孫 酉 一 世              子월
財 亥° 一
兄 辰 一 / (兄 丑)
官 寅 一 應              巳日(술해공망)
財 子 一
```

상식적으로 20, 30대 처녀들은 간단하다고 했지요? 직장, 남자친구 문제 이 둘입니다.

세효가 손효이면 직장이 싫어요, 재를 원해요.

이렇게 처녀가 세효에 손효 잡으면 관을 극하는 글자니까 직장 싫어요라고 하네 하면 맞습니다. 유부녀라면 나 남편이 싫어요도 응할 때 있습니다.

변효로 6충 - 뭔가 유지 안하겠다고 하는데 했더니 직장 바꾼다고 함. 세효 약하여 정신교육 시켜서 보냄

왜 신수점이 이리 짧으냐면 재효 월에서 생조를 받고 미혼들은 별로 할 얘기 없음. 엄마 건강 아빠 건강 이런 것 묻고 집에 감.

9. 부서 이동했는데 거기서 적응 잘 하나요?

50대 대학교 학교업무 보는 직원분 여자분
교수가 아니라 학교 업무하시는 분인데 이런 학교에서도 갈등이 많고 왕따도 있고, 여우같은 직원도 있고 매일 힘들어 하시는 분입니다.
직급에 따라 갈등도 있고, 업무로 인해서도 책임이 들어가서 숨이 막혀 힘들다고 합니다.

```
▶ 택화혁 (감水궁)
........................................
官 未 -//- (官 戌)
父 酉°ㅡ                          丑月
兄 亥 ㅡ 世
兄 亥 ㅡ
官 丑 - -                         午일(신유공망)
孫 卯 ㅡ 應
```

남들이 가고 싶어 하는 부서로 월요일 이동했는데 막상 가보니 이것저것 일이 너무 많고 파악이 잘 되지 않고 있어 잘 적응해 내겠냐고 걱정 하시며 늦은 시각에 전화
　세효 월일 휴수 - 월일은 환경이니 아직 동료 분 안 사귀셨고
　겁먹은 해수로 보입니다.
　상효 미토는 진신 되려고 하나 축월에서 월파하니 진신으로 안 되고
　일진 오화가 미토랑? 합? 안되지요? 축토 월이 방해하니…
　미토가 동하여 해수치러 옵니다.
　그러면 해수 죽어나지요? 관이 동하면 아프고 체하고 막히고 스트레스…
살리려면 - 공망 부효가 스스로 일어나주면 좋겠는데 가만히 공망으로 정효로 있지요. 야 유금 일어나… 해수 도와줘…

본인점사 편　31

선생님 지금 문서가 몇 개 부실하고 문제가 있는데 지금은 안 보이시고요 금요일부터 문서가 파악이 되실건데요.

혼자 일을 하시면 막히고 체하고 아프셔서 안되니까, 어떤 어르신인지, 선생님 총괄하시는 짱에게 도움 요청하셔요.

(부효 유금은 문서도 되고, 5효니까 짱도 되고)

그리고 내일까지가 제일 힘드시니까 참으시고 18일부터 좀 나아지실 거에요. 위로함

(결과 - 이 분 이 부서에서 1년 내내 죽을 뻔 하심. 어르신이 안도와 줬고, 직장을 관둘까 까지 고민하시고 가을에는 등산 가셔서 발도 다치시고 다시 이동하셨으나 여전히 힘들어 하심.)

저렇게 나를 극하는 글자가 있으면 참으로 고달픔을 봄. 직장일도 신수점처럼 보면 됩니다.

10. 55세 여자분 신수

이분은 조선족 선생님 온가족 신수 다 보시고 자신의 신수를 봅니다. 이분은 아기 돌보미 하시는 분이고 남편분은 청주에서 일하시는 분이라 주말부부입니다.

따님, 남편 돈 떼인 것, 청약… 등등 해마다 오시는 분입니다.

성실한 분임

```
▶ 건金궁 (화지진) 2, 3효동
……………………………………
官 巳 -
父 未° - -                      丑月
兄 酉 - 世
財 卯 -//-(兄 酉)
官 巳 -//-(孫 亥)               寅日(오미공망)
父 未° - - 應
```

세효 형제… 일단 통과

반음이 보입니다. 반음의 공식은 왔다가 갔다가 반복하는 것이 특징.

재변형이니 이건 돈의 빈번한 입출

관변손이니… 이건 이분의 상황을 알아야 함

남편은 청주, 이분은 서울서 아기 돌보심

남편네 갔다가 아기 보러 왔다가 갔다가… ㅎㅎ

내가 위의 말을 하니까 막 웃으심 그러시면서 하시는 말

작년과 똑같다는 말이네요. 그래도 일진에서 재가 떡 버티고 있어서

재물 상황은 좋다고 말씀드림.

돈이 또 이렇게 말하잖아요.

세효야 넌 막 써 난 계속 줄게.

반음은 어떻게 막을 수가 없습니다.
1년 내내 이러심을 그래도 이해하시고 받아들이십니다. ㅎ

매번 느끼는 것은 조선족 분들의 사고방식은 항상 우리네 70년대의 정감이 그대로 있습니다. 떡 사가지고 오심.

(결과- 이 해에 집사시고 돈은 그쪽으로 많이 들어갔으나 별 일 없으셨음)

11. 40대 초반 여자분 신수

갑인(1974)생 얼굴 예쁘시고 벌써 호랑이 띠가 40세유? 네
난 나만 나이 먹는 줄 알았네 웃으심 예쁘시다고 했더니
오옹 몰라 겸사도 귀엽다고

이글 읽으시면 애들 뭐하냐? 하면서 오그라 들었지요?
ㅎㅎㅎㅎ 여자들에게는 이쁘다고 하는게 예(禮)랍니다.
신수점부터 보자고… 산대 드림

```
▶ 곤土궁 (지택림)   3효동
......................................
孫 酉 - -
財 亥° - - 應                    辰月
兄 丑 - -
兄 丑 -//-(兄 辰)
官 卯 ― 世                       寅日(술해공망)
父 巳 ―
```

토체 잡는 순간 - 우린 재물 환경이 먼저 보이지요?
형효가 진신이라 일이 점점 커지네요 일단 괘를 보면 이런
큰 것들이 눈에 휘리릭 들어와야 합니다.
그럼 찬찬히 해부할까요? 항상 신수점에선 무엇부터?
세효 - 세효 관 지세, 막히고 체하다
월일 대비 - 일진에서 생조 하니 그래도 난 버틸 수 있어

아무리 신수점이라고 해도 먼저 재물 상태부터 보자
재 공망 휴수 - 공망은 무슨 뜻? (못 받은 돈 있어요) 혹은 (팔려고 내놨는

데 안 나갔어요) 형 진신 - 돈 두 배 나갔어요.

이렇게 읊어 드리고 뭐하시나요? - 부동산 하신다고
자 그럼 신수점에서 이렇게 문제 거리가 나오니까
한개 한개 자세히 물어보셔요 하고
하나씩 해결합니다.
돈 못 받은 분 - 3명 각 각 점쳐서 돈 있는 달 찍어주고 가서 받으라고 했고
막히고 체한 것은 - 홀로 독립할까 고민 - 내년으로 하라고 주역점 치고
또 고민은 - 동업할까? 쓸데없는 짓 하지 말라고 했고
스카웃 하는데 갈까? - 그 이전에 이대로 있음 어떤가 보니 손효 동하고 회두생 있으시라고 또 인간관계 보셨고 이렇게 신수점으로 상황 파악하시고 하나 하나 물으시면서 점단합니다. 해결되어 웃으시면서 가셨음.

12. 40대 부인 신수점

태어난 시가 밤 12시라 이날인지 저날인지 엄마에게 확실히 묻지 않으셨다기에 신수부터 보자고 하니 주사위 숫자 1 1 동효는 2

```
▶ 건(金)궁 중천건
...........................
父 戌 ― 世
兄 申 ―                    戌월
官 午 ―
父 辰 ― 應
財 寅 ― / (父 丑)          戌일(인묘공망)
孫 子 ―
```

6충 - 싸웠쥬? 네 남편하고요.
가택효 움직임 - 집 이사할려구 하쥬? 네.

세효 부효 - 지금 맘이 몹시나 우울하신데 싸워서 그류? 네
오화 관휴수 - 남편이 지금 힘든 것 같은데 남편에 대해서 물으실 거구
손효 자수 휴수 - 자손 문제도 물을 거쥬? 네
남편 법조인(검사)라는 분에 대해 물었고
자손은 7살 6살 4살 - 학교 들어가는 것 주역점으로 해결하고 6살 애기는 영어유치원 힘들어 해서 잠시 쉬고 일반 유치원 권유.

남편 궁금증은 해결하였고, 집은 아이 때문에 옮기려 했지만 사립학교 말고 일반 학교가 주역점에서 길하다고 나옴. 별로 심각한 사연은 아니었음.

13. 44세 부인 신수점

소개로 오신 분, 나와 같은 40대는 부담이 적습니다. 신수점단 시켰습니다.

```
▶ 뢰화풍 (감水궁) 무동
................................................
官 戌° - -
父 申 - - 世                    戌月
財 午 ㅡ
兄 亥 ㅡ
官 丑 - - 應                    未日(술해공망)
孫 卯 ㅡ
```

산대를 드렸는데 무동6)… 당분간 변화 없다.
세효 신금 부효 우울, 마음의 병
가택효에 응이 거하니 타인과 동거지상 -
알고 보니 언니집에 얹혀 살고 계시다고…

재효 월에 입묘되니 돈으로 인해 우울 답답, 한 달간… 한 달 뿐이랴 인월이 와줘야 될 것 같고…
자손효 일진에 입묘되니 아이들로 인해 오늘 아니 항상 답답지상(휴수가 한 몫)
일진 미토가 가택 축토 암동시키니 - 집이 들썩 거리니까 집을 옮길까 걱정하는 걸로 보임

이렇게 나온다고 궁금한 것이 있으면 하나씩 점단하자고 하니…
남편과 헤어져서 새로운 남자 분 만났는데 외국에 계시고(관공망)
결혼을 하고 외국으로 훌쩍 날아가고 싶은데 그 남자분이 잘 안 풀린다.

---
6) 무동(無動)이란 괘안에 동효가 없다는 뜻.

엄마걱정, 자녀걱정, 돈 걱정… 그래서 부효 지세했구먼…

　가만히 들어보니 새 남편이 될 사람은 내년 정도 여름에 외국에 한 번 다녀가라고 했고 지금 좀 일이 안 풀리고 힘들다고 하니… 이 여자분 애가 탄 상태. 그 분대로 점단하니 해자월에 돈 풀리고 인묘월에 직장이 안정되길래 그냥 꾹 참고 맘 바꾸시고 급하게 생각하지 마시라고… 본인은 외국에 빨리 가고 싶고 첫 점단에서 무동은 가고 싶어도 금방 못 나간다는 메세지를 준 것이라고…

14. 50대 초반 여자분 신수

```
▶ 택지췌 (태金궁)
......................................
父 未 -//- (官 巳)
兄 酉 一/ (父 未) 應          申월
孫 亥° 一
財 卯 - -
官 巳 - - 世                  寅일(술해공망)
父 未 - -
```

신수점에선 살살이 다 살펴야 합니다.
세효 관효 일진에서 생조하니 견딜만 한데 관효라 막히고 체하다 불안하다. 신수점에선 그래도 중요하게 재력은 괜찮은가 봐줘야 하지요?
일진 재효 비신 묘목 재효 일진에서 받쳐주면 무사통과
동효는 저렇게 두개 동하면 변효는 늦게 보세요 동효끼리 싸움시킵니다.
미토가 동하면 유금 밀어주는데 형효 동하면 돈 나가는 일이 생김.
돈 나가더라도 일진에서 계속 밀어주니 버틸만 합니다. 이럴땐 굳이 통변 안해도 됩니다.

하늘의 비밀 4개 다 생각나지요? 그 중에서 손효 공망이라 내가 아이가 유학갔나요? 이렇게 물었더니 두 아들이 있는데 하나는 공익근무 하나는 군대 갔다고 함.

내가 아이가 없어서 아이들 나이 대를 계산 못함
군대 갔남요? 이거 추가해서 여러분들은 맨날 유학갔다는 생각만 고집하지 마시고 기억 했다가 활용하시라고요

15. 40대 남자분 신수

몇 번 오신 분, 직업은 변호사, 맘이 안 잡힌다고 하시면서 신수가 어떻게 흘러가는지 알려달라고 하길래 기원하면서 주사위 던지시라고 함

```
▶ 건金궁 (화지진) 무동
..........................
官 巳 ―
父 未 - -                      卯月
兄 酉 ― 世
財 卯 - -
官 巳 - -                      戌日(오미공망)
父 未 - - 應
```

무동은 이대로 간다. 그래도 이것저것 살펴야 합니다.
세효 유금 유혼 월파… 정말 맘이 맘이 아니네요.
여기 월파에 모든 비밀 다 들어 있습니다.

세효 형제는 돈 썼어요 통변보다는…
돈 도 싫어요 내맘이 상처 받았어요.
유혼은 산송장, 정신적 식물인간 내 맘이 떠돌아다니는 상황
요즘 들어 못 마시는 술도 드셨다고 내 맘이 왜이런지 모르겠다고 하심
독자 선생님들은 이런 분 오시면 어떻게 달래드리나요?

육효점 치는 사람들은 괘를 잘 읽어도
이분을 어떻게 위로? 하셔서 보내실지 그런 생각을 해보시기 바랍니다. 일단 위로 하실 말씀은 월파만 벗어나도 된다고 하시기 바랍니다.

16. 40대 여자분 신수

45세라고 하심 신수부터 봄

```
▶ 진木궁 (뢰수해)
 ........................
 財 戌 - -
 官 申° - - 應              卯月
 孫 午 ―
 孫 午 - -
 財 辰 ― 世              未日(신유공망)
 兄 寅 -//-(孫 巳)
```

세효의 재효는 일진에서 비화되어 무사통과
문제점 : 형동, 형변손
관효 공망 : 직업이나 남편에 흠
형동은 돈 먼저 썼지만 다시 회복됨
관효 공망은 난해하여 대화를 해봐야 함

    형동은… 친구에게 점포 잠시 쓰라고 했는데 전용 그로 인해 세를 많이 내 줌. 친구 서운하게 말하지 않고 빼기로 함 다시 세 놓으면 회복 될 듯
    관효 공망은… 직업도 봉사하셨다가 이것 저것 하시었으나 신통치 않고 남편 관계는 1시간 정도 티슈 빼시면서 울고 가심
    시간이 많이 소요되는 일이라서 더 지켜보시고 결정하시기로
    신수점 치면 이렇게 급한 것은 동효로 응하고 문제있는 것은 공망등으로 응합니다. 그러나 저 괘로 모두 해결 보려고 하면 안됨.
    문제별 사안별로 분점해드려야 함

17. 40대 후반 남자분 신수

선생님 내 신수가 어떤가요 ? 하고 빌고 눈 뜨라고 산대를 드렸습니다.

```
▶ 진木궁 (수풍정)
..........................
父 子 -//-(兄 卯)
財 戌 一 世              卯月
官 申 - -
官 酉 一/ (兄 卯)
父 亥 一/ (孫 巳)應      寅日(오미공망)
財 丑 - -
```

몇 개가 동하던지 일단 살필 것은 세효인데, 세효 재효가 월일에서 극 받고 있음
이렇게 월일 두개씩이나 극할 땐 여러 말 필요 없고 어떤 멘트?
선생님 참 힘드시네요.

손괘가 곤괘로 변화하고 동하여 6충 만드는 현상은?
누구유? 복음이라고 한사람 반음이지요?
반음 통변은? 왔다가 갔다가 하면서 신음하니까 행복하다는 통변은 금지.
신수니까 1년간 ㅎㅎㅎ

3효동은 관변형, - 관공서로 돈쓰다 이문제로 왔다가 갔다가
2효동은 부변손 - 가택도 포함되며 부는 집, 장소에서 손효니…
이건 좀 손효니까 나빠보이진 않고 또 다른 부변손의 통변은 걱정했다가 안했다가 하는 현상.
잘 안 읽혀질 때 앞에 동효 글자만 통변하셔요.

선생님은 관공서 왔다가 갔다가 어떤 장소인지 집에 왔다가 갔다가
이게 무슨 일이래유?

상효 부변형은 - 문서로 돈나가다, 뭘 고쳐서 돈나가다
신수점으로서는 모든 것을 해결 못하니 그냥 상황만 읽어줄 뿐이다.
재효는 다음 달부터 풀리고 이달이 젤 힘들지요?

이렇게 말하니 민사송사로 임대하는 주택이 있는데 세가 1000만원씩 나와서 인천에 있는 무슨 섬이라 토요일 마다 가서 청소하고 자고 나온다고
한다.
아하 그게 그런거구나 거기 다 짓지 않아서 본인이 보완해서 아직도 바닥이며 수리해야 할 곳이 좀 있다고 아하 부변형… 분점으로 송사관계, 또 땅을 그대로 파는게 나은지 아님 집지어서 파는게 나은지 물으심.

저괘에서 좋은 점은 그래도 세효에 재 잡고 이달 지나면 진월이 온다는 것, 선생님 이 달까지가 가장 힘들었대요 하니 자살하고 싶었다고…

18. 30대 여자분 신수

여자분 직장인 30대가 오셔서 점단합니다.
그 이전에 사주를 카페에서 봤는데 굉장히 안 좋은 소릴 들어서 신경 쓰인다고… 신수점부터 보자고 했습니다.

```
▶ 진木궁(택뢰수)
........................
財 未 -//- (孫 巳) 應
官 酉 -/ (財 未)              未月
父 亥 -
財 辰°- - 世
兄 寅 - -                    子일(진사공망)
父 子 -
```

신수점 공식 다 아시나요?
세효부터 봅니다.

세효가 재효이며 공망입니다. 이럴때 뭐라고 통변하라고 했나요?
이분이 나이대가 좀 있다면 -
부동산 내 놨는데 안 팔린다. 받을 돈 있다라고 하지만,
이렇게 젊은 처녀의 재 공망이면 뭐라 통변하나요?

대부분 이런 처녀는 저 말 못할 사연 있어요.
물론 돈 못 받은 것도 있어요.
어떤 사안과 연계해서 저 준비 안 되어 있어요.

그 다음 동효 한번 체크 할까요. 재동하고 관동하였네요.

직장인이라는 힌트를 증폭시키면…
저 곧 진급해요 급료도 올라요 여기에 또 근데 저 준비 안 되어 있어요.
재효도 월에 있으니 돈 걱정은 무사통과.

그럼 이걸 종합해서 말합니다. 왜 이쁜 처녀가 말못할 고민이 있다니?
(이건 유부남과 연인관계 있었음)

진급수 있나요? 진급하고 급료 오른다고 하는데…
진급이 되는데 거부하는 제도가 있다고 (아하 그래서 준비 안됨)

직장시스템 얘기로 시간 많이 잡아먹었음.
돈 못 받은 것은 결혼한 언니에게 돈 꿔주고 조금씩 받고 있는데
그 언니가 언제 풀리는가 점단하니 그 언니 현재 잘 풀려가고 있다고 나옴.
자기가 봐도 그런 것 같다고 함.

19. 43세 노처녀 신수점

```
▶ 택뢰수 (진木궁)
............................
財 未 ° - - 應
官 酉 一 / (官 申)              未月
父 亥 一
財 辰 -//- (父 亥) 世
兄 寅 - -                      酉일(오미공망)
父 子 一
```

항상 신수점은 세효부터 살피고 반드시 재물 상황은 어떤가 봐주고
동효도 보고 공망이나 월파 복신등 사연있는 것 봐주고
휴수한 것이 문제이고 세효 진토가 동하고 부효 만들고 이건 이동수도 되고, 갈등상황도 되고 관이 동하면 돈 빼먹고, 직장도 이동수 있을 수 있고, 남자 문제도 됩니다. 미토 공망은? 항상 신수점에서 공망은 못 받은 돈이나 집 내놓은 상태라는 것을 명심하셔요.

내가 이리 말하고 더 심도 있게 문제가 되는 것 하나씩 물으라고 했다. 이 분의 얘기 다 듣고 나니 저 미토 공망은 아파트 내놓은 상태, 세효 갈등은 집을 가지고 있어야 하나 내놓아야하나 관이 동한 것은 남자분과 결혼을 하려고 하는데 남자가 주춤 한 상태, 3000 돈 못 갚으면 직장에 지장이 있는지 물음, 또 관이 동한 것은 3000을 갚아야 할 지경.

신수점사에선 자세히는 안 나오지만 지금의 문제들이 다 잡힘. 그러므로 이렇게 간단히 봐야지 이 점사 하나로 다시 분점 안치고 뭉개면 안 됨.

20. 50대 남자분 신수

60년생 남자분 동안 얼굴이네, 지방에서 지인이 꼭 좀 봐주셔야 한다고 같이 오심. 텔레비젼에서 유료로 점 많이 애용하는 분이라고…

```
▶ 곤土궁 (수지비) 상효동
..................................
財 子 -//-(官 卯)應
兄 戌 —                        午月
孫 申 - -
官 卯 - - 世
父 巳 - -                      卯日(자축공망)
兄 未 - -
```

세효 관효 막히고 체함 이럴 땐 급히 원신 재효 보기
재효 자수가 동하나 관으로 변하고 월파에…
이렇게 세효에 관잡고 재 휴수하면 무슨병? 돈병 걸려서 왔지요?
언제 돈줄 풀리나요? 신월(申月)이지요?

세효가 그나마 왕상하니 버티지요? 관효는 송사, 질병, 귀신…
이 분 친구에게 1억 넘게 보증 서줬는데 못 갚아서 죽을 맛이라고 그 친구 언제 풀리냐고 하여 다시 점단했음.
형효는 - 돈을 부수는 글자, 관효는 - 돈 빼먹는 글자
둘의 공통점은 괘에서 형이나 관효가 많으면… 돈 갚을 곳이 많다고 해도 됨, 즉 관효는 관공서에서 혹은 빌린 돈임

21. 49세 남자분 신수

엊그제 본 손님이 소개해주신 분으로 49세로 모 시청 쪽에서 근무하심.
양복 입으시고 배우 모씨처럼 잘 생겼슴. 대화도 잘 통하심. 금방 금방 알아들으심. 신수운부터 보자고 함.

```
▶ 이火궁 (산수몽)  무동
............................
父 寅 ―
官 子° - -                    申月
孫 戌 - -世
兄 午 - -
孫 辰 ―                       子日(인묘공망)
父 寅 - - 應
```

무동이라… 일단 이 상황 이대로 감

자아 이런 신수점사에선 별의 별거 다 봐야 합니다.
꼭 봐야 하는 것을 또 정리하면 아래와 같습니다.

세효
세효 임한 육친, 占치는 월과 일의 대입
재(財)는 기본
휴수한 것 찾기
하늘의 비밀 찾기 (공망, 월파, 고, 복신)
동변효

탈탈 털어야 합니다.

안보이면 휴수한 것이 문제입니다.

자 하나 하나 대입합니다.
세효 술토 손효 - 손효는 난 돈을 갈망해요입니다.
월일 대입 휴수 - 휴수하면 통변공식, 자신감 부족, 지쳤어요 이구요.
재는 월에 와 있고, 이렇게 세효 약하면 못 먹지요.
하늘의 비밀인 문서 인목 두 개 공망에 월파 - 하지만 일진에서 밀고 있으니 문제는 이번 달에는 절대 이룰 수 없음.
동변효 - 암동한 형효가 살포시 뭐라 뭐라 속삭이는 정도이니 크게 문제는 안됨.

이걸 모두 버무려서 접시에 담습니다.
선생님은 지금 너무 지치셨고 문서 두개 깨졌다고 나오는데 뭐지요?

여기서부터 하나씩 물어서 분점 칩니다.
자세히… 오늘 이분 내가 콕콕 건드렸더니 진짜 용하시다고…

타인 신수점

타인신수점은 - 자 부 재 관 형제, 응(子, 父, 財, 官, 兄弟, 應) 이렇게 세 효의 신수점이 아닌 다른 사람의 신수입니다. 학생인가, 직장인가, 항상 그 사람의 연령대와 직업을 알고 신수점을 대입하면 됩니다.

타인점의 용신이 공망이면 - 출장, 유학, 군대, 지방 등으로도 응합니다. 아니면 병자라면 흠이 있다로 봐야 합니다. 예를 들어 선생님 우리 아들이 언제 결혼하나요? 이렇게 물었을 때 자손이 공망이면 나 결혼할 맘이 없습니다로 응합니다.

점을 보러 온 사람이 자기 자신의 문제를 점단하면 확률이 높은데 우리나라 정서상 어머니들은 자신의 이야기는 쏙 빼고 자손 문제에 많은 시간을 씁니다. 이제부터 타인의 신수점에 대한 예를 쓰겠습니다.

1. 아들의 마음을 알려주셔요.

　외국에서 있다가 와서 요리업을 하는 아드님이 20대 후반인데 마음이 왔다 갔다가 하여 외국으로 다시 나가야 한다고 하는데 이 애가 왜 그러냐고 하시길래 현재 아들의 상태를 보기를 하였습니다.

```
▶ 감水궁 (수택절)
......................
兄 子 -//- (孫 卯)
官 戌 ―                        午월
父 申 - - 應
官 丑 - -
孫 卯 ―                        卯일(진사공망)
財 巳° ― 世
```

　누구의 마음? 孫을 뚫어지게 보니 묘목 일진에 생조 받아 문제없고, 동효 수생목으로 또 문제없고 돈은 또 괜찮고 관은 또 괜찮고…

　아들 맘 안정되고 직장, 돈 문제 아무 문제없는데요.
　형이 동하여 친구가 외국가려고 움직였지만 가다가 힘 빠지니 그 친구가 나가던지 나가려고 하다가 말던지…
　내가 아드님 외국 안 갈것 같은디유?
　며칠 전만 하더라도 발광을 하였는데… 오늘 선생님네 가서 물어볼까? 했더니 엄마 나 이젠 괜찮아 안 갈꺼야 했다고 합니다. ㅎㅎㅎ
　그러니까 이 엄마는 지금의 아들 말이 못 믿어워서 또 나갈 거냐고 묻고 싶었던 것 같습니다. 싱거워서 원…

2. 아들의 은따(은근히 따돌림 당함)

아드님이 중 2인데 은근히 왕따를 당하고 있어 엄마더러 학교를 자주 와 달라고 하여 가보았더니 축구를 하는데도 애들이 놀아주지 않는 것 같았다고 합니다. 그래서 아이가 지금 어떤 상태인가를 보았습니다.

```
▶ 지수사 (감水궁)
..........................................
父 酉 - - 應
兄 亥 - -                    午월
官 丑 - -
財 午 - - 世
官 辰 一 / (財 巳)           亥日(인묘공망)
孫 寅° - -
```

누구의 상태? 자손이지요? 그럼 자손을 찾아 왕쇠를 봅니다.
초효에 인목이 공망인데 일진의 해수가 생조해 줍니다.

동효가 우리 자손을 극하면 괴롭힘을 당할텐데 그건 아니고 동효가 토니까 인목 자손을 극할 순 없지요.
 자손이 공망이라면 뭔가 흠이 있다, 말 못할 사연이 있다, 해수와 잠시 만나지 않고 있다. 뭘까? 뭘까? 뭘까? 관이 동하면… 돈 뺏기는 일도 되지만 자손이 극을 받는 것은 아니니까 맞진 않은 것으로 보입니다. 우리 자손인목과 6합의 친한 친구는 둘인데 한 명 비신의 해수는 동효에게 극 받았고, 일진 해수는 멀쩡합니다.

22일 공망이 좀 풀리면 나아질 것 같아서 어머니께 지금 아이가 자신을 잘 도와주고 챙겨주고 잘해주는 친구가 있어서 그리 위험하진 않습니다. 금요일

지나서 며칠 지켜보시고 만일 나아지지 않으면 서울 한 번 오셔야 할 것 같다고 말했습니다.

저런 자손의 공망 됨, 하늘의 비밀을 뭔가 나에게 알려주는데 본인이 아니고 엄마라서 교감이 안되니 저리 통변이 안됩니다. 물론 몇 십 년 경험이 쌓이면 저 비밀이 뭔지 금방 알아내겠지요.

일진의 해수만 없었더라면 아이가 무척 힘들텐데… 공망이 풀리고 해수가 6합을 하여 둘이 잘 어울리면 뭐 걱정할 일이 없겠지요. 그래서 금요일 22일 공망 풀리고 며칠 지켜봐달라고 하였습니다.
아들이 말을 안 해서 엄마도 모르고 나는 교감이 없어서 모르고
다행히 자손이 극을 받지 않으니 이렇게 문꼬리만 잡다가 맙니다.

3. 남편의 신수점에서 질병점 발견

여자분 두 분이 거창 아시아1인극제 행사장에 찾아오셨습니다.
그 중 60대 부인이 남편의 신수점을 보아 달라고 하였습니다.
그런데 여러분 남편의 신수점, 남편의 질병점 모두 볼 수 있습니다.
그러므로 신수점은 질병점과 같이 볼 수 있으니 염두에 두시고
통변은 거의 같다고 보시기 바랍니다.

```
▶ 택지췌 (태金궁)
........................................
父 未 - -
兄 酉 一 應                    未월
孫 亥 一
財 卯 -//- (兄 申)
官 巳 - - 世                   戌일 (진사공망)
父 未 - -
```

누구의 신수? 남편입니다. 관효를 보니 공망 월일 휴수
가택효에 관효는 병자 있음 - 남편이 뭔가 흠이 있다고 보여짐.
게다가 원신을 찾아보니 동효가 원신인데 월일 휴수
남편이 흠이 있다는데 아프신가요?

암으로 병원에서 자꾸 준비하라고 해요. 근데 남편은 정상인 같아요 약도 끊었는걸요. 용신이 휴수하면서 구병 공망은 공즉사 (용신이 공망이면 곧 죽는다)
힘없는 용신 힘없는 원신이 동하여 살려 주려하면 원신 충할 때 가심, 날짜 정해짐
식사 잘 못하지 않으시나요? 눈물이 가득하신 부인…

(재효가 식사 - 휴수 회두극)

옆에 아주머니 저기 양밥? 이라도 하면 안 되나요? (굿해도 힘든 지경)

주역의 도는 생생지덕 살리라고 했는데… 이런 점사를 어떻게 살리나?

어머니 양력 8월 9월만 잘 넘기시면 좋을 듯한데… 아마 준비 하셔야 할 것 같은데 죄송허유 했더니 눈물을 하염없이 흘리십니다. 에휴…

4. 딸이 새집으로 이사 갔을 때 어떤지를 봄

염두에 둘 것은 딸이 - 유학 갔을 때 어떤지, 저 직장으로 갔을 때 어떤지, 시집갔는데 지금 편한지… 모두 신수점처럼 보시면 됩니다.

```
▶ 이火궁 (산수몽)
……………………………
父 寅 ―
官 子                    辰月
孫 戌 世
兄 午
孫 辰 ―                    戌日(자축공망)
父 寅 // (兄 巳)應
```

딸의 신수니까? 손효를 봅니다.
세효에 손효 이것은 엄마 맘이나 딸 맘이나 같으니 이렇게 잡혔네요.

설탕만한 부효가 동합니다. - 죽는다고 할까요?
부효가 동하였지만 월일에는 약하지요? 부효가 동하면 장소를 수리한다고 하였지요? 너무 왕했으면 재점 했을텐데 인목이 약하게 동하여 수리해야 한다고 하는데 그러던가요? 네하고 말씀해주셔서 통과.
술토 손효가 월파 맞아 5월 5일 넘어야 이사하시겠네요?
12일이라고 그래서 또 통과. 암동은 술토를 극하는 게 아니니까 통과.

5. 아들이 선을 안 본다고 하는데 사귀는 여자가 있나요?

```
▶ 택화혁 (감수궁)
......................................
官 未 - -
父 酉 —                    戌月
兄 亥 — 世
兄 亥 — /(官 辰)
官 丑 - -                  子일(술해공망)
孫 卯 — 應
```

아들이 사귀는 여자가 있느냐고 물으면?

孫이 6합이 있으면 찐하게 사귀는 여자가 있는 것입니다.

자손 묘목을 뚫어져라 봅니다. 비신에는 6합이 안 보이고 술월 술토와 6합이 보입니다.

저어 선생님 지금 술해 공망인데 술토가 월장 월의 장수라고 하지만 공망 아닌가요? 월일은 공망 아니유… 왕이잖유

어머니 여자가 있네유 했더니 그럼 결혼이 되느냐고… 그건 모르유 아드님에게 그 여자의 신상이 조금 확보되어야 점단해드리는데요 했습니다.

이 괘에선… 현재 우리 아들이 여자가 있다.

여기까지만 나옵니다. 극합이니 쉽게 깨어진다고요? 아니 아니 그냥 하늘은 여자가 있다 거기까지만 보여준 것입니다.

남의 점을 치지 말라는 천금부 말 떠오르시죠? 이 담부턴 아들이 자세히 말해주던지… 그냥 지켜봐야 합니다. 내점을 치라고 한 것은 본인이 궁금해서 물어야 점이 잘 맞습니다. 욕심 부리지 말고 여기까지만 말해줘야 합니다.

(몇 달 후 결과 - 극합 이라서인지 헤어졌다고 함)

6. 친구의 아들이 집을 나갔다고 하는데…

서산서 마트에서 장 보고 있는데 전화 오심.
내가 밖이라 한 가지 밖에 시간점으로 못 본다고 하니

친구의 아들이 집을 나갔다고… (이런 질문에는 주변 조사 하실 것)
나이가 어떻게 되느냐고 하니 30대 중반
(엥? 사춘기도 아니고…) 친구분이 하도 속상하다고 하여 겸사에게 묻는다고 어딨고 잘 있는지 언제 들어오냐고 물으시던가요?
네 시간점으로 점단 (자손의 신수점처럼 보시면 됨)

```
▶ 간土궁 (산천대축) 4효동
………………………………
官 寅 ─
財 子 ─ ─ 應                     亥月
兄 戌 ─//─ (孫 酉)
兄 辰 ─
官 寅 ─ 世                       辰日 (오미공망)
財 子 ─
```

집나간 사람 오는 공식 - 용극세 인필귀 : 용신이 세를 극하면 반드시 온다.
(중국의 역술가 소위화 선생님 책에 이런 내용 있음)
　세효는 엄마랑 엄마친구랑 모두 우리측
　용신은 자손, 자손은 어디 있나?
　저 변효 유금… 용극세입니다. 반드시 오긴 오는데…
　이눔시키 일진 진토랑 6합, 3효 진토랑 합
　세효와 거리가 그리 멀진 않고… 멀리 가진 않음
　내가 친구거나 여자거나 같이 있다고 하는데요.

6합은 충으로 풀어야 하니 술일 아님 묘일 내가 손가락으로 계산 때리니…
저기 반드시 오는데 넉넉잡고 일주일 기다려야 한다고 해요
그러냐고 그럼 됐다고 하시면서 이런 말씀을 하십니다.
요즘 어떤 여자랑 눈맞았다고 하더라고요
(헐… 진작 얘길 하셔야지)
도대체 어떻게 하면 유부남이 일주일을 내뺄수 있을까요?
저괘에선 남자가 이쁘고 여자는 토로 묵은 여잔데…
우와… 30대 중반에도 저런 사랑이 존재 합니다 ㅋ

7. 중 2아들 얘 때문에 미치겠다고 온 전화

```
▶ 화풍정 (火) 2효동
..................................
兄 巳 ―
孫 未 ― ― 應                    申월
財 酉 ―
財 酉 ―
官 亥 ―/ (兄 午)世              申일(인묘공망)
孫 丑 ― ―
```

먼저 아들부터 살펴봅니다. 축토와 미토로 용신이 다현. 이럴 때 용신은 더 깨진 것 보라고 했는데 힘이 비슷하니 세나 응에 붙은 글자 찾습니다. 미토가 응효로 미토로 봅니다.

손효 미토가 월 일에 휴수로 풀 죽었습니다.

가택효 2효 해수관효가 왕하여 관변형 - 도둑 들다도 되는데 이건 아들 문제니까 도둑 역할하다? 아이가 자꾸 관재수 만드남? 자전거 훔쳤다고⋯ 얘 도대체 왜 그러냐고⋯

저 해수가 오화로 절되어 주저 않기는 하겠지만 시간이 걸립니다. 일진 신금이 해수를 계속 돕기 때문입니다. 저기 있잖어 가택처방 알려 줄테니 해볼텨? 그러라고 해서 알려주고⋯ 이거 해보고 안 되면 우리 집 한 번 와야 될 것 같으다 했더니 그러겠다고⋯ 이것 물은 동창은 우리중학교 때 최초 남녀 합반 되었을 적 그러니까 꼭 이 아들 나이 중 2 때 남자 반장입니다.

내가 사춘기 때 애들 다 그렇지 뭘 그러냐? 했더니 동창은 야 난 그런 거 없었거든 합니다. 내가 또 넌 장남이니까 그런지 몰라도 우리 여자애들은 그 때 모두 집나가려고 모의 한 적 있었어.

그러냐? 이 새끼도 집도 잘 안 들어와 합니다. ㅎㅎㅎ

8. 우리 딸이 왜 안 올까요? 사고인가요?

내가 밤에 관 털기 하다가 전화 받음, 받자마자 어머 선생님 우리 딸(20대) 유학 갔다가 와서 한국에 온 지 며칠 안되어 외출했는데 얘가 길도 모르길래 약도도 다그려주고 했는데 전화도 안되고 어떡하죠 흑흑 …
잠깐만유 하면서 괘를 내고 자손효를 찾습니다.

```
▶ 건금궁 (천산돈)
………………………
父 戌 —
兄 申 — 應              申月
官 午 — / (父 未)
兄 申 —
官 午 - - 世             丑日(인묘공망)
父 辰 - -
(伏 孫 子)
```

초효 부효 밑에 복신 되어 있고, 일진 축토와 6합 저렇게 정효와 6합은 끌고 가다도 됨 합기 됨.
내가 : 어떤 어르신, 혹은 선생님 두 분과 같이 있다고 하는데 괜찮유 하니까 그분이 말하기를
아는 사람이 한국에 없다고 또 펄쩍 뜁니다.
이따가 지금 시간을 보니 밤 10시 30분인지라 11시 30분까지 올규 안오면 또 전화주유
아이가 괜찮다고 한 것은 申금 월王이 생조 하니까 그리 말함

저 子수가 나오려면 비신 辰을 戌토가 때려줘야 나오니까 戌시, 아니면 子가 치되는 자시를 찍어주면 되는데 내가 털기 중간에 받은 전화라 술시를 9시

30분에서 11시 30분으로 착각해서 말했음. 겸사가 뭔가 몰입할 때 전화하심 이렇게 헛소리 합니다.

　나는 저거 하는 중이고, 전화 온 사람은 급하니까 왔겠지 하고 내 정신이 분산 됩니다. 기본적으로 밤 10시 넘어서 오는 전화는 거의 긴급전화라 받는데 긴급 아니면 겸사에게 디지게 욕먹음 ㅎㅎㅎㅎ

　전화 끊고 생각해보니 이 바보야 그냥 子시로 찍어주지 그랬니 하면서 하던 일 하다가 11시 30분 다시 전화 왔습니다.

　선생님 아직도 안 왔어요. 흑 흑… 괘를 내니 아래와 같길래

```
▶ 이火궁 (풍수환) 4효동
……………………………………
父 卯 ―
兄 巳 ― 世              申月
孫 未 -//-(兄 午) …대문
兄 午 - -
孫 辰 ― 應              寅日(자축공망)
父 寅 - -
```

　내가 손효를 보고 전화 하신 분에게 선생님 다 왔슈 대문 앞이래유 (11시 30분 넘으면 날짜 바뀜 그래서 다시 표기 ㅎ)

　그럼 겸사 선생님 아이 오면 보고 드릴께요.
1~2분 후 전화 - 선생님이 대문 앞에 와 있다고 해서 나가보니 정말 오네요. 감사합니다. 용하십니다. 전 누가 납치해서 팔아 먹을까봐 무서웠다고…
왜 어디 있었대유?
잠깐만요 물어보고 전화 드릴께요. ---- 어른 둘이 도(道)를 아시냐고 하면서 대화하다가 성수동까지 가서 제사지내고 왔다고, 이것도 사달라고 하고 저것도 사야한다고 하였다고… 저 앞에 진토 부효 어른 밑에 있으니 진토 父 하

나, 子와 합이 든 일진 丑토 부효 2개이니 어른 두 명

첫 번째 오화 관효 동한 것은 아마도 저 아이도 관털기 하고 있었구먼 그 류. 나를 용하게 만드는 점사는 내가 용한게 아니라 자기가 급하고 긴박할 때 입니다. 근데 그건 우리끼리 알자구요.

9. 그 범인이 잡히나요? (겸사 헛발질 점사)

2004년 겸사가 공주대학 대학원 석사 때부터 알던 보살님 이분이 공주에 사시다가 이사가신지 오래 되셨습니다.

전화 벨, 다짜고짜
그 분 : 겸사님 계좌번호 좀 줘봐요 내가 돈 드릴테니까 내 점좀 쳐줘요
겸사 : 뭔데 그러신대유?
그 분 : 아니 내가 씨씨티브를 집앞에 달아 놨는데 그런데도 어떤 놈이 우리집 앞 마당 지장보살님께 락카 칠을 하고 도망갔어요. 경찰이 와서 보니까 뚱뚱한데 40대 같은데 나도 내일 경찰가서 얘기해야 하는데 잡힐라나요?
겸사 : 아니 세상에 어떤 사람이 겁도 없이 그런대유? 잠깐만유 괘 한 번 내 볼께유

```
▶ 택지췌 (태金궁)
..............................
父 未 - -
兄 酉 一/ (兄 申) 應              辰월
孫 亥 一
財 卯 - -
官 巳 - 世                       申일(인묘공망)
父 未 - -
```

이런 점사 많이 안 쳐본 겸사 각종 점사 공식 떠올리다가 만만한 도망점 점사로 보기로 하였습니다.
도망간 사람 붙잡는 공식은 내가 세를 극하면 잡고, 세가 날 극하면 봐도 못 잡고 그거 아시죠?

1: 1로 봐야겠지요.
세효 사화, 응효 유금 일단 세효가 응을 극합니다.
그리고 그가 퇴신되어 6합을 만드니 하여간 잡힐 것 같습니다.

내가 조심스럽게 선생님 잡힐 것 같으네유 그분이 언제 잡힐 것 같나요?
응사시기를 어찌 잡나? 오늘이 신일 내일이 유일 정말 응사시기가 헷갈려서 - 며칠내로 잡힐 것 같유

몇살이나 되보이나요? 금이니까 4.9 금이니 퇴신이니 49세보다는 덜 잡아야겠길래 그류 그냥 40대 같유. 어디 사는 것 같유?
원래 범인점 같은 것은 여러분들이 함부로 쳐 주지 마셔요. 한데 그럼 넌 왜 쳐줬냐구요? 저건 CCTV가 있었대잖유.

(결과 - 못 잡으셨다고 합니다. 도망점으로 보지 말고 - 그 범인을 관으로 보고 손이 동하면 잡힌다고 했어야 옳았습니다.)

10. 34세 아들의 신수

아들의 사주는 척 봐도 좋습니다. 신수가 어떤지 보시라고 주사위를 드리며 하늘께 고하고 섞어서 던져 달라고 했습니다.

```
▶ 천뢰무망 (손木궁)
..................................
財 戌 一
官 申 一 / (財 未°)            未월
孫 午° 一 世
財 辰 - -
兄 寅 - -                      戌일(오미공망)
父 子 一 應
```

천뢰무망 괘는 유명한 6충괘인지라 - 결혼했나요? 아니요? 그류 그럼 이 아들은 뭔가 깨진 사람입니다라고 했는데 무반응으로 조용

직장은 다니나요? - 아니요?

관이 동하여 회두생 받고 월일 강하여 직장 다니면 진급이기 때문이지요?

진급이 아니라면 - 아드님이 뭔가 명예로운 일을 맞는다고 하는데 뭐래유? 했더니 사법고시 발표를 기다리고 계시다고…

그럼 그 일은 잘 되시겠네요.

했더니 이 어머니 합장을 하시고 제게 감사하다고 연신…

저기서 6충은 시험을 한 번 떨어진 상태로 응한 것이고, 자손이 공망인 것은 결과를 기다리는 것이었습니다.

11. 초등학생 신수

초등학생 딸 두신 어머니… 아이가 어떤지 물으심

```
▶ 지풍승 (진木궁)
........................................
官 酉 - -
父 亥 - -                        未월
財 丑 - - 世
官 酉 ―
父 亥 ―/ (孫 午)                 未일 (진사공망)
財 丑 - - 應
```

자손 신수니까 - 자손이 변효 오화로 나왔습니다.
부변손 - 부가 일단 동하면 자손을 때립니다.

내가 엄마가 혼냈쥬? 혼낸게 아니라 아이가 몇 바늘 꿰맸어요. 자주 다쳐서 와요… 부변손 - 엄마가 아이를 혼내다, 부가 자손 입장에선 관이니까 다치다. 아셨지요? 부 동하면 - 이 아이 아프유? 요렇게 묻기, 에구 망신 망신.

12. 남편이 직장서 이동수가 있나요?

```
▶ 택뢰수 (진木궁)
..........................
財 未 -//-(財 戌) 應
官 酉 ㅡ                          子月
父 亥 ㅡ
財 辰 - -  世
兄 寅 - -                         未일(자축공망)
父 子 ㅡ / (財 未)
```

관효의 이동수면… 관이 동하던지 손효가 동하여 때려주던지…
　5효 유금관효 정효로 가만히 있고 초효 자수 움직여서 내부이동이라도 하려는 말이 나오지만 상효 미토가 때리고 회두극에… 말만 나옴

재효가 진신되어 관효를 도우니 급료는 많아지고 직장은 안 옮겨 짐.
돈 떨어지시면… 움직이겠다고 하면 자꾸 돈 올려준다고 한다고 하니…
막 웃으심 ㅎ
능력이 있는 분이니 저리 돈으로 안겨주시고…
부러운 분입니다.

13. 보기 싫은 그 직원 이동수가 있는지 물으심

부서에서 왕따 당하고 있다고 그 중 젤 싫은 직원 이동 수 있냐고 물음

```
▶ 손木궁 (풍뢰익)
..........................
兄 卯 ― 應
孫 巳 ―                    戌月
財 未 -//- (孫 午)
財 辰 - - 世
兄 寅 - -                   午日(술해공망)
父 子 ―
```

그 사람이라고 칭하면 응으로 봅니다.
항상 길흉은 어디에 있다?
동효 라고 하였지요?

응이 동하던지, 동한 효가 응을 떠밀어 내던지
육친비틀기로 세와 같은 육친 재효가 동하니
다른 동료가 갑니다. 했더니 힘없으심

14. 왜 전화를 받으면 끊고 끊고 하는지

멀리 지방분 - 이런 점사 별로 안 반갑지만… 그래도 자신은 오죽 속상하면 이렇게 물을까 하여 점단합니다.

학부모에게 뭔가 전달해야 하는 학교 관련 운영위원회 직책을 맡고 있는 분인데 자꾸만 전화를 끊는다고 하여 목소리가 울려고 합니다. 그래서 점단

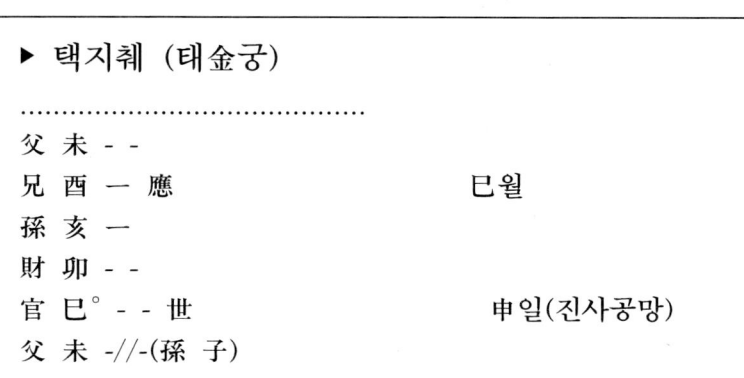

세효 공망으로 의심하고 있고 응효는 5효 어디일까요?

도로입니다. 여기까지만 봐도 감이 오지요?

그 분 운전하는 중인가벼 조금 기다려보유 통화 될규 했더니 그러냐고 합니다.

15. 폰에 빠진 아이 현재 상태

내가 몇 년 전에 고등학교 3학년이나 되어야 공부한다고 했다고 지금은 중 3 점이 좀 달라졌는지 알고 싶어서 왔다고… 내가 너무 미안스러워서 지금은 어떻칸유? 했더니 하는 것 같기도 하고 아닌 것 같기도 하다고… 그럼 그 녀석 지금 상황이 어떤가 하고 점단하였습니다.

```
▶ 손木궁 (풍천소축) 4효동
.......................................
兄 卯 ―
孫 巳 ―                      亥月
財 未 -//-(孫 午)應
財 辰 ―
兄 寅 ―                      未日(신유공망)
父 子 ―/ (財 丑)世
```

누구의 무엇점? 자손의 상태와 공부운
자손 한 번 보고 공부한번 보면 되지요?

자손 월파 사화 (이게 용신이지요? 하늘의 비밀이 있는 곳)
엄마는 자손의 건강에 관심 있는게 아니고 공부 땜에 왔으니 월파는 통변 통과. 월일에 그냥 힘이 없음 (의지 없음) 만 컨닝하고 넘어감.
부효 자수가 나와 있고 월에 있으니 공부는 해야한다는 자각이 왔는데
저저저저 미토 재 저거 봐라 초효 자수 저 아까운 부효 막 때려
그 외에도 자수가 축토로 변하니 공부했다가 안했다가 에라이…
얘는 게임중 독이래유? 폰 가지고 노나요? 폰 가지고 논다고…
엄마는 공부를 물었고 애는 일진에 병(같은 글자)되는 재효가 꽉 꽉 동해줘 회두생까지 기회되면(인묘월오면) 되려하고…

아이구구 뭐라 할 말이 없네유 하면서 내가 어쩐대유 했더니
태국 보낸다고… 내가 그러지 말고 2G 폰으로 바꿔주시라고 함
야 너 정말 너무한다… 폰이 그렇게 좋냐?

16. 아들의 이상한 소문

참 말씀 드리기 어렵고 곤란한데요 네 말씀해 보시라고 하니
30대 결혼한 아들인데… 안그랬는데 자꾸 몰래 돈을 가져가고
가져가고 해서 아는 보살네 가서 풀어냈는데 돈 가져 가는 것은
없어졌는데…

직장에서 자꾸 성희롱 소리가 들린다고 그래서 아들에게 물었더니
그런 소문 낸 사람 죽여 버리고 싶다고… 안 그랬다고 한다고 하여서
우리 아들이 도대체 왜 그럴까요? 해서 괘를 냈다고 합니다.
(나는 속으로 이런 것은 점으로 안 나오는데
엄마가 다급하고 속상하여서 점단했으니 자손의 상태를 보아야 겠다고
속으로 맘먹고) 괘가 무엇이냐고 하니

```
▶ 택산함 (태금궁) 상효동
………………………………………
父 未 -//- (父 戌)應
兄 酉 —                          戌월
孫 亥° —
兄 申 — 世
官 午 - -                         午일(술해공망)
父 辰 - -
```

어머니는 무엇이 문제냐고 점단하였고 괘는 이러하고 난 걷다가 멈추고 괘를 암산으로 그립니다.

원래 하늘에게 이렇게 물으면 대답을 해주기가 곤란합니다.
그런데 그냥 기세를 읽어봅니다. 아들은 성희롱 안했다고 하고 회사에선 자

꾸 그런 잡음이 들리고…
이괘에서 손효가 정상이면 안한 것이 되고
휴수하거나 문제가 있으면 의심해야 합니다.

손효 해수 4효 유혼에 딱 걸려있고
공망에 휴수하면 혐의가 있는 것으로 보입니다.
게다가 상효가 움직이니 지금은 자손이 공망으로 숨어있어
문제가 안생기지만 갑술일 공망이 풀리면 문제가 생깁니다.

선생님 괘를 보시면 자손이 공망에 휴수하니
흠이 있다 문제가 있다고 보여 지며 성희롱 소문은
아드님이 문제가 있다고 보입니다.

어떻게 하지요?
지금 미토가 동하였고 자손은 해수공망으로 피해 있으니
무엇으로 살려야 하나요? 하고 물으니 금이라고 합니다.
저괘에선 금이 형제이며 어머니이니 어머니께서 움직이셔서
대책을 세우셔야 한다고 합니다.
아니면 형효가 돈나가는 글자이니 돈 좀 쓰셔야 겠다고 하니

과일이라도 사서 그 피해 입은 사람 찾아갈까요?
제가 선생님네 아드님 정황을 모르니 답은 어머니가 돈을 쓰시던지
움직이던지 해야 한다고 밖에 말씀 못 드리겠다고 하니
근래 들어 저런다고 합니다.

유혼… 얼빠짐 제정신 아님
형효가 통관하여야 하니 어머니가 임한 것도 형효이니 자신은 엄마지만

이괘에선 형효이니 엄마가 살려야 합니다.

나는 걸으면서 생각합니다. 아이구 내 아들이 성희롱 소문?
억장이 무너질 듯한 기분이 듭니다.

저괘에서 만일 통관이 관효였다면 병원가시라고 해야합니다.
병원은 손효같지만 의사 약은 손효로 보고 병원은 단체가 있는 곳이고
국립병원 같은 것은 관공서로 봐도 됩니다.

17. 우리 안 사람의 신수는 어떤가요?

　40대 초반 경찰관님께서 같은 직장의 다른 곳에 근무하는 아내의 신수가 어떤지 물으심.

```
▶ 곤土궁 (수천수)
......................
財 子 - -
兄 戌 —                             卯월
孫 申 - - 世
兄 辰 —/ (兄 丑)
官 寅 —                             卯일(오미공망)
財 子 — 應
```

누구의 신수? 안 사람이면 누구지요? 재효
자수가 둘인데 어떤 자수? 그냥 아무거나 똑 같으니까 보유 ㅎ
자수는 부인인데 월일 대입해 보니 힘 다 빼앗겼으니 방전, 탈진
게다가 동효 형제효가 퇴신되면서 때리지요?
형효는 - 동료, 돈나가는 것, 자수 입장에선 관효 뭘로 찍을까요?
동료가 가장 만만하지요?
건괘의 관효 2효가 눈에 띄이니까 이 두말을 함께 엮어서 통변하면
부인이 직장 동료 때문에 머리 아프다고 하지 않던가요?
두명이 그런다고 그래서 힘들고 머리 아프다고 했다고
둘? 저 술토인가? 한명이 다른 곳으로 가려다가 못 갔다고 하던데요
저 술토는 진월이 오면 움직일 수도 있긴 한데…

지금 부인이 너무 힘들다네요. 저 부인이 지금 필요한 건 뭐?
손이나 재효지요? 손효는 약, 보약

재효는 음식 자수에 관한 음식 해산물 혹은 검정색 음식 그건 뭐 여러분들이 더 잘알고 남편분이 가정적이시라 음식도 잘 해주고 아이들도 잘 살피고 집안 청소도 해주시는데 부인이 좀 감동해주길 바라는데 저 괘를 살펴보니 모두 귀찮지요?

체력 환경… 괘를 보이시니 이해를 하십니다. 영양제는 잘 챙겨주었다고 하는데 약 효과 없지요? 그냥 저 상태로라면 신월이나 되어야 부인이 나아지는데 음식도 잘 먹이고 하면 좀 나아지겠지요? 이 괘는 형효가 동하여 때리면… 직장내 동료가 콕 콕 건드린다고 생각하시라고 ㅎ

18. 7살 딸 아이 올해 어떤지요?

```
▶ 뢰산소과 (태金궁)
........................................
父 戌 -//- (官 巳)
兄 申 - -                          丑월
官 午 一 世 (복 孫 亥)
兄 申 一
官 午 - -                          辰일(신유공망)
父 辰 - - 應
```

누구의 신수? 용신은 손효인데 오화 밑에 복신 되었고 휴수함
일진 고에 빠진 것은 긴점사에선 통변 무시 엄마는 일하시는 분이고 아기는 친정엄마가 본다고 하시는데… 저 상효가 복신이 튀어 오르기만 기다렸다가 때릴려고 하는게 걸려서 딸에게 지금 다니는 어린이집에 대하여 물어보고 싫으면 옮겨준다고 하라고 했습니다.

저번에도 저런 비스무리 한 점사 원장 남편이 기사인데 자꾸 성추행해서 옮긴 일이 있었기에… 지금도 그와 같다면 저 어른은 우리 아기가 복신으로 안 보여 지금은 피해있지만 해자월에 문제가 발생합니다.
하반기 가을에라도 옮겨야 할 것 같아 아이랑 의논해보시라고 하였습니다. 알았다고 하셨습니다.

19. 이 일로 이 사람이 다치지 않을지

선생님 제가 대출을 해줬는데 알고 보니… 유형이 좀 다르게 대출 되었네요 정직한 유형으로 가면 대출금이 조금 낮아야 하는데 중간에 이 분이 양도해서… 그땐 조건이 맞았는데 돈이 나오곤 좀 달라져서… 하여간 좀 찜찜합니다. 나로 인해서 모 지점장님이 다치진 않을까요?

내가 묻는 말이 : 이 사람이 대출금을 잘 갚으면 문제가 없지 않나요?

네 그건 그렇지만… 아 나 이사람 참 : 하고 한 숨 내 뿜으심.

대출금 상환 때까지 우리가 걱정하는 분이 문제가 없을까요? 로 물음

```
▶ 건金궁 (화천대유) 3효동
................................
官 巳 ―　應
父 未 ― ―                     戌月
兄 酉 ―
父 辰 ―／(父 丑) 世
財 寅 ―                       子日 (신유공망)
孫 子 ―
```

우리 측으로 용신 보았습니다. 응으로 왜 안보았냐구요?

이 사람이 문제 생기면 몇 명 같이 문제 생긴다고 해서… 묶어서 봤습니다.

우환점 공식은 - 동효로부터 용신이 극받지 말자

우리가 동하여 퇴신…

괜찮유 선생님이 스스로 걱정하는 거유. 아 예 선생님 감사합니다.

20. 내년 이 사람의 신수가 어떤지

지방에 거주하는 30대 초반 남자분에 대한 얘기, 이 분은 교통사고, 수술… 완전 파란 만장 이 미스터 최 이름이라도 어떻게 바꿔달라고 하여 다 지어 놓고, 이름은 되었고, 갑오년 신수가 어찌하겠냐고 풀었더니 이런 이런 개날리 점사…

```
▶ 진위뢰 (진木궁)
.................................
財 戌 - - 世
官 申 - -                  戌월
孫 午 ―
財 辰 - - 應
兄 寅 -//-(兄 卯)           寅일(자축공망)
父 子 ―
```

누구의 신수? 응의 신수

응 재효… 현재 돈은 괜찮은데 항상 길흉은 어디?

동변효… 형효 진신… 관 암동, 형이 동할 때 관이 제압해주면

좀 나은데… 이달에나 재나 왕상해서 괜찮지만 형신 진신은 계속하여 돈 나갈 일 만드니 괜히 점은 쳐서 이런 걸 읽게 만드는지…

나 돌아버림 이게 뭐여…

가택효, 형효는 응의 재 입장에서 관효 사건 사고 질병도 됨

1년씩 점단해 나가니 2015년 재물운 좋아짐

그럼 남은 올해부터 내년까지… 이 아이 또 파란만장

안 되는 사람 이름 바꾼다고 금방 좋아지는 것 절대아님을 봤음 ㅎ

타인 신수점

21. 고양이가 왜 죽었는지 알고 싶어요.

지난 일요일 고양이가 죽었다고
울음 섞인 부동산 선생님 전화가 와서 한 번 들르겠다고 했기에
들렸는데 흰색 누리라는 고양이 나랑도 사진 찍었던 그 애가
왜 죽었는지 모르겠다고 우심
이곳 부동산 선생님은 겸사보다 한 살 아래 처녀임

```
▶ 건(金)궁 중천건
    ·····························
    父 戌 ―/ (父 未) 世
    兄 申 ―                    丑월
    官 午 ―
    父 辰 ― 應
    財 寅 ―                    寅일(신유공망)
    孫 子 ―
```

이런 점이 왜 신수점 영역에 포함 하냐구요? (고양이 신수점)
6충은 깨졌다 죽었다.
지금은 이렇게 괘를 그려서 보게 되지만 당시엔 시간점 암산임

고양이 가축은 손효 용신 잡고, 부효가 동합니다.
그래서 부효의 어른을 찍었습니다. 어른 땜에 죽을 일이 없잖유 했더니
60대 어르신이 애완동물 뭔 협회 짱이신데
멸치를 먹이고 물릴 때까지 먹이면 그 후 사료를 잘 먹는다고
당장 사오라고 해서 물 반 멸치 반 끓여서 (그래도 짰다고 함)
맨날 부동산 오시고 문자로 잘 먹이냐고 하고 워낙 유경험자라 말을 안 들을 수 없었다고 함.

고양이 오줌이 너무 노랗게 되었고 병원가도 안되고… 인터넷 검색하니 고양이는 근본적으로 신장이 약해서 짜게 먹으면 안 된다고 하더라고…
애기고양이 때부터 키운지라 죄책감으로 자신도 죽고 싶었다고
계속 눈물 흘림.

내가 부효 어른이라고 찍어주니 70퍼센트는 죄책감 치료가 된 듯하다고
그러면서도 그 어른 말을 무시하지 못한 자기 탓도 있다고…
지금 저 괘를 보면 5효 신금이 통관하는데…
나는 괘를 암산으로 그리니 손효 용신과 기신만 체크 했고 암동은 읽지 않았음.

유기된 고양이를 부동산서 저쪽에 방을 만들어주고 가끔 거기서 같이 자고 퇴근하고…

(※ 세효도 같이 동하였기에 나도 어른도 포함됩니다. 하지만 너 때문이여 안 해도 본인이 실토하였지요?)

22. 아들의 일이 잘 되고 있는지

지방에 사시는 어머니가 30대 아들이 전화를 하도 안 해서 겸사의 점을 통해 아들 소식을 들을 수밖에 없으시다고 함.

```
▶ 건(金)궁 중천건
............................
父 戌 ― 世
兄 申 ―                      子월
官 午 ―
父 辰 ― 應
財 寅 ― / (父 丑)            巳일(자축공망)
孫 子°―
```

아들의 신수점이니, 아들의 현재 상황 월일 왕상휴수, 극하는 것은 있나 없나, 재효의 상태 등을 봐주면 됩니다.

먼저 자손먼저 보면 초효에 자수 월에서 같은 글자이니 공망이라 할지라도 큰 문제는 없습니다.

이 아이랑 나랑 교감사항이 없으니 공망은 비어있다 준비 안 되어 있다. 의심하고 있다. 여하튼 흠이 있는 글자임으로 뭔가 아들은 해결나지 않은 일 확실치 않은 일 뭔가 의심하고 있는 일이 있지만 왕상한 글자는 공망이 아니다는 천금부 글이 떠오르면 되고

재는 월에서 생조 받아 툭하고 움직이니 잘 들어오고 있다고 보면 되고
재변부 또한 이 아이랑 교감 사항이 없으니 이 아이는 장소 확장인지
장소를 고치려고 하는 건지 모르니까 그냥 돈 잘 들어오고 있다고 하면 됩니다.

아이를 위협하는 부만 동하지 않으면 아무 문제가 안 되어 아이 걱정은 안하셔도 된다고 이 아이가 확실치 않은 일이 있는 것 같은데 며칠 지나면 확실히 보일것이라고 돈도 잘 들어오고 있다고 하니

지금 그런 일이 하나 있는 것 같다고 서울에 오셔서 상세히 말씀드리겠다고 하심 그러시라고 함.

23. 편입 5수 공부하는 우리 딸 공부는 많이 되었나요?

　모녀께서 유명한 관상학의 대가 신기원 선생님 말고 하여간 모 선생님께 갔더니 이 아이는 학운이 절대 없다고 하여 이 아이 울고불고… 현재 5년간 편입 재수 아니 장수하고 있음…

겸사도 6년 장수해서 전문대 간신히 갔는데…
그 패배감, 그 애도 마찬가지…
이런 아이에게 넌 도저히 학운이 없다고 딱 잘라서 말씀 하셨다고…
애를 두 번 죽이심 그래서 오심

내가 그 아이 같이 오지 마시라고 혼자 오시라고 했음
그 아이 현재 공부가 얼마나 되었는지 먼저 점단

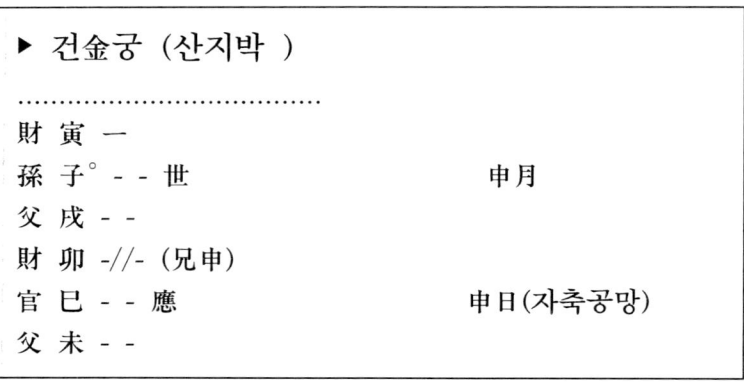

지금 물음의 핵심은 공부, 공부는 부효… 편입시험은 대개 영어시험 임
　일단 살펴봅니다. 술토, 미토 휴수 안 되어 있고, 재효 동하여 그나마 깨니 회두극 이건 반갑고 공부가 좀 되려면… 술월이 와야 하니
　그 애에게 내가 편지를 씁니다.
　10월 7일부터 11월 7일 사이에 공부하는 것이 모두 시험에 나온다고

하늘이 합격을 주는 대신 너도 뭔가를 바쳐야 한다고
(한 달만 휴대폰 엄마에게 반납, 외출금지)
이런 것을 중심으로 편지 써서 그 애 전해주라고 했습니다.

술월에 공부가 좀 될 듯한데…
엄마는 합격여부만 알고 싶어 하고 난 실력 일단 높이고 점치자고 하고
엄마는 현명하셔서 알아들으십니다.
이 아이는 장점이 많은 아이이고 지금 열등감의 악 밖에 안 남아서
열등감 패배감 대인기피… 잘 되길…

(결과 - 경기도 위치 모 대학교에 편입 합격 됨)

24. 우리 아들 고등학교를 잘 졸업할 수 있나요?

고 2 아들 나와 같은 경신일주, 공부에 뜻이 없고… 아이가 졸업만 하라고 엄마가 목도 조르고 타이르기도 하고…

이 아이가 졸업이라도 잘 할 건지 알고 싶다고

```
▶ 건金궁(풍지관) 상효동
.....................................
財 卯 ―/(孫 子)
官 巳° ―                              未月
父 未 ― ― 世
財 卯 ― ―
官 巳° ― ―                           申日(진사공망)
父 未 ― ―應
```

졸업장은 부효라 보고 부효만 멀쩡하면 괜찮다고 하려는데
부효 미토 3개, 학원 갯수도 되고 책 펴놓은 것도 되고

기타학원 다닌다고… 부효 멀쩡하라고 했더니
재가 동하여 다 때려버립니다. 재가 변효 자수의 회두생, 자수는 일진의 생조 지금 필요한 건 뭐? 아이고 머리야 줄담배의 원인…
흡연 유발 점사입니다. 쨩구를 막 돌려도 저 왕상한 재를 어찌 말린담.

어머니가 이대로 놔두면 저애 계속 논다고 대책을 마련하셔야 한다고… 다시 대책 마련하여 점단, 어머니가 종일 감시하기로 결정 봄.

25. 우리 딸이 학교를 잘 다닐까요?

사주보니 관다신약… 학교 적응 못해서 외국에 가서 공부하다가 돌아왔다고

```
▶ 곤土궁 (수천수)
..................
財 子 - -
兄 戌 一/ (孫 申)           子월
孫 申 -//-(父 午)世
兄 辰 一
官 寅 一                    辰일(자축공망)
財 子 一 應
```

그래서 지금 학교를 입학시켰다고 하심 2년 뒤쳐진 상태 임.

아이가 극단하지만 않으면 될 것인데…
여기선 힌트가 두개지요?
하나의 힌트는 - 용신의 회두극, 두 번째의 힌트는 - 6충으로 변화함

그러므로 잘 다니지 못한다는 암시입니다.
  엄마 아빤 지금 속이 타들어가서 열심히 괘를 내주셨는데 결과 판독은 이렇습니다. 어떻게 말을 해드려야 하나…
  그 먼데서 추운데 달려오셨는데…
  답은 저렇게 나왔고… 말해주기가 참 미안하였습니다.

26. 13세 딸 탈선은 안하겠지요?

이혼 후 여자아이 초등 6학년생을 본인과 떨어져 친정에서 키우고 있는데 사춘기라 탈선은 안하겠느냐고 걱정이라고…

그냥 신수점 처럼 보면 될 것 같아
아이가 잘 지낼 것인지 하늘에 그렇게 물으라고

```
▶ 택뢰수 (진木궁)
……………………………
財 未 -//-(財 戌°) 應
官 酉 ―                        巳月
父 亥° ―
財 辰 - - 世
兄 寅 - -                       申일(술해공망)
父 子 ―
```

숙달된 사람들은 재효 진신 되는 것이 혹 들어오지요?
 옴마나 학생에게 재효가 진신? 나 또 죽었다 하고 각오하고 찬찬히 살핍니다.
 손효라 월에 나와 있고 공부라는 글자는 부효 두 개, 한 개는 공망과 월파로 학원 하나를 쉬고 있던지 그래도 자수는 신일에 생조 받아 저 정도면 공부 잘하고 있고…
초등학교 6학년에게 저 동효는 뭐지? 돈이 동하다니…
 이 아이가 대회 나가서 상금도 타 오나요?
 그냥 상만 타와요 공부를 좀 하거든요.

그런데 초등학생이 뭔 알바하나요?
 알바요? 아, 네~ 친정엄마가 식당 하셔서 가끔 가서 커피 타서 손님 주면 지인들이 천원도 주고 용돈도 주고, 할머니도 용돈 주면 다 저축해요.
    이아이가 젤 부자에요 하나도 안써요 호호호

    겸사 속으로 에휴 다행이다. (그래서 자꾸 물어야 합니다)
    저 재가 진신 되면서 6충이 되지요? 6충은 항상 오래 유지 못하다로 통변 하라고 했지요. 그럼 뭘까요? 그냥 쉽게 생각하세요. 6충은 이럴 때 알바 하다가 안하다가 하다가 안하다가 이렇게 연속된다고 보시면 가볍게 넘어 갑니다. ㅎ

27. 남동생 취업운

남동생 대학교 학비 대주고 했는데 졸업하더니 아직 취직이 안 되었다고…
누나가 동생이 언제 취직 되냐고 물음

```
▶ 건(金)궁 중천건
........................
父 戌 一 世
兄 申 一                      未월
官 午 一 / (父 丑)
父 辰 一 應
財 寅 一                      丑일(진사공망)
孫 子 一
```

동생(兄)의 직장 취업운(官) 그럼 동생이 더 중요한가요? 아님 관이 더 중요한가요?
일단 관이 중요하고 급료 재까지 봐줘야 하는 것이고, 형효는 의지력이 있나 없나 봐야합니다.
이런 것이 머릿속에 그려지고 이괘를 봐야 답이 다 보입니다.
형제효의 의지 봅니다. 왕상하니 의지 충만 은근 부효가 많이 나와 있지요? 이건 책입니다.
내가 동생 취업공부 하니? - 네 도서관만 매일 가요

언니 언제 취업되는 건데요? 내가 괘를 보면서 이 아이 눈치를 살피고
입을 못 떼고 눈을 빤히 보니 괜찮다고 말해달라고 합니다.
내가 조금 기다려야 하넌디 겨우 말하니 그게 언제냐고

지금 7월이지만 내년 양력 2월 달에 되겠넌디…

기다릴수 있다고 합니다.
엄마는 취직 된 줄 알고 제주도 고향에서 그렇게 알고 있고
용돈까지 주느라고 이아인 죽어나고 있고…
응사시기가 멀 때, 괘는 잘 읽혀도 말을 해주기가 참 미안한 마음

해월이 되면 재는 살아나니까 알바자리는 될 수 있어도
관은 인묘월이 와야 생조를 받습니다. 여러분들도 저괘 잘 보이지요?

(결과 - 2월에 와서 원서 넣고 기다리고 있다고 합니다.)

28. 아들에게 교통사고 수가 있나요?

아들이 대학원 다니는데 가끔 차로 이동하고 회장이며 하는 일이 많아서
요즘 너무나 피곤해 보이고… 아무래도 느낌이 자꾸 안 좋다고
사고수가 있는지 봐달라고 전화 오심

```
▶ 지산겸 (태金궁)
……………………………
兄 酉 - -
孫 亥 - - 世              辰月
父 丑 -//- (官 午)
兄 申 ―
官 午 - - 應              辰일(인묘공망)
父 辰 - -
```

누구의 사고 수? 자손, 기신 무엇이 동하면 안 된다? 부효
뭐가 동했나요? 부효 축토… 딱 걸립니다. 역시 엄마는 신입니다.
그럼 그냥 사고 수 있으니 조심하세요. 하고 말아야 하나요?
우리에겐 가택처방과 맞먹는 차 처방? 차에게 재극인 해야겠지요?
바퀴마다 술 네잔 동전 이렇게 하면 또 사고수가 있냐고 점단
뢰수해 4효동 손효가 동합니다. 참 쉽죠잉

29. 논술과외 안 시켜도 아들이 시험을 잘 치나요?

▶ 감水궁 (중수감)
....
兄 子 - - 世
官 戌 ―   戌월
父 申 - -
財 午 - - 應
官 辰 ―/ (財 巳)   卯일(술해공망)
孫 寅 - -

가난한 엄마가 눈물이 가득 고여 이 아이 논술 200만원 다 안 시키고 그냥 논술 보게 해도 점수 나오냐고 묻습니다.

관이 동하면 부효가 생 받습니다. 묘일 일진이 살렸습니다.

일진 묘목이 변효 사화 생조 - 사화는 진토 동효 생조 - 진토는 부효 생조 (월파 지나서) 곧 해월 오면 월파 지나갑니다.

하여간 과외 다 안 해도 점수 잘 나온다고 하였습니다.

200 이라… 육효강의 저렇게 고액으로 하는 시대는 언제나 올런지…

(결과 - 그래도 점수가 잘 나와 성균관대 합격 함)

타인 신수점

30. 40대 남편의 신수

```
▶ 택수곤 (태금궁) 4효동
.....................................
父 未 - -
兄 酉 ―                        戌월
孫 亥 ―/ (兄 申) 應
官 午 - -
父 辰 ―                        戌일(인묘공망)
財 寅 - - 世
```

남편이 오화 관인데 월일 입묘되어 있습니다.

근데 해수가 동하여 오화를 때리려고 준비 중 임으로 이달 지나면 해월이 오면 저 오화가 고장지에서 빠져 나오고 해수가 때릴 것 같아

남편이 직장문제로 지금 무척 힘들고 잠시 그 직장을 쉬겠다고 하는데 무슨 직업이냐고 하니 검사 직업이라고 합니다.

그렇지 않아도 외국으로 1년간 연수 받으러 가족과 함께 가려고 한다고 합니다.

내년 2월이 되면 환경이 바뀌어 나아질 것 같다고 하니 그 때 전면적인 개편이 있다고… 내가 근데 검사신데 부동산은 있지만 현금이 없다고 했더니 막 웃습니다.

현재 현금이 안돈다고… 남편이 무척 힘든데 부인(재효)가 나서서 밥 좀 잘 해주고 친절하게 하여서 일단 남편 좀 살리라고 하였더니 집에서 말을 안 해서 이 남자가 바람 피우나 의심했다고 합니다.

내가 도대체 검사들은 급료를 얼마나 받느냐고 하니 본인 남편은 300대 400만원 대라고… ㅎㅎㅎ 난 궁금증이 풀려서 즐거웠습니다.

재물점사 모음

1. 돈 들어오는 공식
세효에 재 잡아라. 희망용신이기에 유리하다.
재동하라 손동하여라 뭐변재, 뭐변손 되어라
월에- 재효 있으면 이달 안에 돈이 들어와 있음
일진에- 재효는 오늘 돈 들어옴, 긴 점사는 항상 돈 끊이지 않음

2. 1:1 점사에선
내가 협상시에 형이나 관이 동하면 돈이 더 나감
내가 협상시에 재가 동하면 내 돈이 굳음
월세 계약하러 가는데 잘 되냐고 할 때 형(관)이 동하면 - 더 달라고 하고
재가 동하면 깎을 수 있음, 깎아짐
내가 5천만원 받을 수 있냐고 했을 때 형(관)동하면 좀 깎여요
내가 2억에 이 집을 팔수 있냐고 했을 때 형(관)동하면 좀 깎여요
1억 대출을 받을 수 있을까요? 형이나 관 동하면 좀 줄어요
1억 대출 받을 수 있냐고 재가 왕하게 동하면 더 받을 수 있어요

3. 내가 저 사람에게 돈을 꿀 수 있냐고 하면
세응 심리 환경 파악 후 – 돈 들어오는 공식에 대입하실 것
상대방이 돈이 있나 없나도 왕상을 대입하여 재 동태 파악할 것

4. 사업 창업시 돈 되냐고… 일진을 더 자세히 볼 것 일진에 손, 재 좋음
재효가 강하다는 것은 - 창업자본 충분해요. 충분하기에 유지 됨,
이 땅이 돈 되냐고 하면 - 재효 강하면 지금도 이 땅 비싼 편이에요.
그러므로 돈도 계속 되어요. 오르고 있답니다.

5. 우리 사업 언제 잘 되냐고 하면… 이것도 일진, 혹은 손이 동하되 회두 생 좋음, 돈이 안 보이면 손이나 재 오는달 반짝 좋음

6. 사업 잘 되냐고 물었을 때 손효가 세효에 임하면 난 간절히 재를 원한다. 당신이 움직여 찾아 먹어야 한다고 말 할 것.

1. 2013년 올해 재물운이 어떤가요?

계묘생 흑룡강성 조선족이시라고…

전번에 부인이 오셨고 작년에 혼자 오셔서 친구들과 사업하시겠다고 하여서 안된다고 하였더니 오늘 오셨길래 그 친구들은 사업 잘 되냐고 하였더니 안된다고… 자신이 빠진 게 잘 된 것이었다고…

오늘은 그냥 놀러 오셨다고 그래서 내년 재물운을 물으심

```
▶ 택화혁 (감水궁)
..................................
官 未 - -
父 酉 一 / (父 申)              子月
兄 亥 一 世
兄 亥 一
官 丑 - -                    巳일(술해공망)
孫 卯 一 應
```

본인점에선 항상 무엇부터 보자? 세효, 세효에 임한 육친, 월일 왕쇠
형효 돈 썼었어요. 월일에서 하나라도 생 받으면 괜찮음
일진이 왕인데 사화 재효가 날 충하지요?

세효를 극해서 좋은 것은 3가지죠.
재물점에서 재가 동하여 날 때리면 - 재래취아
기다리는 사람 - 용극세 인필귀 반드시 오지요?
근심점에서 관효 지세 - 손효 동하여 날 때리면 근심이 먼지처럼 날라가지요.

이 점사에선 사화가 날 극하지 않지만 충하지요?
암동도 되구요. - 엉덩이가 들썩이다로 봐도 됨

재효가 때려주어서 이건 나쁘지 않음
넌 써라 난 늘 네 곁에 있을게로 읽으심 되지요.

그런데 부효가 동하여 퇴신되지요?
대개 문서부터 물어보는데 난 어머니가 혹시 돌아가셨나요?
네 한 달 후 첫 제사라고 음… 육친 막 갖다 대니 맞는 군
문서도 움직이는데 왜 집 내놓으시나요?
중국에 집 두 채 있는데 한 채는 팔아서 서울이나 지방에 집을 사려고 한다고 그것은 분점으로 나가는 달 찍어드림

나만 암동한게 아니라 형제도 암동 하길래 형제분도 들썩인다고
형제 중 한 명이 사이가 안 좋은데 제사 때 참석하려고 그러나? 하심
음 육친 막 갖다가 대니 또 맞아 들어감.
올해 좋으시다고 함 일진 재효 땜에…

(결과 - 2014년 신수점 보러 오심, 재물운은 넉넉하였지만 무척 고생한 적이 있다고 합니다. 무엇이냐고 하니 세상에 저 부효 - 문서, 장소 이동, 어머니, 이외에도 회사가 합병되면서 자신이 옆 가게로 옮겼다가 적응하느라고 무척 힘들었다고 합니다.
앞으로 신년 운세에서 부효 움직이면 장소 이동이 있을 것 같다고 말해주시기 바랍니다. 이분 때문에 배웠습니다.)

2. 이것에 투자하면 돈이 되나요?

쓰라린 잘못 투자의 과거가 있으신 분이라 부부가 같이 오셔서 6천 투자해서 2년에 1억 2천을 만드는 모 단지 투자 건에 대해 진실로 이것으로 이익이 되는지 물음.

```
▶ 태金궁(뢰택귀매)
..................................
父 戌 - -應
兄 申 -//-(兄 酉)              卯월
官 午 —
父 丑 -//-(父 辰) 世
財 卯 —                        戌日 (오미공망)
官 巳 —
```

저위에 돈 되는 공식 모두 써 있지요?
돈을 벌어도 시원찮은데 형효 즉 돈 쓰는 글자가 진신 되고 세효는 부효가 진신 되어 이것을 추진함에 신근노록 지상으로 그의 생각은 착각이었지요? 형 동하면 돈 나가고, 관 동하면 돈 빼먹히고…
권하지 못한다고 말씀 드림.

3. 그 곳에서 건강원을 하면 돈이 되나요?

모처에 건강원을 하게 되면 재물운이 어떤가요? 50대 남자분

```
▶ 건금궁(천지비) 4효동
..........................
父 戌 ―  應
兄 申 ―                    巳月
官 午 ― / (父 未)
財 卯 ― ― 世
官 巳 ― ―                  辰日(술해공망)
父 未 ― ―
```

세효 재, 통과 월일 왕상 보니 휴수 - 의지 없음, 돈도 없음

동효 - 관동 재효 빼먹길래, 관공서로 돈 나갈 일을 물으니 단속이 자주 들어온다고 합니다. 어디에서 - 한의원, 구청직원, 주변 주민들…

이렇게 쉬운 점사를 왜 썼냐구요?
건강원을 개업하시려면 위의 요건들이 항상 따라붙는 것이라는 상식선 이해하시라구요. 또한 정화조 시설이 있어야 한다고 하네요.

권리금이 붙는 것은 - 부동산 쪽 사람들의 잇권도 고려해야 한다고 합니다. 오늘은 건강원에 대한 것을 알아보는 상식이었습니다.
저런 점사에는 사업 권하시면 안되기…

4. 모 상가에서 가게 열면 재물운이 어떨지

지방 여자분 전화 - 조금씩 가방, 옷가지들을 납품해주고 있는데 모 상가 자리가 있는데 거기서 가게 얻어서 팔면 재물운이 있겠느냐고 ... 너무 멀리 사셔서 그냥 봐드림 (여러분들은 이렇게 고객 돈이 들어가는 일은 꼭 오라고 해서 점단하시기 부탁...)

```
▶ 화풍정 (이火궁) 3효동
..............................
兄 巳 ─
孫 未 ─ ─  應              未월
財 酉° ─
財 酉° ─ / (兄 午)
官 亥 ─ 世              寅일(신유공망)
孫 丑 ─ ─
```

선수들의 통변은 ?
먼저 체를 살핍니다. 화체 - 돈은 신금 유금
일진은 오래지속지상이니 - 일진에 재나 손이 있나 봅니다.
여기서 점검이 끝납니다.
이제 선수가 아니지만 선수가 되려는 선생님들 보셔요.
세효 관효 휴수한데 - 관효를 잡으면 대개 돈 벌어도 금융권으로 나가니까 돈 되어도 빚갚다지요. 그리고 재효를 잡아야 좋습니다. 관효는 힘듭니다. 아플수도 있고... 걱정하고 점단해도 관이 붙긴 합니다.

일진에 인목과 6합되었지요? - 이런 현상을 합기(습起) - 가만히 있는 정효 용신을 월일에서 6합하면 나는 가만히 있으려는데 합된 육친이 손으로 이끌어 나를 일어나게 하다, 끌고 가다.

선상님 합주는 뭐에요? - 그건 용신이 움직였는데(동효)를 월일, 변효에서 묶는 것

월은 - 30일만 그 역활을 하니까 화체에선 토가 손, 금이 재니까 토월 금월만 재가 됩니다. 12개월 중 진술축미월 신유월 6개월 반타작이지요? 6개월 - 돈 들어오고, 일진에서 밀어주는 형효 (돈 쓰게 되는 글자) - 쭉 가는 지상이니 불멸의 형효 (변효 형효의 속삭임 잘 들어 보셔요 - 돈만 들어와 봐 내가 다 써주께, 든든한 일진(王) 부효 인목이 날 비호하거든 들어오는 것 보다 나가는 것이 많다를 꼭 보여주께)
타산이 안 맞지요?
내가 그분에게 누가 자꾸 거기서 일하라고 꼬는 사람이 있는데 제가 꼭 하셔야 한다고 권하긴 힘들유 잠깐 돈이 되는데 계속 나가고 나중에 손해보유 했더니 ... 알았다고 합니다.

합기는 - 정효를 이끌어서 일어나게 하는 것이고,
합주는 - 동효를 못 일어나게 묶은 것입니다.
여기서 이 두개를 막 기억하지 마셔요. 왜냐하면 아는게 병이라고 저건 어떤점이나 막 활용하는 게 아니에요.

합기는 - 자기 의지도 아니구먼 할 때 판별하고
합주는 - 와야하는 사람 기다릴때, 혹은 돈이 들어오려고 동했는데 묶는 건데 - 묶은 것은 충하면 풀리니까 다시 옵니다. 근데 사람기다리는데 합주되면 그거 풀려야 하니 지체되는 것이니까 너무 신경써서 암기 하지 마셔요.

육효를 많이 점단하다 보면 합기, 합주 가끔 눈에 들어옵니다. 아 그런게 있다고 했지 정도만 암기했다가 걸리면 쓰셔요.

5. ㅇ 주식 언제 팔까요?

ㅇ씨 주식 300정도 손해보고 있는데… 저번에 팔았으면 이익 봤다고…

```
▶ 택풍대과 (진木궁)
……………………
財 未 -//-  (財 戌)
官 酉 —                    戌月
父 亥 — 世
官 酉 —
父 亥 —                    卯日(진사공망)
財 丑 - - 應
```

저는 주식을 잘 모릅니다. 그냥 물으면 대답해주는데 자주 물으면 꽝 납니다.

저 괘 상효 재가 진신되지요? 승세이진… 기세를 타고 나가고 있습니다.
11월 7일 이전까지 좋아보이지요?
암동… 옥의 티네요. 그래도 이 달 놓치면 다시 쳐야 겠지요?
묘목이 유금 암동시켜 저 진신의 힘을 뺍니다.
이건 이 분 사정이겠지요? 알았다고 하십니다.

재물점사 모음 105

6. 이 사람 때문에 우리 가게 장사가 안 되나요?

모 칼국수 여사장님 파출부로 오시는 모씨가 얼굴은 예쁜데 이 사람 오고부터 장사가 좀 안 되고 더 의심할 만한 것은 이 분이 안오는 날이 한 번 있었는데 그날따라 유독 장사가 잘 되었다고 혹시 이분 때문에 장사가 안되는 거냐고 물으심.

별걸 다 묻는다고 하지만 사업하시는 분들은 그 별 것에도 신경이 쓰임을 참작 하실 것

```
▶ 진위뢰 (진木궁)
......................................
財 戌 -- 世
官 申 - -                    卯월
孫 午 —
財 辰 - - 應
兄 寅 - -                    丑일(신유공망)
父 子 —/ (財 未)
```

이런 점사는 어찌 보냐구요? 동효로 인해 돈이 깨어지게 만들면 의심스럽지요?

형이 동하여 힘 받든가, 관이 동하여 돈을 빼먹든가, 부효가 동하여 힘받으면서 계속 손을 깨면 되지요.

세응 재효 일진 재효 - 힘없는 부효 동했으나 재효로 다시 변출
위의 사항에 잘 안맞지요?
그냥 기분이 그러신 거지 그 분 때문에 그런건 아니라고 말해줌.

7. 45억 건물 언제 나가나요?

▶ 건(金)궁 중천건

父 戌 —／（父 戌）世
兄 申 —／（兄 申）   辰월
官 午 —
父 辰 — 應
財 寅 —   辰일(인묘공망)
孫 子 —

얌전하신 62세 여자분 오심 수첩을 펴시면서 사주 다 넣으시려고 하시니
내가 선수침 내가 젤 근심거리가 뭐냐고 그것부터 해결하자고 하니
역삼동 건물 6층짜리 언제쯤 나가냐고 해서 점단하니 위와 같은 괘
6층은 한 번 나갈 뻔 한 것 다 아실테고 부동산 매매는 체를 보면 금방 답 나오지요.

금체의 재효는 인묘월이니 아이쿠야 큰일 났지요?
가택효에 재가 있는데 공망에 휴수에 완전 저질 재효… 뭐라 말하지?
여러분 이분은 저 동효 복음이 중요한가요?
건물이 언제 팔리는지가 궁금한가요?

일단 묻는 것부터 해결하셔요. 답은 참 쉬워요
지금은 재효가 공망이고 휴수해서 제값 못 받는데
해자월 인묘월에 거래 될 것입니다.

지금부터 해자월 인묘월… 거의 1년이지요?
음 너 참 잘 맞춘다 할까요? 그래서 가택처방 이런 것이 필요하지요.

재물점사 모음 107

인묘월에 못 파서서 기간이 지체되는데 겨울에 팔린다고 하니
가택 처방해보셔요 하고 쓱 쓱 써드립니다.
아마 좀 나가는 게 땡겨지실 거라고…
저 복음 부효와 형효… 돈 나가는 문제로 한숨 쉬시냐고 하니 뭐 그것도 없다고 하시고… 그래서 그냥 통과시킴 그냥 본연의 질문에만 충실했음. 저 건물 잘 안 팔리지요? 그래서 처방 알려드림 잘 팔리시길

8. 식당이 잘 될까요?

서울 번화가인데 조금 외진 곳인데 장사가 안 되어서 오신분
장사가 잘 되겠냐고 하심 일단 여자 분(40대)이 점단 함

```
▶ 건(金)궁 중천건
.........................................
父 戌 ─/ (父 戌) 世
兄 申 ─/ (兄 申)              辰월
官 午 ─
父 辰 ─ 應
財 寅 ─                       巳일(술해공망)
孫 子 ─
```

세효 복음인데 월파로 깨어져서 다행인데…
부효 근심 걱정 이러지도 저러지도 못하고, 중요한 재는 휴수하니… 비참 처참
내가 미치고 환장하는 얼굴로 바라보니 이 가게의 진짜 주인은 밖에 계시다고 함 얼른 들어오라고 하심 자신은 도와주시고 있다고…

내가 이가게 이대로 있음 겨울이어야 잘되는데
한숨 쉬고 이러지도 저러지도 못하는 지상으로
어떤 대안을 넣고 다시 점칠 순 있어도 이대로 놔두면
힘드시다고 하니 여름 메뉴 몇 개 넣어서 하면 어떠한지 남자분이 다시 점단 지뢰복 5효동… 세효 재효 자수… 그러나 자신감 부족
만일 이렇게 하시면 8월부터 돈이 제대로 남기 시작하는데
이렇게 자신감이 없어서 어떻게 하냐고 자신감 부추김 가택 처방도 알려드림. 저 위의 괘는 막막하여 도저히 손을 대기 힘든 괘입니다.
이럴 때 조건을 바꿔서 점단하면 다시 점칠 수 있습니다.

9. 전세 7억 아파트 언제 나가나요?

전세건 매매건 용신은? 재입니다.

```
▶ 감水궁 (수화기제)
........................
兄 子 - -  應
官 戌 一                         辰월
父 申 - -
兄 亥 一世
官 丑 - -                         未일(인묘공망)
孫 卯 一/ (官 辰)
```

水체의 재는 巳 午, 괘만 보아도 사오월이지요.
복신 안 찾아도 됩니다. 어차피 복신 재와 오는 월 재와 같기 때문이지요.
어라 손효 설탕만한 것 동합니다. 부적? 기도? 굿? 그거 하셨유?
오머 선생님 그게 나와요? 부적이유 아님 굿이유?그런거 했어요

저게 얼마나 힘을 발휘할지 모르나 하여간 5월 5일부터 확실하게 나간대유
하여간 독자 선생님들 매매점에서 손효 동은 거의 다 그것입니다.

10. 대리운전 사업할건데 잘 될까요?

조카뻘 20대 남자아이 당진 어디에서 할건데 저 이일 잘 될까요?

```
▶ 택뢰수 (진木궁)
..........................
財 未 - - 應
官 酉 —                    辰月
父 亥 —
財 辰 - - 世
兄 寅 -//-(兄 卯)            巳일(술해공망)
父 子 —
```

세효 재효 잡고 누가 말려도 할 태세 (왕상하면 그러함)

형이 동하여 진신… 그러면서 6층 만들기에 돈은 되는데 네 친구 동료 다 끌어 들이니? 선배하고 그냥… 너 친구 형제 다 끌어 들이면 그 애들 등쌀에 더러워 오래 못하고 집어 치우게 되는데…

그럼 어떡하지요?

니가 주인이고 사장이니까 내 말을 듣고 따르지 않으면 다 짜른다고 해 네하고 대답 합니다.

형효가 돈 나가는 것도 되지만 형제 동료들의 횡포로도 보이기에 그랬음.

11. 모텔 경영 다시해도 돈 되나요?

지방 50대 여자분 모텔 - 속옷 가게 - 다시 모텔 경영하시려 한다고 하는데 가도 되겠느냐고 하심

```
▶ 곤土궁(택천쾌) 4효동
..........................
兄 未 - -
孫 酉 一 世                    巳월
財 亥 一 /(孫 申)
兄 辰 一
官 寅 一 應                    亥日(오미공망)
財 子 一
```

세효 월일 휴수 의지 약함, 재효 일진에서 펑펑 생조하니 좋고
월파 재가 있다 해도 일진, 초효 재는 멀쩡함

지금 다시 가고 싶은 마음 별로 없는데
가시면 편하고 돈 잘 돌아가유.

그러냐고 거기 수입이 없다고 한다고 해서 갈까 말까 한다고
나는 가면 괜찮유 했더니 그러냐고 좋아하심
재효 튼튼한거 모두 보이지요?

12. 사주포장마차 하면 돈이 될까요?

제자 선생님이 본인 스스로 괘를 내고 겸사에게 통변 요청했습니다.

```
▶ 손木궁 (풍뢰익)
..........................
兄 卯 —應
孫 巳 —                    亥月
財 未 - -
財 辰 - - 世
兄 寅 -//-(兄 卯)          丑日(오미공망)
父 子 —
```

일단 희망용신 세효에 재를 잡고 일진에서 밀어주니 돈은 되는데…
항상 동변효에 길흉이 있다고 했으니
형이 진신 되어 자월까지 버틸 것으로 보입니다.

자기도 통변하기 힘들면 나도 통변하기 힘들지요.
저 형효가 뭘까요? 그냥 돈이 두 배 나간다?
동효만 장난치지 않으면 무조건 하라고 하겠구먼 형효가 너무 강합니다.

진토 입장에선 관효이니 취객들이나 구설이 따르던지
동료에게 넘기던지 아니면 저걸 사야해서 돈이 많이 드는건지

장소를 바꾸던지 기간을 바꾸던지 해야 할 것 같유 형이 너무 강한다유 했더니 아는 언니랑 하시고 3일만 나가신다고…

참 계측이 따로 없지요? 하필 형효가 진신될게 뭐냐구요 그것도 해월에 생조 받는 형효, 형효가 힘이 없어도 휘청할 판에 저리 진신 되면 하라고 권하기 힘듭니다. 사주포차는 지금이 호황기일터인데…
에잇 쩝쩝 괘가 깔끔해야 하라고 권합니다.
 (훗날 결과 - 안했다고 합니다)

13. 그 업체에 상주하고 있을 때 재물운

건축 관련 대출해주시는 남자 분 40대 중반
모씨가 (이분은 내가 예전에 너무 가까이 하지 마시라고 했던 분)
자기네 사무실 한 켠에 와서 상주하면서 대출 관련 업무 해달라고 했다는데 1년 동안 가 있어도 좋을지 물으심

```
▶ 건금궁(천지비) 2효동
  ..........................
  父 戌 ―    應
  兄 申 ―                    亥月
  官 午 ―
  財 卯 ― ― 世
  官 巳 -//-(父 辰)           卯日(오미공망)
  父 未 ― ―
```

여러분들께 질문
세효에 재효 붙고 일진이 밀어주니 무조건 가면 돈 번다.
안 된다 가면 관이 동하여 세효 힘 빼고 돈 나간다.

여러분들은 둘 중 어떤 의견에 한 표?
세효 그림 좋지요? 말려도 갈 기세인데
이 선생님은 내가 육효점으로 여지껏 틀리지 않고 맞춰드린 분이라
그래도 겸사 말 잘 들으심.

항상 길흉은 동변효 저 관효도 일진에 생받아 만만치 않습니다.
그리고 진토로 힘 빠지기엔 사화가 일진에 힘 받아 오래 걸립니다.

사화가 월파잖냐구요? 그건 이달만 그런 거니까 긴 점사는 통변 제외
초효 공망은? 당연히 지금은 장소가 확정 안 되었으니까 그것도 무시

저 점사에선 힘 좋은 관효 때문에 옥의 티입니다
세효 관공서 들락 달락 그쪽 업무에 정신 줄 놓습니다.
그냥 일 있을 때만 가시라고 권했습니다.
재물점사에서 관동하면 꽝입니다.

14. 안경점 하시는 분 재물운

모 대학교 안에서 학생들 상대로 안경점 운영하시는 분이
겸사 안경 맞추러 가서 봐드림

```
▶ 진木궁 (뢰풍항)
..............
財 戌 - - 應
官 申 - -                    子月
孫 午 —
官 酉 — 世
父 亥 —                      亥日(인묘공망)
財 丑 -//-(父 子)
```

시간점으로 봄, 세효 저거 힘없는 것 봐라
- 애정 별로 없고, 재변 부로 6층 됩니다.

내가 선생님 많이 지치셨네요. 이 가게는 계절장사로 1년에
6개월 장사 되는데… 곧 유지 안하고 싶으시겠는데
파시고 장소를 옮기시던지 뭔가 변화를 주어야 하겠는데요.

아 그러냐고… 그럼 어찌해야 하느냐고
뭘 어쩌냐고 하실 건지 마실 건지 결정하셔서
하실 거면 6개월보다 장사 잘되게 계획을 잘 짜셔서 운영 하셔야지유.
다른 걸 해볼까 하시기에… 그냥 하던거 허유
다른 것은 위험 하지유 겨우 이 직업에 대하여 눈 뜨려고 하는데 뭔…
아하 그러냐구
재효 손효 다 약해서 원… 시간만 더 있고 점치는 도구만 있으면 잘
상담 할텐데… 왠지 파시고 떠나실 듯한 분위기만 봄

15. 원룸을 지으면 돈이 될지

동네 한 바퀴 돌고 있을 때 전화로 육효를 공부하신 봉 선생님이
모 대학교 정문 쪽에 원룸을 지어서 임대하면 돈이 되겠냐고 물으시는데
지수사 3효동 나왔다고 하심 퇴직 후를 걱정하여 물으심

```
▶ 지수사 (감水궁)
........................
父 酉 - - 應
兄 亥 - -                        亥월
官 丑 - -
財 午 -//-(父 酉) 世
官 辰 一                          丑일(진사공망)
孫 寅 - -
```

여러분들은 저 괘를 딱 보는 순간
뭐가 떠오르나요? 안 떠 오른다구요? 이런…

세효가 동하잖아요. - 세효가 동하면 대개… 갈등지상
그리고 컨닝 할 것은 재효의 상태 아직 재효가 약하지요?

선생님 누가 원룸 재밌다니까 선생님도 한 번 그냥 점단 한거지유?
정문 앞 어떤 땅 몇 평씩 몇 층 이런 것 조사도 안 해 보고 걍 친거지유?
어엄 그렇다고 하심

원룸이 정말 애착이 가면 그에 대한 공부를 좀 더 하시고 구체적일 때
다시 치유 했더니… 그러시겠다고 끄덕이심

재물점사 모음

이제 육효 묻는다고 막 치고 막 대답하고 이 단계는 모두 졸업하셔야 합니다. 또 한가지 육효는 정말 심각하고 급박할 때 왜 이점을 쳐야하는 당위성이 들어있어야 잘 맞습니다.

그리고 불행하게도 상식선에서 해결할 것은 해결해야 합니다.
오늘도 친구가 지 딸 합격했는지 안했는지 알려달라고
나비가 탈피하는데 칼 갖다가 누에고치 잘라 주면 되냐고
그런 기다림도 그 애에겐 피가 되고 살이 되는 경험이니 괜히 이상한 나비 만들지 말라고 했더니 나보고 말만 잘한다고 핀잔

16. 앞으로 재물운

봄에 오셨던 남자분 48세 그 당시 새 사업 절대 불가, 일 더 벌려놓지 말라고 당부 하셨던 분

오늘 물으러 오신 일들은 - 같은 일 하면서 친구랑 가게 한 개 더 얻었다고 그것 잘 되는가 물으시고, 민사재판 날짜 잡혔는데 이기겠느냐고 물으셨고 600평 허가건 물으셨고… 거기에 대한 대답 다 해드렸고…

분점으로 다 해결 보고, 이제는 입가심 점사,

디저트 점사로 앞으로 전체적 재물운 물으심.

```
▶ 풍산점 (간土궁)
................................
官 卯 ― 應
父 巳 ―                          子월
兄 未 - -
孫 申 ―/ (官 卯) 世
父 午 - -                         未일(자축공망)
兄 辰 - -
```

저렇게 세효에 손효 잡으면 재물적 갈망인데
동하면 재를 만들어 오는데… 왜 관효로 바뀔까?

내가 눈을 똑바로 쳐다보면서 나만 움직이면 돈 되는데
본인이 본인을 들볶지만 않으면 되유 했더니

씨익 웃으시면서 제가 왜 그러냐면요
예전엔 매형이며 가족에게 천만원씩 막 드렸는데
요즘은 꾸러 다닌 적이 있어서 맘이 급해서 그래요
50세까지 일 벌리기 없기, 돈 막 쐬주기 금지라고 했더니 알았다고 하심 ㅎ
저 변효만 처리해주면 되는 것들 보이시지요?
스스로 좋았다가 괴로웠다가 손변관 세효 동한 것은 갈등이라고 했지요?

17. 보험금 언제 나오나요?

미경이가 유방암 진단 받아서 신청했는데 언제 나오냐고 해서 자월 안으로 나온다고 봐줬는데 통장잔고가 너무 없어서 빨리 나와야 한다고 인월이 코 앞에 있는데 알려달라고 합니다.

```
풍택중부 (간土궁)
……………………………
官 卯 ―/(財 子)
父 巳 ―                        子월
兄 未 - - 世
兄 丑 - -
官 卯 ―                        戌일(신유공망)
父 巳 ― 應
```

여기서 검사 개망신 당한 통변
관변재이니 관공서에서 돈이 나온다는 확실히 알겠는데

응기를 본다면 묘가 동하면 술일, 변효일 자일인데
오늘이 술일이고 자일은 일요일이기에 월요일 쯤 나올 것 같은데…
하고선 어제 터미널 안 한가람 문고에서 체리 향 나는 양초가 테이블 위에 그대로 있어서 이 향기 참 좋지? 하니 좋다고 얼마냐고 4천 5백원이라고 개봉해서 냄새를 같이 맡으니 향기가 그윽합니다.
그 애가 초를 피우자고 해서 라이터로 불을 켜니 오홍…

내가 이 초 너 해, 너를 위해 내가 켜줄게 했더니 자아 이제부턴 이게 니 초야 했더니 그러라고 해놓고 둘이 향기에 취해 있는데… 있는데…

그 아이 문자메세지로 진단비가 2천 9백 만원이 입금 되었다고 나를 보여 줍니다.

이런 젠장… 난 월요일이라고 했고 돈은 지금 들어오고

우와 망신 망신 개망신… 술일 오늘로 응사되었습니다.

나는 우왕 벌써 들어 오냐? 그 아인 좋아라 하고… 뭐 핑게 댈거 없나?

우와 이 초의 효험이 벌써 나온다 그치 그치 해놓고 속으로 되게 뻘쭘함

ㅋㅋㅋ

18. 아울렛 여성복 코너 잡아서 하면 돈이 되는지

　내 친구가 와서 물음 모 아울렛 점포가 나와서 거기서 여성복 모 메이커 점포를 할까한다고 이 친구는 예전에 거기서 퓨마인지 대리점 할 적에 한 달에 1억씩 챙겼던 과거 있음

```
▶ 화산려 (火)초효동
..................
兄 巳 ㅡ
孫 未 - -              丑월
財 酉 ㅡ 應
財 申 ㅡ
兄 午 - -              辰일(오미공망)
孫 辰 -//-(父 卯)世
```

본인점에선 뭘 살피자? 일단 세효
세효에 손효 월일 왕상하지만 세효가 동하면 공식은?
내 맘이 바뀐다, 내가 움직인다.
항상 세효가 이리 되는 현상은 갈등으로 풀으라고 했지요.
또한 변효로 6충이 되면 안하던지, 해도 오래 못 가던지, 점을 다시 치던지 함.

니가 할까 말까 망설이는 구먼
… 그게 그 점포 사람이 천 만원 달래 이건 내가 돌려받지도 못하는 돈이거든 나 지금 돈도 넉넉치 않아서 그래

사업점에선 일진을 또 중시하라고 했지요?
왜? 일진은 길게 가니까 손효가 계속 재를 밀어주니 이건 좋습니다.

세효에 손효는 나는 돈을 갈망해요지만
갈망해도 일진이 손효로 계속 재를 밀기에 해도 된다는 말이기에
니가 갈등하다 안 할지도 모르는데 돈은 된다 했더니

그럼 700으로 깎아달라고 할까?
그래서 점치니 응이 무시하고
800으로 깎아 달라고 해도 응이 수락하지 않고
900으로 깎아 달라고 해도 안 되기에

걍 줘 줘버리고 하지 그려 했더니 2월쯤 그럼 하겠다고 합니다. ㅎ
(3월까지 일을 못 벌리고 있음 회두극하는 묘목이 힘 빠지는 진월이나 酉달에 할 것 같습니다. 왜 안하냐고 하니 언제든지 돈만 되면 한다고 여유 부림)

19. 짓고 있는 건물 파는 게 나은지 가지고 있는지 나은지 물음

어제 지방서 전화 상담 주신 분
상가 건물 짓고 있는데 민원도 들어오고 부동산 중개분이
팔으라고 하고 있는데 가지고 있는 게 나은지 파는 게 나은지
묻고 싶다고

▶ 진木궁 (수풍정)	▶ 간土궁 (천택리)
………………………	………………………
父 子 - -	兄 戌 一/ (兄 未)
財 戌 一 世　　　寅月	孫 申 一 世　　　寅月
官 申 - -	父 午 一
官 酉 一	兄 丑 - -
父 亥 一/(孫 午)應　未日(인묘공망)	官 卯 一 應　　　未日(인묘공망)
財 丑 - -	父 巳 一

왼쪽은 그냥 가지고 있을 때
오른쪽은 팔았을 때를 본 것입니다. 여러분들이라면 뭐라고 하실 건지
신수점처럼 살피면서 재효를 봐야 하지요?

왼쪽은 세효 재효 일진 재효… 계속 돈 되는 것
부변손은 굳이 통변 안 해도 됨, 부변손은 걱정하던 것이 해결되거나
문서를 돈으로 만들어도 되고 걱정하던 것 해결 되고…
민원일 수도 있고

오른쪽은 나는 손효로 편안함을 찾는데 형이 동하니…
일진에서 힘 받는 글자는 퇴신 안 됨, 깎이는 것…
죽쒀서 개주는 격 (형동하면 깎인다고 했지요?)
재효 복신… 흠이 있음.
그냥 가지고 계시다가 나중에 파시던지 활용하시라고
파는 것은 권장하지 않음.

20. 40대 부인의 올해 재물운

40대 부부 밤에 방문
부인은 아이들 과외도 두 팀 하시고 재물관리의 달인으로 수비형
남편은 금융관계와 자기 사업 시작 하는 중

부인이 알뜰하게 모은 돈 다 내주고…
남편에게 해준 돈 자꾸 달라고 하고…
남편은 조금 기다리라고 수익나면 다 주겠다고 하고…

이 부인의 관심사는 올해엔 남편이 자기 돈을 줄 것이며
남편으로 인해 자기가 돈을 언제 만져 보겠냐는 것
그렇거나 저렇거나 하여간 재물운 봐주면 됨
밤 11시 30분 넘어서 월은 안 바뀌고 날짜는 午날로 봄

```
▶ 택뢰수 (진木궁)
..................................
財 未 -//-(財 戌)應
官 酉 ―                         丑월
父 亥 ―
財 辰 - - 世
兄 寅 -//-(財 辰)               午일(인묘공망)
父 子 ― /(兄 寅)
```

내외괘가 발동하여도 우리는 순서에 입각하여 보면 됨.
일단 세효에 재효라… 재물점에서 돈 되려면 세효에 재효 잡자.
긴 점은 일진을 살피자… 손효라 좋다 딱 좋다 ㅎ

그 다음은 동변효에 대하여 봅니다. 초효 부변형… 이건 과거형임

재물점사 모음

(문서 명의는 자기 것으로 하고 돈 3500 남편에게 건넸고)

2효 형변재라… 가택효도 되어 이사하고픈 맘도 있고, 먼저 쓴돈 다시 받는다는 뜻도 되고, 저 상효 재효 진신… 재물의 기쁨이 두 배 이다.

원래 진신은 치 될 때 왕성한데…

이미 일진에서 생조 받으니 시작되고 있음.

선생님 좀 디테일하게 보슈 뭘 디테일하게 볼까요?

저 진신 미토가 술토 되는 것이 보이는데 저것은 월파라 지금 진행 하지 안잖아요.

내일 월파 벗어나는데 뭘 디테일하게 보유.

저 미토 동했으나 일진이 묶으면… 합 아닌가유?

축월이 풀었슈.

그러니까 육효는 1회성 점사라면 사연이 합되고 충 되는 것 보겠지만

이런 긴 점사는 합이니 충이니 신경 쓰지 말유

저 사람의 관심사는 재효이니 재물운이 왕상한지 안한지 이런 것 위주로 봐야하니 저 정도면 부럽지요 뭐 ㅎ

21. 견적서를 냈는데 의뢰가 들어올까요?

지방서 건축업 하시는 50대 남자 어르신 겸사에게 종종 물어보심.
입찰관계, 혹은 이런 문제를 물어보심 아직 틀린 적 없음.

이게 결정이 안 되면 들어온 것 중에 빨리 다른 것을 해야 하기 때문에 미리 알았으면 한다고…
그렇다면 봐드린다고 했습니다.
육효점은 절박해야 점단이 잘 나옵니다.
만일 일감이 없었다면 결코 봐드리지 않습니다.

```
건金궁 (화지진) 상효동
·····················
官 巳 一 / (父 戌)
父 未 - -                          戌月
兄 酉 一 世
財 卯 - -
官 巳° - -                         卯日 (진사공망)
父 未 - - 應
```

이것을 수업시간에 시험문제로 내놓고 묻습니다.
ㅈ 선생님 용신은? 세응, 해달라고 하나요? 네
왜요? 미토 응효가 우리 유금을 생조하니까.

그럼 상효 동효처리는 어찌할까요? 모르겠어요. 라고 말이 떨어지기 무섭게
ㅎ 선생님이 저거 깎아야 돼
나는 세상에 어찌 그리 아셨냐고 박수 치시라고…

저 괘에선 고객이 듣고 싶어 하는 말 - 된다 안 된다를 빨리 보셔야 합니다. 일단 세응 보면 우리를 믿고 좋아하지요? 토생금이니까요. 다만 상효 사화가 동하여 유금 세효를 때립니다.

우리는 유금이 형제효를 잡았으니 사화가 형제효를 극하니까 돈 나갈 일을 흔들어 버린 것이나 마찬가지니까 우리가 책정한 금액을 변동시키니까 깎는다고 해야 합니다.

그 분에게 선생님 그 쪽에서 부탁을 하는데 금액을 깎을 것 같네요 했더니 그건 뭐 예상하고 있다고… 그럼 들어옵니다. 했더니 좋아하셨습니다.

정격으로 보면 재효를 잡은 상태에서 형효가 동하면 깎이는 것이고 주인공이 형효 잡았고 관이 동해도 우리가 책정한 형효를 깨는 것이니 그 말이 그 말입니다.

이렇게 육효는 탄력적이 통변이 되어야 합니다. (결과 - 그 일로 골프장 일을 그곳 관계자가 이 분 추천해서 들어옴, 현재 14년 3월 말, 거기선 아직 소식 없음)

22. 돈을 받을 수 있나요?

겸사 선생님 저는 복이 없는 사람 인가봐요. 돈 만 꿔주면 받질 못 해요. 전 항상 이래야 하나요?…

고객이 이리 말하면… 음 그래 당신은 원래 그렇잖아… 이렇게 말 못 하지요? 이는 곧… 난 참 못생겼지요? 이리 묻는 것과 같은 이치고…
사설이 길어지면 나도 피곤한지라

저기유 못 받은 사람 이름을 대유 했더니 누구라고 하십니다.
얼마냐고 500단위

```
▶ 화풍정 (火) 4효동
................................
兄 巳 ―
孫 未 ― ― 應                    申월
財 酉 ―/(孫 戌)
財 酉 ―
官 亥 ―世                       戌일 (자축공망)
孫 丑 ― ―
```

응효 우리를 극하니 줄 맘은 없는데 4효 재효가 동하고 재효가 빵빵하길래, 달라고 허유 지금 그 사람 돈 많은데… 490정도 나올 것 같은데
어머 선생님 500다 안 되어요 맞아요 그 정도에요.
얼른 얼른 달라고 허유… 또 한사람 1000만원

뢰택귀매 초효동 이미 뢰택귀매 괘 자체가 태금궁이니 인묘목이 힘 없으니 동효까지 볼 시간이 없습니다.

재물점사 모음   129

저기유 그 사람은 진짜 돈이 없어서 못주니까 겨울 11월부터 3월까지 돈 있다고 하니 그 때 받유 (재효가 인묘목, 해자, 인묘 월) 알겠다고 합니다. 여러분들도 이제 돈 문제는 너무 식상하지요?

일단 재가 있나 없나 튼튼한가 보시고 심리보시고

동효 보시고…

23. 그 사람이 부동산 계약하러 올까요?

묻는 이는 서울 사시는데 땅은 제주 아주 넓은 평수

```
▶ 이火궁 (이위화)
................................
兄 巳 一 世
孫 未 - -                            戌월
財 酉 一/(孫 戌°)
官 亥° 一 應
孫 丑 - -                            巳일(술해공망)
父 卯 一
```

세효 응효도 한 번 봐주고 (심리 봐야하니까…)
재도 봐줘야 합니다.

세효는 문제 없고, 응효는 공망이지만 동효 유금이 생조하니까 암동 됩니다. 암동이 중요한 것이 아니라 일단 시원하게 재가 동합니다.

돈이 없긴 있습니다. 관이 공망이니까 관공서에 더 알아보려고 암암리에 동한 것으로 느낌이 살짝 오지요?
하여간 묻는 사람은 돈이 오나 안 오나만 관심이 있지 응효의 움직임 따위는 관심이 없습니다.
곧 계약 됩니다. 이렇게 문자를 보냈습니다.

(결과 : 계약해서 팔았음, 이사람 말고 다른 사람이 와서 팔았다고 함, 여기서 응 공망은 그 사람은 아니고 다른 사람이 왔다고 보여준 괘임, 재가 동한 것이 관건으로 나온 괘, 좀 어려운 점사임. 잘 맞았다고 술, 과일 사오심)

24. 그대로 두면 돈이 되나요?

밤 9시쯤 오신 40대 내외분

땅 공동명의, 명의만 빌려주신 분… 명의를 빼려고 했더니… 오너가 넌 좀 가만히 있어라 했는데 가만히 있으면 돈이 되나요? 물으신 남자 분

```
▶ 지수사 (감水궁)
............................................
父 酉 - - 應
兄 亥 - -                    亥월
官 丑 - -
財 午° - - 世
官 辰 —                      申일(오미공망)
孫 寅 - -
```

무동은 일단 몇 개월 이대로 가고…
세효 오화 재 공망 휴수하니 의심스러워 죽을 지경

가만히 보면 인신충 암동으로 오화 살려주니 돈 확실히 됩니다.
그냥 가만히 있슈 돈 돼유.

내년 봄 여름(寅월부터 午월까지) 기다려보유.
세효에 재임하고 인목 암동… 이럴 땐 암동이 기특하지요.

25. 급식 관련 일을 하면 돈이 되나요?

위의 남자 분 또 물음 어떤 사람이 학교 급식 관계자인데… 하여간 1억 정도 넣고, 가서 급식 음식 알아보고… 그 일을 하면 재물운이 어떠냐고

```
▶ 풍택중부 (간土궁)
.................................................
官 卯 ―
父 巳 ―                         亥월
兄 未 -//-(父 午)世
兄 丑 - -
官 卯 ―                         申일(오미공망)
父 巳 ― 應
```

1회용 재물점사가 아니라 내가 몇 년 보시냐고 하니 3년이라고 하여 3년간 재물운을 물은 것임.
　아무리 재물운이라고 해도 세효의 마음가짐 보셔야 합니다. 일진은 길게 가니까 일진은 3년 내내 갑니다. 손효 참 좋습니다.

　1회용 점사라면 월에 돈이 있으니… 이달에도 돈이 되고… 복신 찾을 필요가 없지만… 이게 3년 본다면 저 5효 사화 속에 자수가 재효로 감춰져 있습니다.

　일단 세효 형효 오화로 바뀌더라도 휴수합니다. 그닥 하고 싶지 않지요?
　게다가 변효 오화는 부효로 바뀌니 신근노록 지상입니다. 부효는 편안함을 치는 글자라 대단히 고단하고 힘든 일 입니다.

　돈은 되는데 선생님 쌍코피 터지셔서 힘들어서 안됩니다. 안하시겠다고 합니다.

26. 보험회사 지점장이신 여자분 새해 재물운

```
▶ 뢰화풍 (감水궁) 2, 4효동
......................................................
官 戌°- -
父 申 - - 世              子月
財 午 —/ (官 丑)
兄 亥 —
官 丑 -//-(孫 寅)應      巳日(술해공망)
孫 卯 —
```

아이 둘 외국 가서 공부하고 있고 혼자 열심히 일 함.

재물점도 본인 점사니까 일단 세효부터 봅니다.
부효라…신근노록지상이지요?
웅 그런데 일진 재효와 합을 먹었으니 불행 중 다행

재가 동하여 하나 관으로 빠지니… 이건 버는 대로 지출이고
가택효 관변손이니 진행되던 송사는 인월부터 해결 될 것 같고…
이런데선 암동 안 봐도 되지요?
세효 부효 힘들지만 재효랑 합이니 힘들어도 재는 고정적으로 잘 들어옴을 봅니다. 여러분들은 세효에 재효 잡으세요.

27. 식당하면 장사운

가게 용도 : 식당, 고기 집
누구랑 : 아들이랑
경험은? : 있다고 함
가게 위치 : 경남 거창 지금 새롭게 짓고 있는데 2층은 집으로,
1층은 가게로 하신다고 함

```
▶ 간土궁 (천택리)
........................
兄 戌 ―
孫 申 ― 世                    未月
父 午 ― / (兄 未)
兄 丑 - -
官 卯 ― 應                    申日(술해공망)
父 巳 ―
```

세효 손효 - 왕상하니 말려도 할 태세

돈은 세효 밑에 자수 복신… 세효 밑에 복신은 항상 자기가 꺼내 쓰니 지금 현재의 돈은 없지만 구할 수 있음

세효를 극하는 동효는… 아무리 힘이 없어도 작용함.
세 가지 의미 - 못한다, 장소를 고치다, 장소를 다시 물색한다.
그래서 저 세 가지 의미를 던집니다.
선생님 이 가게 말고 다른 가게도 나왔지요 해서 선생님 조금 흔들리겠다고 보는데 했더니 네 합니다.
저게 신축 점포가 아닌 헌 건물이었다면 장소를 수리하다가 됩니다.

그럼 여기에서 장사하시면 편안하고 선생님이 돈 버는 것은 아무도 모르게 돈이 모인다고 했더니 그러냐고…

재효가 복신되면 흠이 있다고 보지마시고 내안에 감추는 것이니까 그리 말했습니다. 권해드렸습니다.

(결과 - 안했다고 함, 오화가 동하여 월, 변효에 묶였다고 보지 마시고 동한 것은 깨지던지 묶이던지 활동한다고 보셔요. 왜 안했냐고 하니 식당은 힘들 것 같아서 라나 뭐라나…)

28. 이자를 받을 수 있나요?

3개월간 이자가 밀렸는데 받을 수 있냐고 물으신 40대 남자분

```
▶ 감水궁 (수택절)
  ........................................
  兄 子 - -
  官 戌 ―                    丑월
  父 申 -//-(兄 亥)  應
  官 丑 - -
  孫 卯 ―                    亥일(신유공망)
  財 巳 ― 世
```

돈 받을 수 있냐고 물었지요?
돈도 중요하고, 응효의 의지와, 환경, 재물 상황 봐야 하고
재효가 움직이나도 봐야하고…

세효는 재효를 잡아 희망용신을 잡았지요?
그런데 월일 휴수하니 그에게 "돈 줘" 하는 말이
잘 안 나오지요? 입이 잘 안떨어지는데 해수가
쾅쾅 때리니 맘만 간절하고 입은 안 떨어지고…

응효는 신금 (일단 동효는 조금 있다 보시는 습관)
부효 신금은 사화에게 극당하는 입장이니
난 너에게 참 미안해 하는 맘을 읽으시고요

그러다가 응효가 동하여 해수로 우리를 극하지요?
부효니까… 연락오겠지요. 좀 미루자고…

왜? 월일에서 재효가 약하잖아요.

내가 물어본 사람에게 하는 말
그 분이 돈이 없어서 미루자고 할 거에요.
원래 인월이면 돈이 좀 될 거니까 넉넉하게 잡고 기다리셔요.

(결과 - 그 다음날 일부 받았다고 합니다. 이런 이런 겸사 또 틀렸습니다. 여러분들은 재효 세효에 임하면 저리 휴수하든 깨지던 받는다고 하셔요)

29. 새해 재물운을 알려주세요.

언니와 여 동생 같이 옴. 40대

먼저 언니의 점사를 봐드리고…
여동생은 나도 저 주사위 던지고 싶다고 하시고
동생분에게 뭐가 가장 묻고 싶냐고 재물운이라고…

뭐하시냐고 물으니 동업자랑 같이 부동산 중개소 경영하는데 아직
계약이 한 건도 없다고…

```
▶ 택지췌 (태金궁)
……………………………………………
父 未 -//- (父 戌)
兄 酉 ―  應                    丑월
孫 亥 ―
財 卯 - -
官 巳 - - 世                    子일(오미공망)
父 未 - -
```

본인의 재물운도 일단 세효 보기
세효 사화 관 휴수… 세효가 이렇게 휴수할 때 통변공식은?
이런… 설마 모르시는 분 없으시죠? (자신감, 의지 부족)
관효를 잡고 저지경입니다. 스트레스 막히고 체하고…
게다가 부효가 동하여 관의 힘을 빼니 세효 그렇잖아도 힘든데…

이 점사의 하이라이트 재효 묘목 일진에서 왕상하니 살아있네.
세효가 저지경이면 널려 있어도 못 취하지요?

지금 죽을 맛이지유? 네 돈이 하나도 없어요.
없기는유 선생님이 지금 너무 겁먹고 힘들어서 못 잡는 것인데…
맘을 좀 바꿔보셔요.
그리고 머리 좀 저처럼 파마하셔요. 생동감이 없잖유 (비맞은 듯)

옆에 언니가… 그건 제가 해줄게요.
그류 이분 기분 좀 전환시켜주세요.
또 뭘해줄까요? 밥도 사주고 20-30만원 동생에게 주셔요.
언니가 오케이 합니다.
언니도 적선하면 좋은 일 있다고…
형생손… 손효가 좋아지지요? 재물의 엄마가 튼튼
저 괘에서 일진에서 손효가 재효 살려주는데
세효 스스로 방전되어서 못 잡지요?
관효 세효는 재효에 의해 충전되기에 머리도 바꾸고 음식이랑 용돈으로 충전시켜 주었습니다. 이렇게 재효가 있는데도 세효가 저렇게 힘 없으면
못 잡습니다. (결과 - 여동생이 고맙다고 사람 많이 보내주었고 본인도 살아 났음)

30. 빌라 매매운

```
▶ 손木궁 (지풍승)
..........................
官 酉 - - 應
父 亥 - -                    丑월
財 丑 -//-(孫 午)
官 酉 一 世
父 亥 一                     巳日 (신유공망)
財 丑 -//-(父 子)
```

이 괘를 보고 왜 안 나가지? 의아해 하시지요?
재동하면 무조건 돈 되고 월에도 재 일진에도 손
여기서 괘가 더 어떻게 좋으라는겨…

그래서 뭐라고 얘기 했냐구요? 그냥 탈 없이 나간다고 했지요.
4효 재변손… 부적 썼쥬? 문 위에 척 부쳐 놨쥬? 허걱 하시며 어떻게 알았나고 괘에서 그냥 알려 주는데요…
손효는 --- 관을 치는 글자니까… 기도 부적 굿 천도제… 만만한게 부적이지요, 4효는 대문이지만 그냥 문으로 봤지요.

31. 돈이 다음 달에 나오나요?

　건설 쪽에 관계된 사람들 돈이 이렇게 왔다가 저렇게 나왔다가
　이 쪽 계통이 그런가 벼요. 하여간 그런데 그 분이 한 달간 그분에게 돈 줘도 다음 달에 나오는지요? (이거 막연한 사람들 아님 묻는 사람과 다 아는 사람들)

```
▶ 건金궁 (화천대유) 초효동
............................
官 巳 ―  應
父 未 - -              卯月
兄 酉 ―
父 辰 ―  世
財 寅 ―              亥日(오미공망)
孫 子 ―/ (父 丑)
```

　용신 재효에 촛점, 돈 되는 공식 다 알지요?
　손이 동하여라.… 일진에서 강한 자수가 동하니 들어옵니다.
　선생님 축토로 손이 묶인 것 아닌가요? 아뉴 축토는 힘이 약해서 합이 안 되고 그 손효가 역할을 하면 다시 그 분이 뭔 집, 문서 등에 투자할지도 모르니 멀리까지 가지 말고 그냥 손이 동하였는데 일진이 힘이 있어서 받는다. 이렇게 간단히 보셔요.

32. 물건이 들어온 후부터 장사가 안 된다고 합니다.

 수요일반에서 공부하시는 ㅎ 선생님이 전화하셔서 자신이 육효점 친 것이 잘 본 거냐고 물으십니다.
 너무나 갖고 싶었는데 고가(高價)의 물건이라 못 갖다가 죽은 사람의 물건을 싸게 주고 가져왔는데 그 때부터 가게의 장사가 안 된다고 해서 그 가게 상태를 점단 하셨답니다.

```
▶ 뢰산소과 (태金궁)
......................................
父 戌 - -
兄 申 - -                    酉월
官 午 ― / (父 丑)世
兄 申 ―
官 午 - -                    午일 (신유공망)
父 辰 - - 應
```

재효는 복신이고 괘에 관이 3개나 되어
죽은 사람 물건과 함께 귀신이 많다고 하였다고 합니다.

내가 잘 보셨다고 하니 그럼 가택 처방 시킬까요? 그러시라고
육효점 재밌으시다고 이런 건 보인다고 하십니다. ㅎ
가택처방의 핵심은 재극인이니까
여러분들이 재(음식, 돈)로 가택 어른을 극하여 그 가택을 평안하게 하는 것입니다.

이것을 역이용하면 죽은 사람의 물품을 가져오실 땐
그 날 밤으로 가택처방을 하고 주무시면 됩니다.

33. 천 만원 받을 수 있나요?

 60대 남자 분, 하시는 일은 노점상분들에게 순대 떡볶이 오뎅 이런 음식 유통해주시는데 여자 분과 같이 오셨음.
 4년 하셨는데… 경험 미숙으로 계속 외상거래로 인해 돈을 못 받았다고 하심
 그 사람이 돈을 받으러 가면 주겠느냐고 물으심

```
▶ 뢰산소과 (태金궁)
.............................
父 戌 - -
兄 申 -//-(兄 酉)           寅월
官 午 ─ 世
兄 申 ─
官 午 - -                    午일(인묘공망)
父 辰 - - 應
```

그 사람이라고 지정되어 있으니
일단 그의 심리 즉 줄 맘이 있는지 재의 능력이 있는지를 컨닝합니다.

나는 오화 의지 충만 불쾌 불안
저 응효 진토 일진에 생조 받고 내 힘을 빼고 있지요?
재의 능력은? 비신에는 없지만 저 월에 돈이 있으니 있습니다.

저 형효 동합니다 뭘까요? 둘로 봅니다.
하나는 예상 금액에서 깎입니다.
두 번째는 걍 물건이나 더 줘
개뿔 받기 뭘 받유 물건이나 더 뺏기지 말유 하고 그냥 보낼까요?
아니면 어떻게라도 받게 만들까요?

그냥 보내자구요? 이 사람들이… 주역의 도는 살림의 정신 생생지덕 다 까먹은 규?

세효 오화 - 응효 진토 저쪽이 생조 해야 줄 맘이 있는데

배째라구 우리를 힘들게 하지요?

화생토 못하게 저 진토를 흔들어 놔야겠지요?

진토를 때려주는 것은 뭘까요? 목 재효지요? 재효는 음식, 돈, 여자

그럼 여기서 막 짱구 돌립니다.

그냥 선생님이 찾아가서 돈 달라고 하면 안 줄거에요.

음식 공격 … 밥을 사주시던지, 먹는 것 사들고 가시던지

더 좋은 것은 옆에 여자 친구 분 데리고 가서서 여자 분이 돈 달라고 하셔요. 했더니 여자 분이 제가 같이 가서 밥 먹고 돈 달라고 하면 될까요?

아 좋은 생각이유 그렇게 해서 받으면 선생님 밥 사드리러 올께요.

아뉴 괜찮유 2 3월 이 사람 돈 있으니까 꼭 받유.

(결과 - 3월에 준다고 했다고 함)

34. 그 나라와 언제쯤 무역이 재개되는지

원단 무역업 하시는 노선생님
그 나라 사정이 그러해서 언제 쯤 재개 되는지 물으심

```
▶ 택풍대과 (진木궁)
..........................................
財 未 -//- (孫 巳)
官 酉 —/ (財 未)            亥月
父 亥 — 世
官 酉° —
父 亥 —                      寅日(신유공망)
財 丑 - - 應
```

우리 측 해수 부효 걱정
저쪽 재효 월일 대입 휴수 아직 사정 안 좋음
 길흉은 항상 동변효
상효 미토 동하여 유금 생해주고 유금 우리에게 생조 통관 됨

응효는 축토, 상효 미토가 동하면 비견
내가 그 나라는 아직 상황이 풀릴려면 축월이 와야 하는데
그 나라와 같은 비견이 동하니 그 나라를 통해서 재개된다고 하니
그렇다고 그 나라 인근 가까운 나라를 통해서
즉 직접 재개가 아닌 그 나라를 통해서 조금씩 되고 있다고

그렇다면 계속 된다고 일진이 상효 사화 밀고 사화는 미토 생조하고
관변재는 그 국가기관에서 결제해주는 것으로 보임 잘 되신다고 하였음.
직접 거래는 축월, 진월부터 풀리는데 축월도 약간 활성화 될 듯

35. 가게 언제 빠지나요?

오후 늦게 부부가 오셔서 서울서 도시락 배달 하신다고… 월세 120만원씩 내시고 3년간 운영 계속 적자… 그래서 내 놓으셨다고 함

```
▶ 감水궁 (중수감)
..........................
兄 子 - - 世
官 戌 一                    申월
父 申 - -
財 午 - - 應
官 辰 一                    申일(술해공망)
孫 寅 -//- (財 巳)
```

6충의 의미는 한 번 나갈 뻔 했어요.
손변재는 좋은 의미이나 월일 휴수… 휴수가 문제 제값 못 받음
손이 생 받으려면 해월이고 재가 생 받으려면 인월.
가택 처방 이리 저리 알려드리고…
그렇게 했을 때 진위뢰 5효동 어쨌거나 술월 나갑니다.

사주보니 상관생재 부엌에서 만드시는 것 말고 체인점 하시는 게 적성에 맞는 것 같다고 알려 드림. 상식적으로 싸게 내놓으면 빨리 나가지만 제 값 받으려고 하니 이리 힘듭니다.

36. 이런 재물점 쳐주면 안 됨

중국에서 가게 얻어 일하면 돈 되냐고 물으심
몸 건강 관련업 하시는 여자 40대 분
그렇게만 말하면 육효점은 안 나온다고 장소 지정이 되어야 한다고 친척이 거기 살고 있기에 그 주변이 될 것 같다고…

(여러분들은 이런 점사는 주역점으로 해결하세요. 이건 그냥 그래도
멀리서 오셨다고 하여서 점단해드림, 육효는 가게 직접 보고 와야 합니다)

```
▶ 진木궁 (뢰수해)
......................................................
財 戌 - -
官 申 -//- (官 酉) 應          卯月
孫 午 ―
孫 午 - -
財 辰 ―世                      辰日 (오미공망)
兄 寅 - -
```

세효 재효 음 - 맘에 듭니다.
일진에서 생조 하니 세효 의지도 있고, 재효가 밀어주니 고맙고
근데 동효 관효가 진신 되어 문제가 됩니다. 재물점에서 관효 동하면 재효의 힘을 빼서 돈이 관효로 다 나가는 지상입니다.
게다가 암동 재물까지..
동한 관효에게 인터뷰 할까요?
관효 신금씨 지금 기분이 어떠세요.
관효 - 돈만 벌어와 봐 내가 다 털어 가게.

휴 다행이지요? 이게 직접 보고 온 가게 터라면… 안되유 가지마유
할텐데… 콕 찍지 않아서 이 점사는 보나마나 점사가 되었지만
관효를 조심해야지요?
관효는? 관공서, 관재송사, 남자?, 질병? 사고? 하여간 안 좋은 것은 다 찍어다 붙이면 됨. 좋다 말은 점사입니다.
이 점사 왜 올리냐면 이렇게 지방 어디라고 해도
가게 터가 확실히 있어야 점단이 맞는다는 것입니다.
확실하지 않으면 남산에서 김 서방 찾기입니다. ㅎ
마음약해서 겸사처럼 이런 짓 하지 마셔요 ㅎ

37. 돈을 다 썼는데 그래도 돈이 돌까요?

현재 태국에서 일을 시작했는데 본인 돈은 나갔고 동업하는 사람들 술 마시고 안 나오고… 혼자만 감당하려니 우울증 걸리게 생기게 생겼다고… 그래서 가장 묻고 싶은 게 뭐냐고 했더니 돈이 그래도 되겠느냐고…

```
▶ 손木궁 (풍뢰익)
................................
兄 卯 -  應
孫 巳 - / (父 子)           子月
財 未 - -
財 辰 - - 世
兄 寅 - -                   丑日 (인묘공망)
父 子 -
```

세효에 재잡고 좋네

일진에 재효 찍혔고 좋구먼 (일진 재는 단골, 고정적으로 오는 돈)

손효 사화 회두극… 여기서 재물의 원신이 저리되면 같이 일하는 사람이 계속 속 썩이다로 보셔요. 자월 만 물러나도 속 덜 썩이겠지요?

원신이 저렇게 속 터지니 원… 그래도 축토 재효 계속 수입원은 있습니다. 걱정마유 돈은 계속 들어오는데… 종업원들이 이번달까지는 아마 속 썩인다고 허유. 가택처방 좀 해보유. 알겠습니다 급 화색 ㅋㅋㅋ

여러분들도 자영업자들은 꼭 뭐라도 시켜서 기분 업 시키셔요.

38. 나도 참여하면 재물운이 어떤지요.

```
▶ 이火궁 (천수송) 상효동
........................
孫 戌 ―/ (孫 未)
財 申 ―                    寅월
兄 午 ― 世
兄 午 - -
孫 辰 ―                    亥일(인묘공망)
父 寅 - - 應
```

 자리가 좋은 미용실, 후배 둘이 하는데 나도 보태서 같이 참여하면 어떤지 40대 초반 여자 분이 물으심.
 세효 형제효라… 재를 물었는데? 월에서 생조 하니 의지는 있으나
 월일에서 재효 약하고 손효가 동하나 퇴신으로 좋다 말고
 아니유 하지 마시래유 후배들 비용만 다 써주고 돈만 쓰실 것 같유
 알겠다고…

(결과 - 안하길 잘 하셨다고 함)

39. 가게 세를 내 놓았는데 언제 나가는지

김천 쪽에 1, 2층 가게는 2억에 세를 놓고 싶다고

```
▶ 산화비 (간土궁)
........................................
官 寅 ―
財 子 -//- (父 巳)              卯월
兄 戌 - - 應
財 亥 ―
兄 丑 - -                       申일(오미공망 )
官 卯 ― 世
```

항상 매매운에선 체가 중요함 토체라 돈이 강해지려면 신유, 해자월 감잡고 있는데 오홍 일진에서 신금이 재를 밀어주고 있는 상황 게다가 재가 동하네요.
　재동하면 합하는 날, 변효 날 대개 나갑니다.
　저기유 항상 부동산 매매는 미련 없애고, 천만 원 더 받으려다가 3년 안 나가니까 명심하셔요 네 합니다.

여러분들도 눈치 챘겠지만 부동산은 땅이냐 건물이냐 집이냐
재로 보시고⋯ 체가 일단 중요하구나 감 잡으시고요
지방만 바뀌고 사람만 바뀌지 맨날 그 점사가 그 점사니까 겁먹지 말고
재를 뚫어지게 보셔요.

40. 내일 재물운 겸사 자점

어젯밤 예약이 한건도 없어서 하여간 조용해서
내일 재물운은 어떤가 점단

```
▶ 택뢰수 (진木궁)
..............................
財 未 -//- (財 戌 ) 應
官 酉 ―                    寅月
父 亥 ―
財 辰 - - 世
兄 寅 - -                  戌일(자축공망)
父 子 ―
```

세효 재효 좋다. 일진에서 술토 좋다.
대부분 일진의 재효는 계좌이체 라면서요?
재 진신 또 맘에 듭니다.
결과 알려드립니다. 논문고치고 늦게 일어났는데 동료가 장학금이 들어와 있다고 겸사도 장학금 탔냐고? 안 탔다고 자기는 잘 되셨다고 아침부터 돈 이야기
　잠시 후 다른 분 전화… 갑작스런 뭔 일 있다고 관털기 하나 부탁해주심. 관털면 남는 돈이 10만원 확보… 계좌이체 해주심

논문고치면서 미시에서 술시 한 번 기다려 봐야겠습니다.
돈은 오시에 들어왔음.

이런 것 왜 올리냐구요? 여러 재물점사 경험하시라구요. ㅎ
이것 1회용 점사이고… 막연히 신수점이라고 하지 마시고
그 중에서 집중적으로 볼 것만 하늘에 물으세요.
재가 세효 때리는 것은 나쁘지 않고, 재가 안기는 것
6충 이런 것 보지 마시고 그냥 재효만 보세요.
오후에 아이스크림 사오신 선생님도 상담하고 가심 ㅎ

41. 돈이 잘 회수될까요?

가까운 지인이 예전엔 겸사에게 돈을 물어보고 하더니
이번엔 그냥 투자하였다고… 걱정하면서 그 돈이 잘 들어오겠냐고
물음 (건설 쪽 어쩌고 저쩌고 사연이 긴데… 하여간 결론은 받겠냐고)
3개월 정도인데 6개월 정도 잡고 물음

```
▶ 진위뢰 (진木궁)
..................................
財 戌 - - 世
官 申 - -                    寅월
孫 午 -/ (財 丑)
財 辰 -//- 應
兄 寅 -//-                    卯일(진사공망)
父 子 -/
```

왜 변효를 안보냐구요? 저렇게 많이 동하면 변효까지 볼 시간 없음
일단 우리측 세효에 재가 붙었으니 이건 참 좋은 현상입니다.
초효 자수가 동하여 - 인목 밀어주고 - 인목은 저위에 오화 밀어주고 - 오화는 진토 밀어주고 탐생망극으로 재에 머물고 진토도 동하였으니
끝이 재동이고 재가 우리에게 오는 것은 괜찮습니다.
선상님 초효는 자수가 축토로 변화하고 모두 합으로 묶이는데요.
진토는 유금하고 합 인데요. 일진이 충하게 하니 풀리지요.
진정한 합은 안 되는데… 다 묶였다고 해도 4효 오화는 안 묶이지요?

그러니까 일단 동효들 끼리 탐생망극으로 밀어주고 밀어주고 따라 가시면 끝에 머무는 글자가 뭔가 보시면 쉽습니다.
내괘가 저리 복잡하게 동하니까

저 돈을 받기가 쉬운 것은 아니고 스토리가 많이 생기겠지요?
본인이 묻는 것도 아니고 그렇다 아니다만 봐주면 될 일
어렵지만 받겠네요가 답입니다.

※ 참 어렵게도 받고 있습니다. 저리 많이 동하면 금방 받는다고 하지 마시고 내외경발 사필번등 천금부에 쓰여 있습니다. 풀이 공식은 내외효가 많이 동하면 지체 변동… 어렵습니다.

42. 새해 재물운

무역업 하시는 모 선생님… 해마다 이맘때 오셔서 관털고 가시는 선생님 어떻게 사셨냐고 일단 재물 운부터 보자고

```
▶ 뢰지예 (진木궁)
..........................
財 戌 - -
官 申 - -                          寅월
孫 午 ㅡ 應
兄 卯 - -
孫 巳 -//-(財 辰)                  戌일(인묘공망)
財 未 - -世
```

세효 재효, 일진 재효 손변재라 이보다 더 어떻게 좋을까요?
올해는 관털기 안 해도 좋은데요.

가택 움직여서 회사 이사나 집 이사계획 없냐고 물으니 외국에서 동업인이 그 나라에서 사무실 하나 얻자고 한다고…
그럼 가택경사로도 봅니다. 자손이 장학금 받았냐고 물었더니 그렇다고 올해도 받을 것 같다고…
사주에 화가 많으셔서 계사년의 사화가 부담이라
걱정하고 왔는데 안 해도 된다고 하니 너무 편하시다고 ㅎ

겸사도 편하다고 이정도 패이면…
작년에 빚 없으셨지요? 네 (세효 재효 일진 재효)
지금 회사상황이 나쁘진 않지요? 네 (세효 재효에 일진재효라)
그냥 한해가 걱정이 되어서 오신거니까 올핸 세효에 재효이고 왕상하니 재물에 대해서 이젠 자신 있고 일진 재효는… 복채 듬뿍 주고 가심.

43. 올해 전반적인 재물운

```
▶ 이火궁 (화수미제)
.........................
兄 巳 ―   應
孫 未 -//- (財 申)           丑月
財 酉 ―
兄 午 - - 世
孫 辰 ―                      未日 (진사공망)
父 寅 - -
```

저번에 제 유니폼? 부쳐 주신 모 50대 제자선생님 밤늦게 통화로 올해 전반적인 재물운 알려달라고 하심.

본인이 직접 물어봤으니 세효부터 봅니다.

재물점에 형효라… 일단 통과, 일진 미토 손효와 합이라… 다행입니다. 손이 동하여 재를 만들어주고…

그럼 세효는 나는 돈을 많이 썼습니다로 통변해야
하네요 선생님 올해는 돈 많이 들어온대요?
언제부터요? 어엄 이 점 치고부터요.
또 유니폼 보내주시게 이 점사 꼭 맞아서
잘 되셨음 좋겠습니다.

44. 이 사업 이곳에서 해도 되는지요?

```
▶ 건金궁 (산지박 )
..........................
財 寅 —
孫 子 -//-(官 巳) 世          亥月
父 戌 - -
財 卯 -//-(兄 申)
官 巳 - -    應           巳日(신유공망)
父 未 - -
```

70평 짜리 빈 상가 임대받아 동업하여 사업을 하면 수익성이 어떤가요?
30대 중반 남자분…

지정된 곳이 있다고 하여 동업은 이런 것 다 포함해서 여기선 재효를 봅니다. 재효 먼저 보고 합격되면 동업자끼린 세응 인간관계 보는데 거기 까지 갈 수가 없는 점사지요?

긴 점사는 일진이 더 중요하다고 하였지요?
이런 점사 공들여서 보시면 안 되어요.
재가 회두생 받던지, 진신 되던지… 하여간 탄탄해야 권하는 것이니…

어머 어머 겸사 선생님 왜 동효 안 봐요…
보기 뭘 보유. 저기서 쓸만한 손이나 재가 있나 보셔요.
월에서 생조 받는 것은 짧다고 하였잖아요. 장기적으로 권하지 못 합니다.

45. 신학기에 장학금을 탈 수 있나요?

대학생 한 명과 35세 노처녀 둘이 왔습니다.
29세 대학생은 이 학교 저 학교 다니다가 지금 다니는 곳에 왔다고
29세가 새 학기에 장학금 받을 수 있느냐고 물었습니다.

```
▶ 지풍승 (진木궁)
..........................
官 酉 - -
父 亥 - -                     丑월
財 丑 - -世
官 酉 ―/(孫 午)世
父 亥 ―                       戌日(신유공망)
財 丑 - - 應
```

여기서 질문이 공부인가요? 결국 돈인가요?
육효는 이렇게 뭘 보는가에 따라서 즉 세치 혀에 따라 답이 달라집니다.

둘 다 본다구요? ㅋ 하나만 택하라니까요.
이 사람의 핵심 질문은 하여간 돈이 되냐는 것이잖아요.
그러니까 공부는 버리고 재를 핵심적으로 보라구요.
육효는 어렵게 보면 못 봅니다. 왜? 이것도 저것도 다 살피면
핵심이 없어지잖아요.

돈 되는 공식은?
세효에 재 잡아라
손동, 재동 하여라.
뭐변손 뭐변재 되어라.

재물점사 모음 159

일진에 재효는 오늘도 돈 , 월에 재효는 이달에 돈
오래가는 점사는 일진에 재효나 손효가 좋지요?

세효 축토 재효 좋아 일진은 긴 점사에선
그 점사 끝날 때까지 유지되니 좋고
관변손 뭐변손은 돈 되는 공식이지요?

그럼 받는다? 못 받는다? 받습니다. 이렇게 살피면 끝.

타인 재물점

1. 남편의 재물운

남편이 체인점 형식으로 아토피 피부에 좋은 목재로 집안을 리모델링 하시는 일을 하려고 하는데 돈이 되겠냐고 합니다.

```
▶ 이火궁 (산수몽)
..........................
父 寅 —
官 子 -//-(兄 巳)              未月
孫 戌 - -世
兄 午 - -
孫 辰 —                       申日(술해공망)
父 寅 - -應
```

지금 누구의 재물운이라고 이름 했나요?
남편의 재물운이니 세효 본다 안본다? 안 보유

재물을 더 신경써서 일단 관찰합니다. 재효 일진에서 나와서 저 관효를 계속 생조하니 이 남편은 돈이 계속 들어옵니다. 그런데 남편 자신이 움직여서 ㅋㅋㅋ 돈을 씁니다.

내가 웃으면서 왜 이 남편은 돈은 계속 들어오는데 갖다가 내버린대유 했더니 참 이상하다고 합니다. 자신이 봐도 돈은 들어오는데 모이질 않고 자꾸 쓴다고 합니다.

내가 계속 웃음이 나옵니다.

관변형 - 누가 움직였나요? 남편 자신이니까… 누가 빼가는 것도 아니고 자신이 쓰는 것이니 육효점 풀면서 이렇게 신기한 현상은 첨 봅니다.

저분과 친하고 싶지요? 돈 들어오는 것 잘 관리해주셔야 한다고 했습니다.

일진은 1회용 일 땐 그날 당일, 긴 점사에서는 계속 봐줍니다.

그러므로 일진에 재효는 유리하고 좋습니다.

고정적 수입, 단골 등으로 풀이합니다.

2. 그 사람이 펜션 사라고 자꾸 유혹하는데 ...

멀리서 부부 방문

함께 일을 도와주는 잘 아는 분이 지방 펜션 4억짜리 5천 투자하면 그 수입을 같이 나누자고 했을 때 거기서 수입이 발생하여 돈이 되느냐고 했을 때 내가 권하지 않았는데…

이번엔 그냥 명의를 이 집 남편으로 하고 4억짜리를 2억으로 내려줄테니 1억씩 둘이 투자 하여 그 수입을 같이 나누자고 어차피 대출로 이뤄지니까 이자 150은 거기 방 8개 나가면 하루에 160인지라 괜찮을 것도 같다고 제안이 바뀌었으니 점단 다시 했으면 좋겠다고…

```
▶ 손木궁 (풍화가인)
..........................
兄 卯 ─ / (父 子)
孫 巳 ─ 應                    未月
財 未 ─ ─
父 亥° ─
財 丑 ─ ─ 世                  申日 (술해공망)
兄 卯 ─
```

세효 축토 월파의 의미는 - 겸사가 5천 권하지 않는 다고 하여서 그 분들에게 거절 의사 밝힌 상태라는 것으로 보면 되고 원래는 둘이 했을 때 돈이 되겠는가? 따로 묻고, 둘의 인간관계 따로 분점해야 하는데… 겸사는 둘 사이 2년 정도로 한정하고 둘이 그 펜션을 통해 돈이 되느냐고 혼합해서 물었음 그래도 더 정확한 것은 둘이 2년 정도 했을 때 즉 인간관계가 비중이 더 있음.

세효 축토 재효 - 현재는 돈이 될 것 같은 예감, 재효를 잡은 것은 무척 유리함

인간관계를 보자면 저 사화 응효가 우리를 생조하니 달콤하게 말했습니다. 그런데 길흉은 항상 동변효에 있습니다. 형제효가 동하여 우리를 극하게 되는 것은 경쟁자가 우리 것을 빼앗던지, 돈 나가던지…

더군다나 형효가 동하여 자수로 바뀌고 일진에서 계속 변효를 생조하니 申금 일진은 변효 부효 子- 자수는 형효 卯목을 생조함으로 라이벌의 등장에 우리는 밀려나가던지, 돈을 다 까먹던지 한다고 하니 자꾸 그럴 사람이 아니라고…

부인이 옆에서 그 사람이 그렇게 돈이 된다면 자기 식구 끌어들이지 왜 당신을 끌어 들이냐고 제발 정신 좀 차리라고 하니 남편이 니가 뭘 아냐고…
이 남편은 저 사화가 화생토 해주니 그 사람을 믿습니다. 내가 그 사람은 선생님에게 잘 해주려는 사람 맞유 근데 돈이 오가면 상황이 바뀔 수 있쥬. 하여간 저 분과 같이 일하면 위장병 걸린다고 하니까 참유 했더니 자꾸 고개를 갸웃갸웃 미련이 남나봅니다. 부효 공망은 문서에 탈도 있다는 뜻도 됩니다.
(결과 - 안 잡길 잘했다고 합니다. 오픈도 늦고 큰 일 날뻔 했다고 합니다.)

3. 남편에게 큰 사찰 등기 건 의뢰 들어오는지 ...

법무사하는 남편을 둔 친구가 이에 대하여 물어봄

```
▶ 감水궁 (수택절)
..........................
兄 子 - -
官 戌 一                           亥월
父 申° - - 應
官 丑 - -
孫 卯 一/(孫 寅)                   丑일(신유공망)
財 巳 一 世
```

용신은 세응 우선 봐야지요? 심리 봐야 하니까? 그리고 동변효, 재효 보면 되지요?

세효 남편 측 희망 용신 재효 잡았고… 월파 휴수한데 손이 동하여 퇴신되지만 왕상자 잠시 불퇴 약간 희망적
응효 신금이 공망이라 상대방이 마음을 아직 결정하지 않았음.

친구야 그 쪽 아직 맘 안정했고 아무래도 다음 달이나 와야 될 것 같다.
실망하는 목소리… 이번 달에 안 될 것 같어?
응 다음 달 기대해봐…

(결과 - 해월 안 되고 자월인지 인월인지 성사되어 돈 많이 들어 왔다고 함)

4. 언니의 재물운

처녀들은 물어볼 것이 직장, 남자친구 이 둘만 물으면 물을게 없으니 엄마, 아빠, 언니들을 잘 묻습니다. 엄마가 이 언니에게 투자를 많이 했다고…
언니가 31세인데 직장 다니는데 2013년엔 재물운이 어떠냐고 묻습니다.

```
▶ 건金궁 (화지진) 4효동
..................................................
官 巳 ―
父 未 ― ―                    丑月
兄 酉 ―/ (父 戌) 世
財 卯 ― ―
官 巳 ― ―                    戌日(신유공망)
父 未 ― ― 應
```

이 글을 왜 올렸냐면 선생님들이 통변을 어찌하는지 보려고요

저 위에서 언니가 뭘 한다구요?
사업인가요? 직장인인가요?

그럼 상식적으로 별 변화가 없을 것이라는 것을 아셔야 합니다.

언니가 사업가라고 하면 변화가 예상되지만 직장인이라고 했으니
그것을 감안하고 통변하셔야 합니다. 그래서 교감과 친밀도가 필요하여
육효점사는 자세히 정보를 알고 점치셔야 합니다.

일단 저 점사에선 재효가 용신이지요?
묘목 말라서 죽을려고 하지요?

인묘월 해자월이나 좀 낫지요?

그런데 형효가 동하니 돈을 더 쓰게 되지요?
그렇게 말하면 안되구요.
형효가 튼튼하니 벌긴 버는데 남는게 없다고 했던 것 기억하지요?

겸사는 이렇게 말했지요.
작년과 비슷해서 벌긴 버는데 손에 남는 게 없네.

여기서 핵심은 그냥 작년과 비슷하대 입니다.
헉 형 동했다. 돈 작살났다 이렇게 통변하기 없기입니다. (형제 점이라 형동은 돈쓰다의 의미보다 형제가 열심히 일하다로 보셔요.)

5. 40대 후반의 아들 재물운

중국 조선족 가족 중 딸과 엄마가 와서 엄마가 아들의 재물운을 물어봄

```
▶ 건金궁 (천지비) 4효동
......................................
父 戌 ― 應
兄 申 ―                          寅月
官 午 ―/ (父 未)
財 卯 ― -世
官 巳 - -                         寅日 (자축공망)
父 未 - -
(孫 子) 복신
```

세병(世病) 걸리신 분들… 세(世) 보나요? 안 보나요?

누구의 사업점? 아들이니까 여기서는 세는 보시면 안 되어요.
 일단 재부터 봅니다. 월 일 재효… 묘목 재효 튼실하고 통과
관이 동하면 빚 갚는 거고

이제 자손 동태 파악… 복신 미토 밑에 웅크리고 공망… 쯧 쯧
부효 밑이니 우울증… 자신감 없고, 찌그러져서 공망이니
죽고 싶은 마음만 있지요?… 아들 가족이 이혼으로 뿔뿔이 흩어짐
(선상님 암동… 오화가 두들겨 패서 암동 무효)

자손이 힘이 없으면 뭘로 살리나? 답은 돈 쓰는 글자 형제 형효다.
같이 오신 누나에게 또 이 상황을 설명합니다.

분명 사업은 잘되는데 문제는 동생이 지금 죽어가고 있다고
용돈 좀 주고 기운을 살리라고… 알겠다고…
누나가 한 번 살려 놓고 보자고 하였습니다.

(결과- 1년 후 아들이 어찌 되었냐고 물었더니 아직도 정신 못 차리고 있다고 합니다. 괘에선 직장이며 재물이며… 다 좋은데 저리 용신(자손)이 힘 없으면 꽝입니다. 얼마 드렸냐고 했더니 백만원 보냈다고 합니다. 그러니 육효고 육효 할아버지고 점단은 잘 나오는데 지 스스로 저리 자학하면 되는 일이 없습니다.
그러므로 여러분들은 운명보다는 의지를 더 잘 살릴 방법부터 잘 연구하시길)

6. 남편의 사업운

50대 초반의
남편이 사업한지 얼마 안 되는데
재물운이 어떨지 부적을 써야한다면 쓰고 싶다고

```
▶ 감水궁 (수화기제)
............................
兄 子 - - 應
官 戌 ─                           卯월
父 申 - -
兄 亥 ─ 世
官 丑 - -                         酉일(술해공망)
孫 卯─/ (官 辰)
```

여기서 핵심은? 재효 재보자… 없네 그럼 뭘 본다?
원신 손효 봅니다. 월에 나와 있고 동효가 손변관
1회성 점사라면 손변 아무것이나 되어도 돈 되는데
이건 장기점사이니… 손효가 동하는데 일진이 툭툭 건드리니
시원치가 않습니다. 될듯 될듯 한방이 아쉽네요.

될듯 될듯하고 힘들어하시지요?
그렇다고 대답한다. 정말 부적하나 쓰셔야 겠네요.
이대로면 양력 5월 6월(巳午)만 돈이 됩니다.

비싼가요? 아뉴 직접 쓰유 어떻게 쓰나요?
자축인묘진사오미 할때 오(午)를 종이 가운데 크게 쓰시고 인오술 인오술
동그랗게 원을 만들도록 쓰셔요. 하고 알려드립니다.

그래서 남편 지갑에 넣주세요. 네
저 점사에선 변효 진토를 술토로 날려줘야 합니다. 그럴려면 술월인데
너무 길게 시간을 기다려야하니 재효 부적을 권했습니다. 물론 셀프로…

7. 사장님이 데려온 사람이 실적을 내는지 ...

내가 작년에 회사 그만두신다고 하셔서 11 12월만 참았다가 그만두시라고 재물운이 좋아진다고 했던 분이 오셔서 해자월에 실적 많이 냈다고 한다.
　지금은 대표 이사급이라고 고마워 하시면서 재물운 묻고,
　사장이라는 분이 어떤 사람을 데려왔는데 이분이 실적을 내겠냐고 물으심

```
▶ 건金궁 (산지박 )
..................................
財 寅 ―/ (兄 酉)
孫 子 - - 世                     寅月
父 戌 - -
財 卯 - -
官 巳 - - 應                     午日(인묘공망)
父 未 - -
```

일단 세응 나눠서 심리와 왕상을 봅니다.
세효 자수 휴수… 난 그에게 애정이 별로 없어요
응효 그분 일진에 생조 받고… 나름 인품 있으신 분

내가 수극화로 그를 우습게 무시하며 봅니다.
이건 이 둘의 심리이고 이분이 묻고자 하는 것은 실적을 낼 인물이냐는 것이니 실적인 재효를 봐 줍니다.
동효 재효 인목이… 월의 장수 인월에 힘 받아 동하니 실적 냅니다.
언제까지… 묘월까지… 엉? 회두극은 왜 안보세요.

저게 회두극이라고도 하는데 인목이 힘이 떨어지는 것으로
읽어야 합니다. 그러니 인묘월까진 실적 있다고 보면 됩니다.

자수가 사화 하찮게 보았지만 인목이 동하여 통관시키니

저 친구 뜻밖에 괜찮네 하고 우습게 보던 생각을 바꾸는 것으로 보아야 합니다.

선생님 6층은 뭐에요? 우습게 보던 것을 실적이 눈앞에 보임으로 거둬들이는 마음, 심리의 변화로 보셔야 분위기가 맞습니다.

노루가 지방귀 뀌고 놀란다고 나 왜 이렇게 심리가 잘 보이지요?
그리고 저분 작년에 고마웠다고 신사임당 두 장 주고 갔지롱 ㅎ

8. 남편의 사업운

친구 병원에 내가 가니 물어볼게 있다는 사람들이 4명이나 있다.
그 중 한 분 여자 40대 초반
자기 건강점 보고 또 궁금한 사항이 뭐냐고 했더니
남편이 아이티 사업 한다고 언제나 풀릴지 정말 궁금하다고
장소 어디냐고 하니 역삼동 그럼 본인이 간절하게 물으라고 주사위 드림.

```
▶ 진木궁 (수풍정)
    ........................
    父 子 - -
    財 戌° 一 世              申月
    官 申 - -
    官 酉 一
    父 亥 一/ (孫 午) 應       申日(술해공망)
    財 丑 - -
```

볼펜도 없고 던지는 대로 그 자리에서 읽습니다.
재보자 술토 공망 축토 휴수
술토 하늘의 비밀 공망
재효 공망 공식은 못 받은 돈이지요?

내가 돈 못 받으신 거 있네요. 10(戌)월에 받아요.
엄청 반가워하며 대그룹 어디에서 7억 못 받았다고
5, 10토니 5억은 받을 듯 하지요?

남편이 힘들진 않느냐고 신월 신일 힘받는 남편이 뭘…
으음 남편은 끄떡 없다고…
부변손은… 축월 재달 인월오면 오화가 생조받으니
내년 1(丑)월부터 잘 풀린다고 하고 내뺍니다. 좋아하심

9. 남편의 사업이 잘 풀리는지

남편은 33세 아이티 사업 7월경 오픈 잠실쪽에서…
잘 될지 물음

```
▶ 건金궁 (화천대유) 5, 상효동
..................................
官 巳 一/ (父 未) 應
父 未 -//-(兄 酉)              申月
兄 酉 一
父 辰 一 世
財 寅 一                  子日(술해공망)
孫 子 一
```

남편의 재물운 그럼 관효가 용신인가요? 재효가 용신인가요?

일단 급한 것은 재물과 손효를 봐야 합니다.
봅시다 다른 것 눈에 띄어도 통과
재라 2효 인목이 일진 자수에 생조 받고 있습니다.
일단 분위기 좋습니다.

이제 관효는 건강한지 동효들은 무얼하는지 봅니다.
 사화는 관효이면서 동효 미토 부효를 밀어주고 미토는 손효를 깨고 재는 못 깹니다. 그리고 사화는 미토 재로 변화하고…

 그러거나 말거나 재효는 일단 건드리지 않았고 미토가 동하여 손효를 때렸어요. 그래도 일진 손효가 있으니 재물운에 탈은 없습니다.

관효 남편이 부효로 변화한다 관변부, 5효는 부변형 부효는 문서도 되고 장소도 되고 이것들이 동하지요? 이제 버무립니다.

돈은 되는데 남편이 장소를 여기저기 돌아다니지요?
장소를 몇 번 옮겼답니다. (크으… 왜 그리 장소를 옮겼나요? 라고 지를 껄…)
(나는 천연덕스럽게) 아하 그류 ㅎ
괜히 왔구먼 이제 돈 되는데… 일진에 손효니까 월은 높은 사람으로 일진은 동료로 봅니다. 동료들이 많이 밀어 주지요 네 맞아요.

10. 아는 언니가 집을 내놨는데 집 보고 간 사람이 계약하러 오나요?

```
▶ 건金궁 (천산돈 )
..............................
父 戌 ―
兄 申 ― 應              辰月
官 午 ― / (父 未)
兄 申 ―
官 午 - - 世            酉日(자축공망)
父 辰 - -
```

이렇게 물으면 여러 선생님들은
음 1 : 1 보고 ....계약할 마음이 있는지 없는지 봐야 하니까
부효가 동하나 봐야지… 연락은 부효니까

이렇게 생각하시지요?
그리고 또 하나 봐야 할게 있답니다. 계약건이라 이 사람이 돈이 있는가 없는가 봐야 합니다.
........................이걸 모두 잊으시더라구요 ㅎ

저 괘에선 응이 우리말을 들어 줄 수 밖에 없는데
돈이 보이지 않고 중간자가 화극금으로 또 그 응을 공격하지요?
저 응 돈이 없는 게 흠이니 포기하라고 전했습니다 ㅎ

11. 그 사람이 우리 물건 좀 팔아주나요?

　60대 남자분인데 대리점을 낼까 한다고 하여 지인네 물건(홍삼관련)을 판매하고 싶다고 하는데 팔아 주겠느냐고 물으심.

```
▶ 손木궁 (화뢰서합) 2효동
......................................
孫 巳 ―
財 未° - - 世              亥월
官 酉 ―
財 辰 - -
兄 寅 -//-(兄 卯) 應        申日 (오미공망)
父 子 ―
```

　우리 측 미토 공망… 의심스럽다.
　저쪽 응효 인목 동하여 해월과 합이니까 저런 걸 합주라고 하죵?…
　일진이 방해 하잖유 그런 것 좀 너무 신경 쓰지 말유.

　형이 동하면 깎으려 한다도 되고, 여기선 상대방 맘이 바뀐다도 되고… 오히려 우리 측 돈을 깨려고 합니다.
　저 사람 재가 휴수하니까 돈 없는 사람이잖아요.
　지인과 통화하는데 자꾸 다른 전화 옴… 하여튼 기대 하지 말유 하고 끊었더니, 나중에 다시 전화 와서 연세가 몇 살이라고 정정해주시는데… 그래도 선생님이 그분 얼굴을 떠올렸고 이름이나 나이가 바뀌어도 점사는 같유 했더니 급 실망…

　재효가 튼실해야 돈 있는 사람… 어떤 사람은 세효 돈인지 응효돈인지 알지 못한다고… 여기서 나는 빠지니까 그냥 비신은 응효 걸로 봐야겠지요.

　(결과 -오늘 이분 소식 왔냐고 물었더니 … 5천만 원 어치 산다고 뻥만 치고 아직 연락도 없다고)

12. 돈 관계에 대해서 말없는 남편의 재물운

부모덕에 남편이 상속받은 재산으로 일을 해본 적이 없고
재물 관계에 대하여는 늘 조용한 남편
주식으로 20억 30억 60억까지 벌더니, 친구에게 건물 대출 받아 30억 빌려주고 그 이자만 한 달에 2500만원씩 낸다고
제발 60억에서 30억 빌려주라고 했더니
한사코 대출 받아 주더니 요즘은 이자내는 날 즈음에
짜증 짜증… 왕짜증 땜에 이혼하고 싶다고…
그 남편 올해 재물운이 어떤지 물으심

```
▶ 간土궁 (천택리) 무동
......................................
兄 戌 —
孫 申 — 世                    寅月
父 午 —
兄 丑 - -
官 卯 — 應                    卯日 (자축 공망)
父 巳 —
```

천택리 괘의 재효는… 그냥 암기하셔요. 5효 신금 속에 자수 복신입니다.
자수는 지금 공망인데 비신 신금이 월파에다가… 자수 재효가 공망이라는 것은 비었다는 것이지요.

진공은 공망 벗어나도 쓰기 어렵다고 했으니 비신 신금이 비틀 비틀해도
생조 받으니 진공망 까지는 보지 말구요.
저 인목 월건, 묘목 일지… 관효지만… 자수의 힘을 빼먹으니 돈 빌린 사람들입니다.

남편 주머니가 예전에 비었고, 빌린 사람만 많네유. 미쳐 죽는다고…
뭔 방법이 없냐고 관털기 해야 하는 것 아니냐고…
무동지상이니 몇 개월 지나고, 남편이 때린다거나
이상하게 변하면… 이혼을 고려해 봐도 되지만…
부효가 왕상하니… 이건 부동산이니까 동태를 보고 결정하시라고 하였습니다.
60억?? 점치면서도 기죽네요.

13. 남편이 그 사람에게 5천 투자해도 되나요?

지난 금요일 한라마트에서 찬거리 사는데 여자 직원분이 다가와
저어 궁금한 게 있어서 그러는데요.
남편이 형사인데 아는 분이 모 주식을 상장하고 어쩌고 결론은 아파트 대출 5천만 원 받아서 투자해주면 이익을 배분해주고
5천만 원에 대한 것은 공증을 해주고…

내가 그 분 잘 아는 분이냐고 하니 안지는 몇 년 안 되었다고
… 이렇게 중요한 것은 본인이 오셔서 뽑아야 되는데… 했더니
남편이 나에게 한 번 여쭤보고 오라고 해서 나만 기다렸다고…

공증까지 해준다고 하였으니 그럼 그냥 시간점으로 봐주겠다고 하니
휴대폰을 안 가져온터라 본인 휴대폰으로 몇 시냐고 해서 괘를 내니

```
▶ 지천태 (곤土궁)
..........................
孫 酉 - - 應
財 亥 - -                    丑월
兄 丑 - -
兄 辰 ― 世
官 寅 ―                      巳일(신유공망)
財 子 ―/ (兄 丑)
```

우리 형효지세 월일왕상하고 동효는 재변형
여러분은 저것 선뜻 권하실런지요?
겸사 니가 재변형이면 일단 돈 들어온다고 했잖어?
보아하니 해수 재효도 암동치고 있고…

이게 1회성 단기점사면 돈이 들어오긴 하는데…
내가 이것을 뭐라 설명해야 할지 암산 때리고 조용히 있으니
저희 아파트 대출해서 문제 생기면 아이들도 키워야 하고 큰일 나거든요.

남편 분 더러 돈 해주면 잠시 이익은 조금씩 한두 번은 있는데
가을 겨울에 기다려야 하고 손에 남는 것은 없고…
적극적으로 권하진 못하겠다고 전해주유
그리고 이것 추진하는 사람은 뭔가 지금 돈 준비도 안 되었고, 문제가 좀 있는 분으로 돈 더 나가야 할 상황이 오니 무리해서 투자 하지 않았으면 한다고 일러주자…
그러냐고 아주 차렷 자세로 잘 새기면서 듣더니 언제 꼭 찾아가겠다고 합니다.

14. 남편 사무실 좁아서 옮기려하는데 그곳에선 재물운이 어떤지

50대 후반 경상도 사는 분. 대부분 전화로 물으심.
　부인은 집에서 살림하시고, 남편은 공장도 가지고 계시고 사무실이 좁아서 옆에 사무실로 옮기는데 괜찮은지 물으심.

```
▶ 이火궁 (천수송) 2효동
..........................
孫 戌 ―
財 申 ―                          丑月
兄 午° ― 世
兄 午° - -
孫 辰 ―/ (兄 巳)                 酉日 (오미공망)
父 寅 - - 應
```

사실 여기선 세효가 그리 중요치 않습니다.
본인이 걱정되어 전화 한 것이기에 재효가 관건인데, 일진에 재 와있고 손효가 동하여 회두생인데 저 정도면 좋습니다.

너무 걱정 마세요. 그 사무실 돈이 잘 들어오는 곳이라고 하니
사무실이라 혹시 괜히 가서 돈이 안 되면 큰일이라 묻는다고…
돈 되는 사무실이라고 하니 공장에 일이 많이 들어와야 한다고
사무실서 주문 받으면 되쥬 했더니 웃으심
긴 점사는 일진을 잘 보시라고 했지요?

15. 남편의 새 사업장이 될 땅을 보고 왔는데 돈이 되는 곳인가요?

40대 남편이 사업장을 이동해야 함으로 장소를 보고 왔는데
이곳에서의 재물운이 어떤지 물으심

```
▶ 손木궁 (풍화가인)
..........................
兄 卯 ―
孫 巳 ― 應                    卯月
財 未 - -
父 亥 ―
財 丑 -//-(兄 寅) 世           子日 (신유공망)
兄 卯 ―
```

세효에 재를 잡았는데 월일 휴수하고 세가 동하면
마음이 바뀐다. 회두극은 안하겠다. 갈등하다.

(결과 - 안하시기로 하였답니다. 새로 투입될 자금이 너무 많아서 였다고
하심)

심리점사

심리, 혼인, 애정, 승부, 동업, 소송 모두 같이 봄

★ 심리점사

용신은 1 : 1 세와 응으로 나눠서 본다.
(혼인점사, 승부점사, 민사재판, 그가 돈 꿔 줄까? 협상할 때… 모두 적용됨)

1) 우리 남편이 절 어찌 생각하나요?
2) 우리 아버지가 날 어찌 생각하나요?
3) 우리 형, 우리 애인, 집주인이, 그 분이…

모두 세와 응으로 나눠서 본다.
1) 내 남편이 옆집 순이 엄마를 어찌 생각하나요?
   - 내 남편이 우리 측 세, 순이 엄마를 응으로 놓고 봅니다.
2) 우리 언니와 형부가 싸웠는데 둘이 앞으로 어떤지도
   우리 엄마와 아빠가 싸웠는데 앞으로 어떤지도
   ……. 점치는 사람이 누구편으로 서서 볼 것인지만
        정해지면 세응으로 나눠 봅니다.

2. 세가 응을 생조하면 : 내가 응을 사랑한다, 도와주고 싶어 한다.
   응이 뭘 요구해도 다 들어줄거야
3. 세와 응이 비화되면 : 너와 나는 같은 맘이야, 니가 잘하면 나도 잘하고 네가 못하면 나도 못할 거야
4. 세가 응을 극하면 : 넌 내밥이야, 난 니가 우스워, 난 널 니맘대로 할 거야 넌 내말을 들을 수밖에 없어, 칼자루는 내가 쥐었어, 널 부셔버릴거야, 남녀 사이라면 난 널 강간할 거야.
5. 응이 세를 생조하면 : 난 널 사랑해, 니가 원하는 거 다 해줄거야
6. 응이 세를 극하면 : 응의 입장에서 4번처럼 통변할 것

★ 궁합 보기

상대방이 있을 땐 세응으로 나눠 봅니다.
돈은 왕상 한가?
집은 준비 되었나?
직업은 괜찮은가? 두루 두루 살필 수 있습니다.

1. 남자측에서 여자측 보기

- 세효에 재효 잡으면 일단 배우자로 맘에 들었어요 결혼해도 불만 없이 살아요
- 세효에 형효 지세 : 제일 안 좋음 / 훗날 이혼 가능성 큼 재를 극하는 글자 (권하지 못하는데… 그래도 3번 고비만 잘 넘기면 된다고 하고 내뺄 것)
- 응이 세효를 생조하면 : 좋음 그녀가 순종하여 뜻에 따름
- 세와 응이 비화 : 괜찮음 너와 나는 같은 글자 같은 마음
- 세가 응을 극함 : 난 그녀를 맘대로 할 거에요 때릴수도 있어요. 억압할거야

- 응이 세를 극함 : 반대 맞고 살수도 있음
  (동변효는 세와 응에게 어떤 영향을 주는지 볼 것, 반대자도 될 수 있음
  그래도 세응 심리가 더 중요함)

2. 여자측에서 남자 보기

- 세효에 관효 잡자 - 난 저 남자 맘에 들어요 평생 불만 없어요
- 세효에 손효 - 난 언제든지 이혼할 각오가 되어 있어요. 아기 낳고 이혼 가능성 있음(권하지 못하지만… 남편을 존경해야 하는 맘을 가지라고… 3번 고비 있다고 하고 내뺄 것)
- 세효에 형효 - 나 계산때려 봤어요
- 세응 관계는 남자측에서 살펴본대로 통변할 것

3. 결혼이 될까요?

세와 응이 월일에서 하나라도 생조 받아야 가능하고 (환경)
돈의 왕상, 부의 왕상 살펴볼 것

1. 밤 12시 전화 온 이 여자와 우리 남편이 어떤 사이인가요?

남편(50대 초반)이 건설회사 다님. 모텔에서 숙식하고 주말 가끔 집에 오시는데… 밤 12시쯤 전화가 와서 남편이 안 받기에 부인이 남편 잠든 사이 휴대폰을 보니 서로 주고받은 문자며 전화내역이 있어서 부인이 이 여자 누구냐고 다그치니 오히려 화를 내더라고…

내가 에이 설마 그럴라구요? 했더니 그간의 남편에 대한 서운함이 몰려오십니다. 일단 둘이 어떤 사인지가 젤 궁금한거쥬? 그렇다고…

```
▶ 이火궁 (천수송) 초효동
................................
孫 戌 ―
財 申 ―                    寅月
兄 午 ― 世
兄 午 ― ―
孫 辰 ―                    午日(자축공망)
父 寅 -//-(兄 巳) 應
```

자아 괘는 이렇게 나왔고… 어떻게 보라구요? 남편이 관이 이니까 관효를 본다? 그건 대상이 없을 때 보는 것이고 이렇게 대상이 나오면
 우리 측 : 그 측으로 보라고 했지요. 1: 1 대인점입니다.

세효 오화 응효 인목 인목이 동하였으니 우리 남편에게 좋은 감정이 있습니다. 좋은 감정이라는 것은 꼭 흑심이라고 보긴 어렵지요. 흑심이라고 하면 6합되어 생조하는 즉 생합이 되었을 때 하는 말이고… 하여간 둘이 합이라는 글자가 아니니 손잡고 뽀뽀하고는 아닙니다.

내가 둘이 그런 사이 아닌데요. 그냥 이쪽 여자 분이 고마워서 그런가본데…

 이 아주머니 아마 남편보다 나이가 많아 보이는 데요. 고마워서 그랬다가 나중엔 친구 같은 글자로 변하니까 별일 아닌데요. 했더니

 (이제야 하시는 말이 6살 누나이고 교회 나오라고 하셨다고 했다고 함, 그래도 부인은 정말인지 거짓말인지 묻고 싶어 그랬음)

2. 여자가 임신한 상태인데도 결혼을 하지 않으려고 한다고 ...

```
▶ 木궁 (풍천소축) 무동
.............................
兄 卯 ―
孫 巳 ―                    寅月
財 未 - - 應
財 辰 ―
兄 寅 ―                    辰日 (진사공망)
父 子 ―  世
```

아들이 결혼하려고 하는데 며느리 쪽에서 상견례도 나오지 않고 아이를 임신했는데 신부 측에서 그냥 헤어지게 하겠다고 나온다고…
그래서 내가 결혼이 되겠느냐는 것을 물으시냐고 하니 결혼할 것이냐 결혼해서 잘 살겠느냐 두 개가 궁금 하시다고 함

남자, 여자의 혼인이 성사 되려면 일단 월과 일에서 하나라도 생조 받자, 남자는 재효를 지세하고 응이 세를 생조하던지 비화되던지 하자.
안 되는 공식은 세효에 형효가 잡히던지, 월일 휴수하던지…

자아 이제 하나하나 분석 들어갑니다.
세효가 부효 자수 잡고 월일에는 휴수, 응효 미토 월일에서 하나 생조 받고
나는 상황이 안 되고 저쪽은 되고 (저쪽은 문제 안 됨)
세효는 자수 부효이니 부효(집, 부모 환경 열악)
자수를 살려 주는게 뭘까? 관효(직업)인데 복신 되어 있고…
무동이니 일단 이대로 가는 상태이므로 종합해 내가 하는 말
어머니 며느리 쪽 가문이 우리보다 환경이 좋고, 우리 아드님은 직업, 집,

부모환경이 몹시 안 좋은데 아드님 직업이 뭔가요?
화재보험 세일, 스카이 대학 나옴.

우리 아들이 너무나 주눅이 들었고, 그 처가집 식구들 몹시 무서워하네요. 어머니는 아니 우리 쪽은 결혼을 원하고 저쪽이 원하지 않아요. (또 또 뎀비는 어조) 어디서 보니 저 여자애가 토끼 띠라서…
어머니 저쪽은 재물 면이나 환경이 일단은 우리 집보다 나은데 문제는 우리 쪽에 있지 며느리 쪽이 아닌데요. 저걸 해결하려면 어머니가 아들의 직업이나 주거문제를 해결해주셔야 할 것 같아요.
지금 저쪽은 그게 해결이 안 되어 우리 아들을 보려고 안하는데요.

띠가 안 좋아서… 철학관과 무속인 집에서 들은 얘기만 늘어놓음.
아뉴 아뉴… 어머니가 거짓말로 아들 직업 바꿨다고 하고 집도 해결해준다고 허유.
애기를 낳긴 낳을까요? 변화 없으니 아마 낳을 거에요.
어찌 되었든 어머니가 그냥 이대로 아무 일도 해결하지 못하면 신월, 양력 8월 7일경부터 아들 환경이 나아집니다. 말하는 거랑 점단과는 전혀 다름, 그러니 여러분은 보이는 대로 얘기 하실 것

3. 왜 출근하지 말라고 할까요?

```
▶ 택뢰수 (진木궁)
..............................
財 未 - - 應
官 酉 ―                    卯月
父 亥 ―
財 辰 - - 世
兄 寅 -//- (兄 卯)          寅日(술해공망)
父 子 ―
```

친구 딸이 직장에서 출근하라고 하여서 하려는데 갑자기 나오지 말라고 했다고 친구 분이 도대체 왜 그런 것이냐고 하기에 괘를 냈다.

세효 우리 딸 측, 응효 친구네 회사 측
같은 비화 여기까진 별 문제 없는데, 항상 길흉은 어디?

동변효 보라고 했지요? 비겁, 라이벌 동하니 다른 사람을 쓴 것
참으로 안타까울 뿐입니다.

4. 민사송사 결국 누가 이기나요?

```
▶ 산천대축 (간土궁)
┈┈┈┈┈┈┈┈┈┈┈┈
官 寅 ─
財 子°─ ─ 應              辰월
兄 戌 ─ ─
兄 辰 ─
官 寅 ─ 世              戌일(자축공망)
財 子 ─ / (兄 丑°)
```

민사송사 어찌보라고 하였지요? 세응
이기려면 - 세가 응을 극하자, 응이 세효를 생하자.
세효 인목 - 휴수하니 지쳤고, 응효 자수 재효 공망이니 돈도 없고 빨리 없애고자 하고 이정도면 우리가 이기는데 저 초효가 왜 동했을까요?

재가 동하여서 묶인다? 라고 읽지 마시라고 하였지요? 자수가 힘이 없으면 합이 안되어요. 별쇠왕이 명극합 어쩌고 하는 천금부 문구 떠올리셔요. 구별하여라 쇠한지 왕한지 합인지 극인지…

6년간이란 힌트를 떠 올리셔서 - 과거형으로 읽으시면 백퍼입니다. 백퍼가 뭐냐구요? 백퍼센트요 ㅎ 일부 받으셨지요? - 그 분 허걱하는 표정, 잠시 후 네
그럼 그렇지 - 내경험은 확실합니다. 저렇게 작은 재효 동하였다면 지르셔요. 일부 받으셨네요? 뭐 이렇게 말씀하시던지…

저 상대방이 돈이 있어서 안 주는 게 아니라 없어서 못주는데 - 신월 가을 기다리셔야 돈좀 받으실 것 같은데요. 그러냐고 끄덕이심 - 이것 재 설명 안 해도 되지요? 자수가 공망이고 살아나려면 신월 와야니까요.
또 디테일 하게 보시는 분 - 진공이라 못 받아요. 라고 말하고 싶으시지요? 그래도 자수가 동해서 조금 살렸으니 진공으로 두 번 죽이진 맙시다.

5. 애정점

노처녀 간호사애가 직장문제 때문에 와서 - 그 문제는 잘 해결 보았고… 사귀는 남자가 자신을 어찌 생각 하냐고 해서 - 시끄러 가아… 했더니… 한 번만 알려달라고 합니다. 얼른 보내려고 그려 알았어 했더니 던집니다. 지금 8개월 사귀는 시점이고 결혼은 내년 가을쯤 생각하는 커플임

```
▶ 손木궁 (산뢰이) 2효동
..................................
兄 寅 ―
父 子 - -                     午月
財 戌 - -世
財 辰 - -
兄 寅 -//- (兄 卯)             戌日 (인묘공망)
父 子 ― 應
```

이렇게 적고 보니 참 재밌는 점사가 되어 올립니다.
일단 감상해보시기 바랍니다.
점단 포인트는 상대방과 연루된 점은 1: 1이니까 세응으로 놓고 보기
세효 술토 재효, 저쪽 응효 월파, 힘들고 자수 입장에서 술토가 부담스런데 형효가 동하여 술토를 한대 때렸습니다.

내가 하는 말이 너 느이 남자한테 한 마디 했더니 느이 남자가 너에게 선물 사줘서 입 막았는데 너 뭔 선물 받았냐? 했더니 몇 초 가만히 있습니다.

그러더니 오른쪽 팔에 걸린 흰색 팔찌인지를 보이면서 언니 이것도 선물인가?… 이거 받았어요. 합니다.
왜 오빠는 나에게 전화를 안 하냐고 따졌더니… 선물 사줬다고 합니다.

느이 오빠 월파에 일진에서 힘들고 왜 그렇게 힘든 사람한테 앙탈만 부리냐고… 다독였더니 회사 때문에 힘들다고 했다고 합니다. ㅎㅎㅎ

이 점사 잘 읽으면 그들의 심사가 훤히 보입니다.
아직 총각분들 저 점사 보시고 여자는 형극재에 약하다는 것 명심하세요.
이렇게 말하면 형극재가 뭐냐고 궁금하시는 분들 없으시죠?
형(돈쓰는 글자는) 극(한다) 여자를… 즉 여자 꼼짝 못하게 하려면 돈 써라 입니다. 이 아이가 궁금해 한 것은 어떤 마음인가를 물었는데 점에선 저렇게만 나오니 겸사는 뭐라고 얘기 했냐구요?
난 힘든데 니가 자꾸 부담스럽게 하지 않았으면 좋겠다고 한다고 했지요.

일반적으로 형이 동하면 돈 나가는 것인데 자수의 입장에서 수생목으로 힘이 빠지니 이 형동은 나의 돈이 나간 게 아니라 자수의 돈이 나간거라고 비틀어서 통변하시면 됩니다. 그리고 애초에 이 여자애가 재를 잡았거나 선물 받았어요도 됩니다.

6. 둘이 결혼해도 되나요?

50대 여자분 이혼 하셨고, 연하인 남자분도 이혼 하신 상태인데… 둘이 결혼하면 좋은가요?

두 가지 물음이 들어갔지요? - 배필감, 혼인이 잘 이뤄지느냐는…

```
▶ 택수곤 (태금궁) 4효동
........................................
父 未 - -
兄 酉 ―                         午월
孫 亥 ―/ (兄 申) 應
官 午 - -
父 辰 ―                         午일(자축공망)
財 寅 - - 世
```

세효는 재효를 잡았으니 이분은 이미 저분에게 재물의 원조를 받는 지상, 그러나 월일 휴수하니 양에 차지 않습니다.

응효는 변화하기 전에… 자자 여기서 또 봉창 긁는 풀이, 혼인점에선 여자가 물어보면 여자가 세효에 육친이 孫만 지세하지 않으면 일단 안심인데, 또한 남자 쪽에서 혼인점을 물으면 세효에 兄만 안 잡으면 되고, 여기서 기준이 누구냐 묻는 사람이 기준이라 그 사람만 육친을 보는데…

어떤 분들 전화와서 - 선생님 어떤 여자가 배필감으로 어떠냐고 묻는데 그 남자가 응효에 형을 잡았지 뭐에요 하고… 그래서유 어찌 보시는디유? 하면 여자는 세효에 손은 안 잡았지만 응효가 형효 잡아서 안 좋다고했지요… 근데 누가 그렇게 보라고 했나요? 선생님이 세효에 여자는 손을 잡으면 안 되고 남자는 형효를 잡으면 안 된다고 했잖아요.

이렇게 나는 이것을 말했는데 돌아오는 답은 이상하게 배우시는 선생님들… 혹시 이렇게 말하니까 공감하는 선생님들 있슈?

다시 한 번만 강조해 드릴테니 또 한 번 남의 다리 긁다가 들키면…

배필감으로 어떠냐고 하면 여자가 물으면 세효에 손을 잡으면 관을 파극하니까 이것은 꽝이고 응효는 뭘 잡든 그건 필요가 없습니다. 그냥 세효를 생조하는지 비화하는지 극하는지… 이것만 읽으셔요. 물론 월일 환경파악은 필수고요.

아셨지요? 다시 위의 점사로 갑니다.
둘 다 아직은 혼인할 수 없습니다. 월일에서 휴수해서 그러합니다.

저 4효 응이 동하여 해수가 신금으로 변화하면 회두생일까요? 6충일까요?
저런 점사로 겸사가 쌩 고생 많이 해 봤는데 비밀을 알려 드릴께요.
저렇게 합인지 충인지 판단이 모호하다면 - 1회성 질문 예) 계약이 될까요? 이런 것들은 충이 됩니다. 제가 예전에 집 계약하러 갈 때 저 괘 나왔는데 깨졌어요. 5천 더 달라고 했던가 해서요.

이렇게 긴 점사에선 당장 혼인이 될 것 같다가 안 되고 될 것 같다가 안되고의 그런 모습입니다. 젊은 청춘 남녀라면 만났다가 싸웠다가 만났다가 싸웠다가의 연속입니다.

저렴한 정보가 아니니까 머릿속에 꼭 닮아 놨다가 - 겸사 생각하면서 써 보셔요.
저분에게 그 남자 분은 선생님이 원하는 대로 다 해주시고, 선생님을 참 좋아하십니다. 그런데 아직 혼인식은 둘 다 환경이 아니라고 하여서 몇 개월 더

심리점사

있어야 할 것 같아요. 지금 그 분이 힘이 들어서 선생님께 재물적으로도 충분히 못 준다고 하네요. 했더니 몇 년 기다려 달라고 하신다고 합니다.

　이혼 위자료를 몇 억 주었기에 지금 많이 힘들다고…

　여기서 재효는 힘이 없지만 그래도 부효 문서는 튼튼하지요? 부모님이 빵빵하시다고… 하긴 월 일은 부모도 되니까 오화로 그것만 봐도 되지만… 부효는 부동산 일 수도 있겠구요. 이런 것은 그리 중요하지 않으니까 통과하고, 현재 현금이 안 돌아가지만 세효에게 최선을 다하려는 의지는 읽혀지지요. (동해서 생해주잖아요)

　그러므로 이 점사는 아주 먼 이야기를 묻는 것입니다. 답은 지금 환경이 안 되어서 당장 결혼 안 될 겁니다가 답입니다.

7. 아들과 며느리가 자주 싸우는데 이혼수가 있나요?

경제상황으로 아들과 며느리가 자꾸만 싸움이 나고 어머니는 가서 며느리 달래 놓고 오는데 엊그제 며느리가 손자에게 너 할머니랑 살 수 있지? 라는 의미 심장한 말을 들으시고 검사에게 전화 했다고… 둘이 이혼수가 있느냐고

```
▶ 택화혁 (감水궁)
................................
官 未 - -
父 酉 —                    午月
兄 亥 — 世
兄 亥 —
官 丑 -//- (孫 卯)          未일(인묘공망)
孫 卯 — 應
```

세효 - 우리 아들 월일에 극받고 동효로 인해 극받고 정말 힘든 사람
며느리 응효- 공망으로 맘이 좀 떴고…
아들이 지금 힘들고 며느리는 맘이 좀 떴네요.
며느리가 왠지 좀 그렇다고…
저 2효 가택의 움직임은 잠시 이따 통변
일단 아들부터 살리고 - 해수를 살리는 글자는? 금, 금의 육친은? 부효 부효에는 무엇이 있지요? 엄마, 집, 문서…
여기서 가장 만만한 것은? 나도 첨엔 엄마의 응원인 줄 알았는데… 이 엄마도 홀로 빠듯한 생활 그럼 그럼… 집 이거다.

저기유 아드님은 엄마 집에서 같이 살게 되면 소원이 없다고 하는데요.
그렇잖아도 몇 번 달랬다고… 같이 살면 며느리 밥해주고 자기는 분명히 같이 못 살 것 같기에 미루고 있는데… 너무 아들이 오고 싶어 한다고… 곧

있음 아들집이 만기 되어서 자꾸 오려고 한다고… 아 가택이 움직인 게 이거구먼…

아들은 집이 해결되면 살아나고 이혼은 둘 다 힘들어서 이혼해도 별 뾰족한 수가 없어서 이혼은 안 될 것 같유 그냥 오라고 하지 그류?
 그 부부와 엄마가 잘 안 맞는다고…

그럼 양력으로 가을 8월 7일되면 아들이 많이 괜찮아져유…
계속 한 숨 지으시는 엄마의 근심…

(아들은 집만 안정되면 살아나고 엄마는 그게 싫고…
 날 보고 어쩌라는 건지…)

8. 외국에서 동생내외가 잘 살지 물으심

40대 초반의 남동생이 미국 가서 유통업 하고 있는데
두 부부사이가 괜찮을지 물으심

```
▶ 곤위지 (곤土궁)
................................
孫 酉 - - 世
財 亥 - -                          寅월
兄 丑 -//- (父 午)
官 卯° - - 應
父 巳 - -                          戌일(인묘공망)
兄 未 - -
```

우리 측이 남동생, 응이 그 부인 , 6충…
애네들 한 번 깨진 적 있어요.

세효 유금, 응효 묘목 우리 동생이 부인 싫어하고 무시하고 (금극목)
묘목… 공망 / 이럴 땐 나 우리 남편에 대하여 맘 비웠어요.
형효가 동하여 유금에게 힘 실어주지만
충중봉합 6합괘 형제들이 일어나서 동생내외 묶었지요?
그렇다고 함

부인이 맘 비웠기 때문에 헤어지진 않고
동생은 부인에게 대하여 불만이 많다고 하니 누나에게 싫다고 했다고 함
누난 애들 클 때까지 아무소리 말고 살라고 했다고 함 ㅎ

이 점사는 전형적인 충중봉합의 괘입니다.

9. 고소를 해놨는데 그 쪽이 어찌 나올까요?

어떤 지인이 땅을 사서 자기에게도 팔았고, 자신은 믿었을 뿐이고…
알고 보니 안 좋은 곳, 게다가 근저당 설정까지 나모르게 되었고 그것이 경매까지 가게 되어서 현재 고소를 해놨고 판결은 담주로 미뤄졌다고 어찌 되겠느냐고…

```
▶ 감水궁 (감위수)
.........................................
兄 子 - - 世
官 戌 一                          卯월
父 申 - -
財 午 -//-(父 酉) 應
官 辰 一                          未일(진사공망)
孫 寅 - -
```

형사소송건이라고 하는데 그 쪽이 어찌 나오는지를 궁금해 하셨기에 우리는 1:1로 보면 됩니다. 세효 자수 겁잔뜩 먹었고 (휴수하니까) 형효니 돈 손해 보셨고…

저쪽 오화가 동하여 부효로 바뀝니다.
우리가 저쪽을 극하면 이기고
저쪽이 우리를 생조 하면 우리 말 다 들어줘야 합니다.
이날 묘월 끝 날이었습니다.

내가 저쪽에서 돈이나 땅으로 다시 변제해 주실텐데 선생님 엄청 쫄았네요? 했더니 처음 당하는 일이고 처음 해보는 고소라서 그렇다고 합니다.
그 쪽이 우리말 다 들어준다고 하니 한결 기분이 좋아지심을 보았습니다.

10. 애정점에서 여자가 형제효 임할 때 통변

여자 측이 물을 때 세효에 형효 지세할 때, 세효의 마음은 계산하다, 돈 썼다가 된다.

돈을 남자에게 빌려준 상태에서 점단하면 세효에 보통 형효가 잡히더군요.

그럴때 이 남자 만나면 돈 나간다고 말해도 됨.

11. 내가 그 절에 가면 받아줄까요?

어제 수퍼 가는 길에 스님에게서 전화 옴 - 내일 강화도 모절에 가면 받아줄 수 있느냐고… 요즘 전화를 안 받는다고…
그래서 시간점으로 봐드리겠다고… 그 곳에 가면 받아주나요?

```
▶ 건金궁 (화천대유) 2효동
........................
官 巳 一  應
父 未 - -                        午月
兄 酉 一
父 辰 一 世
財 寅 一 / (父 丑)              丑日(술해공망)
孫 子 一
```

응효는 나를 생조하고, 재효, 가택효가 날 극하니 이게 뭘까? 하여
스님 그 쪽에선 날 좋아하는데 …거기 방이 없는데요.
(가택효가 날 극하니까…)

그래요? 나 - 스님 이거 반드시 저에게 보고 해주셔야 해요.
했더니 방금 전화가 왔습니다.
방이 꽉차서 일부러 그곳 스님들을 나가게 할 수 없지 않느냐고 하시기에 그럼 기다리겠다고 하셨다고 합니다.
오머나 스님 그럼 어제 제 말이 맞은 거네요.
속마음 - 저 재효, 가택효가 스님을 극하는 것이 사건사고인지, 가택효인지 몰라서 꼭 확인 부탁했던 것인데 가택효가 맞았습니다.

(난 재효가 세효 입장에선 관도 되고 … 사실 돈도 되니까 아마 돈 받아 오실 수도 있겠다고 마음먹고 훗날 돈도 받으셨냐고 물으니 봉투를 주시기에 만원 권 10만원인가 해서 펴보지도 않고 나중에 보니 5만원 권 10장이었다고 합니다.)

12. 마을 이장님의 마음

50대 여자분, 마을 이장님에게 너무 고마운 일이 있어 휴대폰을 사줄까 하다가 돈을 얼마간 주었는데… 나는 열심히 운전해서 전달했는데 왠지 너무 조금 주었나? 뒷골이 좀 땡기기도 하여 묻습니다. 그분의 심사가 나를 나쁘게 봅니까?

```
▶ 곤위지 (곤土궁)
..................................
孫 酉 - - 世
財 亥 - -                        未월
兄 丑 - -
官 卯 -//- (孫 申) 應
父 巳 - -                        巳일(오미공망)
兄 未 - -
```

1 : 1로 봐야지요?
너무 쉬워서 짜증나지요? 미안허유

응이 동한다는 것은 상대방의 마음이 바뀐다는 것이지요?
같은 손인 신금으로 변하니 편안하지요? 세효도 금, 응효도 금으로 비화되니 니맘 내맘 같은 맘
아뉴 불만 없시유 기분 좋아유.
선생님께 물어보고 싶어서 밤을 꼬박 새셨다고… 소심하시긴…

13. 가게 재계약 가능할까요?

주인이 재계약 하자고 할 것인지, 나가라고 할 것인지…
주인이 결정권을 가졌으니 주인 마음을 봐야합니다.

```
▶ 손木궁 (산풍고)
..........................
兄 寅 ━  應
父 子 - -                        未월
財 戌 - -
官 酉 ━  世
父 亥 ━                          午일 (진사공망)
財 丑 -//-  (父 子)
```

주인은 응 형, 난 관을 잡았고 오히려 재가 날 도와줌.
 내가 나가려면 - 주인이 날 극해야 내 말을 안 들어주는 것인데… 뭔가 주객이 바뀜. 주인을 선생님이 꽉 잡고 있다.
 재계약은 선생님 마음대로네요. 아시겠다고…

14. 가게에서 아들과 일하면 맘이 잘 맞나요?

아들명의로 아들과 일하게 되면 둘 사이는 괜찮으냐고, 돈을 탈 탈 털어서 하는 것이라 걱정이라고 합니다.

```
▶ 감水궁 (수뢰둔)
.............................
兄 子 - -
官 戌° ― 應            未월
父 申 -//- (兄 亥)
官 辰 - -
孫 寅 - - 世            申일(술해공망)
兄 子 ―
```

아무리 아들이라고 해도 육효점사는 1 : 1로 서로의 감정을 읽어내야 합니다. 세효는 인목으로 아들 술토를 극하니 아들을 대하는 맘이 이쪽은 편합니다. 근데 부효 신금이 동하여 우리 측을 극합니다.
저 남편 있으시쥬? 네 합니다.

육친비틀기 하면 - 인목의 관효가 신금이니 남편으로 보입니다.
아들은 편한데 남편이 자꾸 잔소리하고 아주머님 편잔 주는디유 했더니 또 깔깔 웃으십니다. 좀 그러시다고 합니다. 남편이 날 힘들게 하는 괘입니다.

15. 그 남자 저랑 끝난 건가요?

일찍 아이 낳고 홀로 되신 분으로 한 동네에 예전에 사귀던 사람과 같은 동네 분을 소개 받아 반년 간 사랑을 잘 키워 오셨는데… 그 동네에 예전 사귀던 분이 있었다는 것이 한 달 전에 밝혀지고 둘 소개 시켜준 분과도 어색어색…

그간의 사연을 많이 얘기하시는데 겸사가 가만히 들어보니 이 분은 그 남자 분을 좋아하는 것 같고, 그 쪽이 강하게 나오지 않으니 혼자 답답해서 - 문자로 잘 있어라 건강해라 - 그 쪽 남자 분은 이쪽은 심각한데 뜬금없이 호박 가져가지 않겠냐고 했고 이 쪽 여자 분은 문자 씹고 있고… 이런 정황에서 나에게 전화 옴

말하는 내내 이쪽 여자 분은 말로는 절대 그를 사랑한다고 표현 못하고 있는 상황을 얘기하고 있지만 내 느끼기에 그 쪽 남자는 이여자의 기대에 부흥하지 못하고 그 답답함을 계속 말하려고 해서 제가 커트 시켰습니다.

그럼 어머니는 저 쪽을 아직 사랑하고 계신데 저쪽 마음은 끝난건지 어떤지 궁금해서 그렇쥬? 했더니 그렇다고 하십니다.

```
▶ 곤土궁(택천쾌) 4효동
..........................
兄 未 - -
孫 酉 一 世            午월
財 亥 一 / (孫 申)
兄 辰 一
官 寅 一 應            辰일(술해공망)
財 子 一
```

세효 유금, 응효 관효, 세효는 금극목, 우리 쪽이 그를 어찌 생각하나요?
세효 입장 - 나는 지금 네가 원망스럽고, 왜 날 거부하는지 도통 모르겠어, 난 너만 있으면 기쁜데… 너 자꾸 내 맘 몰라주면 부셔 버릴거야 훌쩍 훌쩍…
(내가 극하는 입장)

응효 입장 - 난 당신이 모든 면에서 나보다 월등히 나은 것 같고 당신은 외모도 이이뻐 하지만 난 당신이 잘해주면 잘 해줄수록 부담이 가고 그래 나 따지고 보면 잘 난 거 없거든 직업도 돈도… 한숨…
(월일 비교해서 남자 관 직업 휴수하고, 재도 월일 휴수하지요)

동효를 봅니다. - 재가 동하여 둘을 원만히 통관시킵니다. 이게 뭘까요?
(재효는 음식, 돈, 선물)

내가 하는 말이 - 어머니 저 남자는 어머니의 과도한 친절이 무척 부담스럽다고 합니다. 다만 당신이 해준 음식은 나를 힘솟게 하고 내 입에 딱 맞습니다. 했더니 맞아요. 음식이 맛있다고 했어요.
그럼 어머니 이 남자랑 뭔가 결판내려고 살자 말자 그런 얘기 하시면 이 남자는 부담스러워서 도망가니까요. 제발 그런 말씀 하지 마시구요. 음식이나 해서 살짝 가져다가 주시던지 뭐 드시고 없냐고 하셔야 이 분이 좋아서 가까워집니다. 자꾸 확인하려고 들지 마시고요 음식으로 정분을 쌓으셔요.

그럼 호박 가져가라고 했으니 문자 넣을까요?
그류 호박 아직도 있냐고 그 문자 넣으세요. 알았다고 합니다.

금방 전화 오셨습니다. 그렇게 문자를 넣었더니 있다고 문자오고 그럼 먹을께요 라고 했다고 ㅎ 음식 잘 하는 여자가 구원받는 점사였습니다.
나이가 젊든 나이가 좀 들었든 사랑은 이렇게 그쪽은 힘들고 듣는 우리는 웃음만 납니다. (겨울 쯤 소식 들으니 결혼 소리 나온다고 합니다)

16. 아들이 장가간다는데 잘 살지

수퍼에서 생선코너 여사장님이 내년에 30세 아들이 장가를 간다는데 잘 살지… 휴대폰 좀 보자고… 주시기에 오후 18시 58분 일단 8로 나누니 태위택 이길래

```
▶ 태위택(태金궁)
……………………………
父 未 - - 世
兄 酉 —                    未월
孫 亥 —/ (兄 申)
父 丑 - - 應
財 卯 —                    戌일 (신유공망)
官 巳 —
```

6충괘 - 애네들 둘이 깨진적이 있었네요.
네에 그랬어요.
둘 다 환경이 비슷하고 둘이 같은 글자라 같은 맘이라 괜찮유.
잘하면 애 생기겠네유 딸이유 - 둘이 빨리 살면 살수록 부자되고 애나면 더 부자 되유.
(손동 양동이니 음 딸) (계속 일진에서 변효 신금생조, 해수 불멸 계속 생조됨) (충중봉합)
아이고 고맙습니다. 라고 겸사에게 인사합니다.
하시면서 이 아이들의 싸운 얘기 등 과거사를 얘기하시려고 하길래… 적당히 들어드리고 내뺏습니다. (겨울에 결혼 했다고 합니다.)

17. 사귀는 남자가 배필감인가요?

배필감 문제는 영희 철수만 이름만 바뀌지요? 그러니까 공식으로 알고 있으면 언제 어디서나 유용하게 쓸 수 있습니다.

이번 점사도 22세 여자, 지금 사귀고 있는 남자랑 결혼해도 되는가? 즉 배필감으로 어떤가를 묻습니다. 그런데 여기서 잠깐 이 아이가 몇 살 이라구요? 22세 좀 이르지요? 그러니까 좀 길게 봐도 됩니다.

```
▶택지췌 (태金궁)
.........................................
父 未 - -
兄 酉 ─ 應                    午월
孫 亥 ─
財 卯 - -
官 巳 -//- (父 辰)世          寅일(자축공망)
父 未 - -
```

세효에 관효 잡아서 맘에 꼭 들고, 변화하기 전의 마음은 튕겼습니다.
상대방을 개 무시했지요?
아직 미혼 인 분들은 명심 - 이렇게 남자를 동태 되게 만들어야 뒷날 편하니까 첨부터 잘해주면 아니 됩니다. 나에게 말도 못 부치게 쌩하세요. 그러다가 접근 안하면 어쩌냐구요? 에이 그게 남자냐?

하여간 이 아이는 밀당을 참 잘 하였습니다. 그런데 자신이 변하여 진토로 변하고 저쪽 유금과 6합되니 이 아이가 실은 더 좋아하게 됩니다. ㅋㅋㅋ… 에이 이런 얘기 미공개로 할 걸…
그러니까 이 아이는 잘 튕기다가 6합하면 자신이 더 좋아하는 현상이 벌어집니다. 대개의 여자들이 이렇지요?
내가 하는 말이 처음엔 본인이 많이 구박했는데 나중엔 내가 그애가 더 좋아진다는 현상. 지금은 저쪽이 결혼할 분위기가 안 되고 몇 년 있어야 될 것 같으네 그래도 둘은 잘 어울리는데 했더니 방긋 웃습니다.

18. 내부이동을 부탁하면 들어주나요?

공무원, 40대 남자 분, 선배지만 나이어린 사람과 마찰이 생겨서 ... 과장님께 내부이동을 시켜 달라고 하면 자신의 말을 그 과장님이 들어 주냐고 합니다.

```
▶ 택풍대과 (진木궁)
..........................
財 未 - -
官 酉 一                           酉月
父 亥 一 世
官 酉 一
父 亥 一 / (孫 午°)               丑日 (오미공망)
財 丑 - - 應
```

자 이 사람의 질문이 - 이동인가요?
먼저 그 상사가 내 말을 들어 주냐고가 핵심인가요?
네? 둘 다? 으흠 흠 아니지요. 핵심은 그 상사가 내 제안을 들어 주냐는 것이지요.
세효를 응효 축토가 잡아먹을 듯하지요? 내 말을 들어주려면 적어도 나를 극하는 글자는 아니지요.
응이 세효를 생조해야 들어주고 아니면 비화라도 되던지…
그런데 해수가 동하지요?
세효도 해수, 동효도 해수… 이럴땐? 그렇지요 육친비틀기… 동료가 동하지요.
선생님이 못가고 그 동료가 가는데요.
그럼 안 된다고 합니다. 갈 곳에도 폭탄이 하나 있다고 그럼 가나 마나라고 합니다.
그럼 그 폭탄과 바꿔달라고 직접 말하라고 하였습니다.
(결과 - 직접 말해서 본인이 잘 이동되었다고 합니다.)

19. 사위네 고발한 사람과 합의가 되겠는지

지방 어르신이 딸의 문제를 물어보심. 딸네 가게 부분 불법건축물 3번 고발이 되면 원상 복귀해야 한다고 하시는데…
지금 두 번째인데 구청에 가서 왜 고발한 것 처리 안하냐고…
우리 측은 어디 갈데도 없고, 돈을 요구하면 줄 태세…
오늘 고발자와 아는 사람더러 대화해보라고 하신다고 합의가 되겠느냐고…

```
▶ 곤土궁 (지택림) 2효동
..........................
孫 酉 - -
財 亥 - - 應                      酉月
兄 丑 - -
兄 丑 - -
官 卯 -/(官 寅) 世                寅日 (신유공망)
父 巳 -
```

세응 6합 되지요? 이제 보이잖아요. 세와 응만 보셔요.
(우리가 관효라서 돈 주고 나중에 합의했음, 고발 선수에게 걸림)

20. 이 여자와 살면 어떤가요?

40대 남자분이 물음. 40대 홀로 되신 여자 분과 결혼하면 어떠냐고 이 남자분과는 별 교감 없었음. 질문하니까 그냥 하늘에 대고 배필감으로 어떤가를 알려달라고 했지요.

```
▶ 손木궁 (뢰풍항)
..........................
財 戌 - - 應
官 申 - -                          未月
孫 午 ― / (財 丑)
官 酉 ― 世
父 亥 ―                            子日 (신유공망)
財 丑 - -
```

세효 공망 - 나 준비 안되었어요. 나 흠있어요. 나 말못할 사연있어요. 의심되어요
응효 - 토생금으로 당신을 위해 모든 걸 줄테야.
간효 오화 동효 - 동하여 날 극하니까 반대세력
그 여자분 날 위해 평생 헌신할 것이고, 나는 준비가 안 되었고, 의심하고 계신 듯 하고 아이들이 방해해서 결혼이 금방은 안 되고 반대자들도 어느 정도 시간이 지나면 괜찮네요.

그제서야 하시는 말이 우리 애들이요?
이쪽인지 저쪽인지 하여간 아이들 문제로 결혼이 쉽게는 안 될 거에요.
그 여자 분에게 남자는 없나요? 네 없어요.

또 그제서야 하는 말 - 저는 사실 부인과 이혼은 안했고 그냥 떨어져 살고

있거든요. 아이도 있구요.
에헤이 … 겸사 뻭사리 헛발질 봐라 이거…

세효 공망 공식 다시 정리 - 나는 말 못할 비밀이 있어요.
나는 떨어져 살아요 , 나는 의심하고 있어요, 나는 준비가 안 되었어요.
나는 흠이 있어요. 나는 진실이 아니에요. 나는 헤어져 있어요. 나는 맘이 없어요.
왜 이 많은 것 중에 - 선생님 뭔가 비밀 있으시죠? 라고 왜 말을 못해 왜 왜… 나는 어떤 여자 분을 대니까 그냥 설마 준비 안 되었거나, 그녀를 의심하나 부다 했지이…

이 분과 교감이 충분히 됐다고 했을 때의 통변
선생님 그 여자분 재력도 좋고 선생님을 위해 평생 희생하실 겁니다.
근데 선생님은 뭔가 비밀이 있지요.
저 분은 참 좋은 분인데 결혼하려면 아이들이 걸린다고 하니 비밀과 아이들 얘기좀 해보셔요.

이렇게 말했으면 좋잖아요?
아 참 - 이런 재혼점사에는 손효가 동한다고 임신으로 보지 마셔요. 둘 사이에 세효를 극하니까 이건 반대세력으로 보셔야지 손효동은 겸사가 거의 임신으로 보라고 했지 하지 마셔요. 그건 피 끓는 20대 30대초

여러분들도 교감이 없고 저렇게 연세가 있는 사람들은 세효에 공망 잡으면 이 점사 꼭 기억해 놨다가 쓰셔요.

21. 헤어진 남친에게 여자가 있대요.

결혼 직전 시어머니 쪽 반대로 그냥 헤어진 지 1년이 다 돼간다는 여자분. 그 남자를 못 잊어서 저에게 전번에 점단을 부탁했고, 난 11월에 둘이 잘 된다고 했는데 밤에 전화오고 난 딴 고객과 통화 중이라…

그녀가 문자로 그 남자친구를 다시 만났는데 여자 친구가 있다고 한다고… 애타는 내용… 내가 통화 끝나고 점단해서 문자로 보내겠다고…
지금 그 여자와 우리 남자친구가 배필감이며 어찌 되겠느냐고 점단

```
▶ 손木궁 (손위풍)
..........................
兄 卯 ― 世
孫 巳 ―                    酉月
財 未°
官 酉 ―/(孫 午°) 應
父 亥 ―                    寅(오미공망)
財 丑
```

일단 6충괘 통변은 이별 분리 실패 파산… 그렇다면 이 남자의 그녀와도 헤어졌거나 세효 월파니 이번 달에도 몇 번 투닥거린 것 같지요?
6충괘에서 누가 까였었나요? 금극목이니 우리 측 이지요? 그러나 응효 오화로 변화하였지만 공망입니다.
우리 측은 가만히 있는데 저쪽이 동하여 우리측을 극하기도 하고 힘을 빼기도 합니다. 남녀 관계에선 꼭 대효끼리 6합 볼 필요는 없습니다. 4효 공망 미토가 좀 미심쩍습니다.

저 응효 지가 진짜 좋아하는 것은 변효였을 적 오화입장에서 4효 미토인데

미토가 상황이 안 좋습니다.

그러니까 결혼감으론 우리 측이 형효인지라 적합치 않고, 그녀 또한 공망으로 흠이 있거나 진실이 아니고 월파로 둘의 관계가 모호합니다.

또한 그녀는 한마디로 변덕이 있고 우리 측을 좋아하는 것도 아니지만 우리 측 힘을 빼니 아기문제인지 뭔 문제인지… 하여간 둘이 순조롭게 성사되긴 어렵게 보입니다.

그러므로 이런 점사는 시일이 더 지나고 다시 점단해야 합니다.
일단 문자로 - 그 쪽과 완벽하게 끝나진 않았지만 연결되기도 힘든 상태라고 너무 걱정하지 말라고 설혹 결혼을 해도 못산다고 문자로 안심 시킵니다.

(결과 몇 달 후 소식 옴 - 이 남자 저 여자와 결혼해서 살다가 곧 헤어졌다고 합니다. 이 여자가 오미 공망으로 남자가 있었고 또 만나고… 이 남자는 좋은 직장 다니므로 돈 보고 결혼 한 것이고 여자는 1000만원짜리 월세 방 살았고…
이 남자는 뭐에 홀린 듯 결혼했다가 깨졌다고 합니다. 형효 잡아서 결혼해도 못 산다고 한 말이 맞았습니다. 내가 해월에 돌아온다고 한 것은 축월로 응하였음)

22. 재밌는 혼사점

오늘 지방에서 전화가 왔다. 이름을 입력 안 해놔서 잘 모르는데 누구라고 하니 금방 알게 되었습니다. 이 분은 겸사랑 나이가 비슷하신데 따님이 결혼을 한다고 둘이 괜찮느냐고 하십니다.

```
▶ 지화명이 (감水궁)
..................................................
父 酉° - -
兄 亥 - -                          未월
官 丑 - - 世
兄 亥 ―
官 丑 - -                          子일(신유공망)
孫 卯 ―/ (官 辰)  應
```

일단 우리 딸 측 관효 지세하여 맘에 들고 훗날 남편에게 불만이 없습니다. 상대측 우선 그냥 읽습니다. 묘목으로 우리 측에게 들이댔고, 다시 변화하여 관효로 바뀌니 둘은 같은 글자가 되기에 살아도 됩니다. 묘목이 변화를 안 했다면 우리 측 맞고 살수도 있고, 통제가 심하여 힘듭니다.

그런데 재밌는 것이 뭐냐면요? 이건 잠시 뒤에
저 세효 - 월에선 월파, 일에서는 6합 - 이런 것은 이 둘이 순조로운 결혼이 아니라 싸웠다가 만났다가 이런 일들이 좀 있다는 뜻으로 봐도 됩니다.

결혼을 하려면 - 재효도 봐줘야 돈들은 준비되었나? 부효는 집은 준비되었나?를 슬쩍 한 번 씩 눈에 들어오면 봐줘도 되는데… 실상 급한것은 둘이 해로하느냐 그것이 문제니 그것부터 해결해줘야 됩니다.
저 응효가 손이 동하여 관으로 되지요?
저 손변관은 - 아이를 낙태 했어요도 됩니다.
그런데 이쾌에선 응이 거기에 걸려있습니다.

아이가 동하긴 하는데 관으로 바뀌니까 임신을 의심해봐야 합니다.
단독적으로 동했다면 낙태를 의심해야 하지만 - 이걸 또 굳이 엄마에게 고자질 해봐야 우리가 괘씸죄에 걸립니다. 누가 물어봤냐고… 그러니 여러분들은 눈에 들어온다고 모두 말하면 뭐야 아마추어 같이… 가 됩니다.

남자측이 손이고 손이동하니… 이렇게 통변해야 옳습니다. 그 남자가 아이를 임신시켰다.
내가 확신이 안갔습니다. 애를 뗀겨? 아님 임신 시킨겨? 여기서 오락가락 하다가 그냥 아무소리 안했습니다.

어머니께 둘이 결혼까지 몇 번 싸우고 화해하고 했쥬? 그렇다고
저 남자가 어떤 땐 우리딸을 서운하게 하고 지 맘대로 하는 것 같아도 막상 결혼하면 지금하고 다르게 잘 한대유 사위감으로 괜찮유 했더니…
(목극토 - 남자가 극했다니까 엄… 19금… 덮쳤다? ㅎㅎㅎ)
또 다른 통변은 지맘대로 했다, 왜? (목입장에선 토가 우스우니까…)

딸이 임신을 해서 빨리 결혼식 시키려고 하는 중이라고 합니다. - 임신했쥬? 하고 지를걸… 아이고 아까비… 아! 그랬슈? 이쁜 딸 같유 했더니 또 그러냐고 하십니다. (손 양동 음 변효… 묘목은 자오묘유 이쁨)
이제 실수 안 할 것 같습니다. 여러분들도 혼사점 배필감 물어볼 때 손효동하면 거의 임신이 확실합니다.
내가 확 못 지른 것은 - 아이점사라면 아이가 문제가 생기는 것이라 손변관 자손이 아프다 자손이 시체 되다. 이렇게 남자와 같이 걸리면 임신 시켰다 입니다.
전화점사에서도 겸사가 배우니까 전화점사도 가끔 이렇게 날 교육시킵니다. 이런 분들은 복채를 내가 드려야 되는데… 여러분들도 이런 점사 나오면 확 아셨지요

심리점사 219

23. 홀 시아버님이 절 어찌 생각하나요?

```
▶이火궁 (화수미제)
.........................
兄 巳 ― 應
孫 未 - -                    戌月
財 酉 ―/(孫 戌)
兄 午 - - 世
孫 辰 ―                     巳日(인묘공망)
父 寅 - -
```

세응 비화로 둘 다 같은 맘이니까 먹은 맘이 없는 것이지요? 재가 동하여서 회두생 받지요?
　이번 달에 아버님이 돈을 주실거유. 했더니 피식 웃으며… 아니 어이가 없다는 듯이 돈을 얼마나 가져 가셨는데요 그럴리가 없어요.

　아버님은 무엇을 하시냐고 했더니 직장을 얻으셔서 직장 다니신다고 합니다. 재가 동하였지만 나도 형제 너도 형제효 잡았는데 돈이 어떻게 오냐구요? 재동 하면 무조건 돈 들어옵니다.

24. 제 동료가 그녀와 결혼할까요?

이 얘기 저 얘기 하다가 같이 공부하셨던 선생님이 드디어 애인이 생기셨다는 기쁜 소릴 들었습니다. 그런데 왠지 결혼을 미룬다고 하여서 그렇게 걸(girl) 걸을 외치던 사람이 이게 뭔 소리냐고 물었더니 선생님이 점쳐 달라고 하여서 선생님이 치라고 하여서 결혼까지 가는지 물었습니다.

```
▶ 택수곤 (태금궁) 2효동
..............................
父 未 - -
兄 酉 ㅡ                           申월
孫 亥 ㅡ 應
官 午 - -
父 辰 ㅡ / (官 巳)                 酉일(인묘공망)
財 寅 - - 世
```

이렇게 결혼 말이 오가는 사람
- 6합 괘가 처음 나오면 이미 ㅎㅎㅎㅎ 19금

세효 재효 지세 공망에 월파 일에서 극하니 - 이번 달에도 싸웠고, 결혼할 마음 전혀 없고, 누가 말해도 듣지도 않을 것이고

세효의 외침 : 난 이 여자가 싫어요.

역학인이 볼 땐 : 세효에 재효 임하여 훗날 불만 없겠구먼.

응효 해수 월일 생조 받아 우리를 생조하고 인격도 좋고 집안도 좋구먼 다만 직업이 약하고 현재 현금 부족인데… 뭐하냐고 하니 영어강사, 직업도 안 좋다고 불만이 있더라고…

가택효 2효 부효를 동하게 해서 그녀를 극하니 이는 부모님 핑계대서 그녀

를 공격하여 결혼을 안 하려는 전략인데…

  그 선생님이 그녀가 돼지 같다고 싫다고 하쥬?

  아니 선생님 어떻게 아셨어요?

  어려서 수영했는데 어깨가 벌어져서 싫대요.

  길거리에서 저 여자 닮았냐고 하니 아니라고 하고…

  응효 해수를 봤잖유 아하…

  어이 ㅊ 선생 보고 있나?

  그녀 좋은 여자구먼… 훗날 불만 없고 좋구먼… 복을 받아들여야지… 안타깝네요. 내가 예전에 이뻐봐서 아는데… 그거 별거 아녀

  제발 옛날 생각 좀 하시길…

  그나저나 저 여자 분은 누가 말려도 우리 선생님 포기 안 할 것 같은데… 그녀야 좀 튕겨라 잘 해주니까 저러 잖어… 못 되게 굴어야 사랑 받는 거

  (결과 - 결혼하여서 아이까지 태어났다고 합니다. 3월 엊그제 다녀감 아이 사진도 보여주고…)

25. 모 정치인 캠프에서 절 받아 주나요?

40대 남자 제자 선생님 - 국어국문학과 나오시고 경영학과로 전과하셔서 지금 박사과정 수료만 하셔서 논문만 쓰시면 되는데 좋은 직장에 다니십니다. 강상원박사 어학이야기, 금문의 비밀 이야기, 공직얘기… 정말 시간이 언제 가는지 모르고 이야기를 했습니다.

오늘은 통계이야기 갤럽이야기… 우리 학과는 통계는 너무 쉬워서 사주명리가 많은 세월이 지난 뒤 통계논문을 권한다고 교수님들이 그러셨다고 하고 경영학과는 미국의 대통령 선거 때 갤럽 때문에 통계가 쫙 퍼져서 꼭 통계가 나와야 논문이라고 해서 얼마나 웃었는지…

저번엔 정읍사, 이번엔 청산별곡에서 국어국문학자가 해결 못한 부분 얘기며… 그리고 같이 공부하셨던 천 선생님이 결혼한다는 소식, 외국 나갈 수 있느냐는 점사도 보고…
정치적 이슈 얘기… 그러다가 모 정치인 캠프에서 받아 주냐고 점단했습니다.

> ▶ 곤土궁(택천쾌) 상효동
> ....
> 兄 未 -//- (兄 戌)
> 孫 酉 一 世   戌월
> 財 亥 一
> 兄 辰 一
> 官 寅 一 應   丑日(술해공망)
> 財 子 一

세효 저 의지 봐라 참 …
가고 싶은 열망 월 일 동효에 의해 유금의 의지 단연 최고봉

문제는 응효가 여건이 안됩니다. 응이 극을 받는 것은 아니지만 인목상황이 안됩니다. 선생님은 가고 싶은데 그 쪽에서 여건이 안 되는 것 같네요 했더니 저쪽 정치인 쪽에선 전화해보니 봉사단체만 받는다고 해서 점단 한 것인데… 역시 여건이 안 된다고 하니… 우리 선생님 실망합니다.

(결과 - 이점은 12년 10월 말일에 친 점이고… 모 정치인 캠프가 안철수 대통령 후보 캠프 였는데… 다들 아시지요? 후에 문재인 후보에게 양보했던 것으로 이 점사에선 응 상대방의 여건이 저런 사연이 있었습니다.)

26. 직장 동료 언제까지 인연인가요? 흑흑

겸사네 집 자주 두 분이 오셨는데 지금 우시는 분은 40대, 그 분과 같이 오는 분은 50대 초반 여자분들, 대부분 50대가 이분 복채까지 내주심.

같은 직장 다니시며 지금 우시는 분이 겸사보기엔 눈에 눈물이 가득 고여서 겸사가 늘 연민을 느껴서 이 분 잘해드리라고 늘 부탁했는데… 오늘 과제하고 있을 때 이 40대분이 울면서 너무나 속이 상해서 겸사에게 전화했다고 합니다.

느닷없이 그 분과 인연이 언제까지냐고 합니다. 직장을 그만 두고 싶다고 하여서 둘이 앞으로 어찌 되는지를 물었습니다.

```
▶ 태金궁(뢰택귀매)
........................................
父 戌 - -應
兄 申 - -                    戌월
官 午 一 / (父 丑)
父 丑 - - 世
財 卯 一                     卯일(진사공망)
官 巳 一
```

세효 응효 같은 토, 오화 동하였지만 세응을 변화시키진 않습니다.

저기유 선생님 둘이 끊어지진 않는디유 했더니
엉엉 우시면서 그간 저 응효에 대한 원한을 얘기합니다.
오늘은 어디 보살집에 다녀왔는데 너는 재수가 없는 애라 빨리 절교하라고 했다고 하고 어떤 보살집에 다녀왔는데 넌 애들이 절대 잘 되지 않는다더라…

나는 그 말을 잘 받아주다가 아이구 참 선생님도… 그게 울 일이 아닌디유 어떻게 보살이 애들 미래를… 말 같아야 울고불고 하지 그걸 뭘 가슴속에 담구 그류 울지 말유…

했더니 자신은 너무나 잘될 사람이고 이 사람은 하찮은 사람으로…
그래서 그 보살네 전화번호 알려 달라고 해서 가만 안둘 거라고 합니다.

그렇게 말하는 보살이나 또 그 걸 전달하는 사람이나…
저기유 선생님 오늘 하루만 꿀떡 삼키세요. 내일이면 괜찮아지실 것 같아요. 같이 다니시는 분이 점쳐보니 먹은 맘이 없네요 선생님을 우습게 알면 당장 그 분과 헤어지라고 하겠는데…
그렇게 말해놓고 자신은 다 잊었나비유 했더니
그분은 7년을 그렇게 말하고 생각이 없다고…
자신이 상처 받는 것을 모른다고…

내가 여기 오면 혼내 드릴게유… 그렇지 않아도 오시는 분께 O 선생님 같은 분 없다고 난 선생님 험담 안 했넌디…
네 선생님 검사 선생님만 제 욕을 안했다고…
저 잘 해주라고 했다고 하더라구요.
아 그류? ㅎㅎㅎ 오해 하지 않으셔서 다행 이네유
했더니 그분이 너무나 억울해서 검사에게 전화했다고 죄송하다고 합니다.

여러분 보셨지요? 입에는 언령, 구령이 들어 있어 이렇게 사람을 죽입니다. 너무 아군 편에서만 띄워주고 다른 사람을 죽여 놓으시면 안됩니다.
아이구 참…

(결과 - 둘이 오해 풀고 요즘도 자주 오심)

27. 이 사람이 절 배신하나요?

함께 일하는 사람인데 이 사람이 뒤통수치면 막대한 손해가 된다고
걱정이라고 해서 그 분이 1년 동안 괜찮겠냐고…

```
▶ 곤위지 (곤土궁)
........................................................
孫 酉 -//-(官 寅) 世
財 亥 - -                              丑월
兄 丑 - -
官 卯 - - 應
父 巳 - -                              辰일 (신유공망)
兄 未 - -
```

1 : 1 심리이고 우려점이지요? 그가 날 동하여 극하면 안되겠고…
간효가 발동하여 날 극해도 문제가 되지요?

항상 변효는 나중에 보는 습관

세효 유금 공망이지만 응효 묘목에겐 칼 자루 내가 들고 있지요?
근데 묘목은 정효로 가만히 있는데 누가 움직인다? 세효지요?
손(편했다가), 변 관(불편했다가) - 내가 계속 갈등하고 의심하는 거지요?
이런 점사는 암기했다가 늘 쓰셔요.

쌤이 혼자 믿었다가 의심했다가 하는구먼.
네 제가 좀 그랬어요. 합니다.

28. 이 여자랑 살면 어떤가요?

50대 남자 분, 국내사시는 분 아님.
주춤 주춤 전화로 말을 못 하시길래 기다리고 있는데 하시는 말씀
5년간 사귄 40대 여자 분과 살게 된다면 어떤지 즉 결혼을 한다는 것을 의미하는 말씀.

```
▶ 곤土궁 (수지비)
..........................
財 子 - - 應
兄 戌 一/ (財 亥)              巳月
孫 申 - -
官 卯 - - 世
父 巳 - -                      丑日 (진사공망)
兄 未 - -
```

세 관 묘목 월일 환경 안 되고,
저쪽 응효 자수 월일 환경 안되고… 벌써 긍정적으로 보기 힘들지요?
형효 동하여 그녀 극하고 6충 되고…

세효에 형효만 안 잡으면 보통은 통과인데 이 괘는 둘 다 환경 불량으로 보임. 안 되유 그냥 더 사귀유
지금도 환경이 안 되고 그녀는 문제가 생겨요.
둘이 아마 사시는 건 안 되실 거에요.

저거 6충 되면서 그녀 너무 쎄게 건드리니 이게 바로 살면 죽는다는 그런 괘로도 보입니다… 이것은 말 안해줌.

29. 잘해주는 것과 좋아하는 것을 구별 못하는 여자

우리 선생님은 49세, 공무원 당연히 유부남이심.
여자분 한 분이 자꾸 괴롭힌다고 언제쯤 자신을 포기할지 궁금하다고 하여서 앞으로 그 분이 어찌 나오냐고 물으라고 하고 점단을 하는데

기도하기 전에 하시는 말씀이, 잘해주는 것과
좋아하는 것을 왜 구분을 못하지? 하시며
한숨을 길게 내쉬시기에 난 웃음이 나서 죽습니다.
(나도 좀 그런 편이라서 ㅎㅎㅎㅎ) 내가 여자들 다 그렇지뭐 했지요.
속으로 기도하시고 주사위를 던졌습니다.

```
▶ 뢰화풍 (감水궁) 4효동
  ..................
  官 戌 - -
  父 申 - - 世            巳月
  財 午 一 / (官 丑)
  兄 亥 一
  官 丑 - - 應            丑日(오미공망)
  孫 卯 一
```

세응 일단 봅니다.

세효 부효 잡아 기분 우울합니다. 한 숨 쉬실 만하고,
그녀 관효 잡아 축토로 토생금합니다. 그녀는 이 분이 참 좋습니다.
재가 동하여 재공격 들어 오길래
그 분이 선물 주셨지요? 재효 공격 음식… 이런 것 들이대지요?

심리점사 229

건강 팔찌도 주고… 맘에 안 드는 것만 사주고,
자꾸 밥 먹자고 하고 노래방 가자고 하고 죽겠습니다.

천금부에 살이 날 생한다고 길로 판단하지 말며… 딱 이케이스
난 부효 잡아 꿀꿀한데 축토 관이 날 생조 한다고 길로 판단하지 말며
극함이 있는 곳에 길도 있다는 구절
세효를 극하면 무조건 흉한데 예외 3가지
기다리는 사람이 극하면 - 꼭 오고
재가 동하여 극하면 -돈 들어오고
근심점에 관효 잡았는데 손효 동하여 극하면 - 근심이 먼지 같이 없어지고
여기서 저렇게 싫은데 재동하니 고가의 선물은 아니지만 여러 선물 들어오고
밥 먹자고 하고…

세효에 재효나 손효를 잡고 저쪽이 날 생하면 세효는 기분이 좋건만…
그나 저나 저 재효 사오월까지 힘이 쎄지요?
내가 두 달 동안 재공격 들어 올거에요. 한달만 더 참으시라고 합니다.
내가 그렇게 싫으시냐고 하니 같은 50대끼리 뭐가 좋을 게 있냐고 하여서
또 얼마나 웃었던지…

30. 재혼 궁합

44세 여자분 이혼 하고 몇 번 선보다가 만난 분이라고 합니다.
한집에서 2층은 시어머니, 1층은 이 여자분, 전처 자녀 두 명
이렇게 살아야 하는데 혹시 또 이혼, 불화 하는 것 아니냐고

```
▶ 지천태 (곤土궁)
........................................
孫 酉 - - 應
財 亥 -//-(兄 戌)           未월
兄 丑 - -
兄 辰 ―  世
官 寅 ―                    寅일(오미공망)
財 子 ―
```

여자의 혼인점에서 궁합공식 한 번 짚고 넘어갈까요?
세효에 관 잡아라 - 지금도 남자로서 맘에 들고 사는 내내 별 불만 없으리라.
응이 생조해라 - 내가 해달라는 대로 다 해준다.
세 응 비화 되어라 - 같은 맘이니 손해 보지 않는다.

이제부터 좀 위험한 관계가 시작되지요?
세가 응을 극해라 - 니가 꽉 잡고 산다.
세가 응을 생해라 - 니가 그사람 사랑하면서 끝없이 그 사람을 위해 헌신하리라.
응이 세를 극해라 - 니가 꽉잡혀 살고 그가 시키는 것은 다해야 하고,
제약당하고 자유가 뭔지 모를것이며 가끔 주먹도 날아오리라.

이걸 염두에 두고 통변합니다.

세효 형효 - 형효는 돈 쓰는 글자, 나 계산 해봤어요.
저 응효 유금이 끌려요 내가 토생금이니까
재효 동하니 그가 나에게 선물 해준 것도 있었어요.

이걸 또 내식으로 통변했슈 본인이 더 좋아하네유.
돈이나 선물 좀 해주던가요? 눈 수술해 줬고 , 선물 들어 왔다고
살면서 내가 계속 보살펴 주고 도와줘야 할 사람인데
자신 있냐고 했더니 그사람이 좀 욱하는 성격이 있다고
그래서 이혼 하진 않을 것 같냐고…

어디서 상담 받았는데 거기 들어가면 죽는다고
옆 집 얻어서 살아야 한다고 했다고 합니다.
근데 이 여자 분은 혼자 외롭게 살다간 죽을 것 같고
결혼해서 살아도 죽을 바엔 들어가서 살다고 죽고 싶다고

본인이 괘를 낸 것이니 이를 토대로 얘기하면 죽고 어쩌고는 없고
  본인이 그를 계속 사랑한다고 하니 그 쪽이 변화하여 날 버리고 이런 일은
없을 것이고 이 괘는 이혼 할 괘는 아닙니다.

진유합은 아시다시피 끈끈하게 이미 서로 거시기 했고
동효가 진토나 유금을 방해하지 않아서 괜찮습니다.
근데 왜 내가 생조 하는 것이여. 좀 아쉬운 점사입니다.

31. 이런 젠장 골프채를 선물하라니…

금융일 하시는 그 선생님 이렇게 저렇게 해서 일이 잘 성사되어
수수료를 받았는데 성사시켜준 사람들에게 사례를 뭘하나 했더니 그 당사자 분이 자기하고 또 옆 사람에게 골프채 사달라고 한다고 밤늦게 전화하셔서 이거 안 사주면 그가 어찌 나오냐고 물어보심.

```
▶ 곤土궁(택천쾌) 초효동
............................
兄 未 - -
孫 酉 一 世              未월
財 亥 一
兄 辰 一
官 寅 一 應              申일(오미공망)
財 子 一/ (兄 丑)
```

먼저 어엄 전 이점사 콕 찍어서 맞췄어요. 선생님들도 맞춰보셔요.
골프채 선물안하면 그 사람이 어찌 나오나요?
세효 유금, 응효 인목 자수가 동하여 통관 시켰어요.

재효가 동하여서 둘 사이 통관하지요?
통관도 되면서 사실 인목에게 들어가지요?

그래서 내가 이렇게 말했지요. 선생님께서 골프채는 선물 안하시더라도
대신 그분에게 돈이나 선물 주신다고 나오는데요.
그러자 아 예 선생님 그냥 100만원 둘이 나눠가지라고 할려구요.
그게 낫겠지요? 네 그러셔요.

난 예전에 순진해서 골프채 안사주면 응이 어찌 행동하는지만 뚫어져라 봤지만 이젠 제가 성숙?해서 ㅋㅋㅋ 까져서 재동하니까 돈 주겠구먼 이렇게 휙 들어옵니다. 주체 측의 농간에 안 속지요 ㅎ

이거 물어보는 사람은 내게 골프채 안 사주면 그가 어찌 나오냐고 물었지만 속마음엔 그냥 돈 주는 건 괜찮은데…
하는 속마음을 내가 훅 읽은 거지요.

32. 남편과의 관계를 알고 싶어요.

질문의 주인공 27세. 띵동해서 문을 열어주었는데 무슨 수퍼 모델 인줄 알았답니다.

결혼했냐고 문자 했다고… 신수점에선 별 것 안 잡히고 젤 궁금 사항부터 점단하자고 하니 남편과 사이가 어떨지 알고 싶다고…

```
▶이火궁 (천화동인)
..........................
孫 戌 ―  應
財 申 ―              申월
兄 午 ―
官 亥 ―/(孫 辰) 世
孫 丑 - -            丑일(술해공망)
父 卯 ―
```

1: 1 점사 세효 애초엔 관효 잡았고 응은 술토 공망이라 내가 말하길
남편이 휴가유? 출장갔유? 휴가에요.

본인은 그 남편이 맘에 들었다가 요즘은 이혼하려고 하지요?
네 그렇다고 불만사항 쏟아져 나옵니다.
이제 내가 심문합니다. 남편 직업, 나이, 성격 등을 물었더니,
연애도 6년 했고 남편과 결혼 한지 1년 안되고 남편과 띠 동갑(한바퀴 많음) 저 괘에선 술토가 잠시 공망이고 축일에 생조 받아 인품 괜찮고
재물도 괜찮고 밤생활도 물어보니 괜찮고 (그 정도면…)
의심점은 딱하나 흠모하는 남자와 비교되는 것, 1시간 정신교육 시킴

33. 내 남자와 그 여자

직장인 여자분 50대, 애인 분(국어국문과 출신, 로맨틱함)을 직장회식 통해 인사를 몇 번 직원들과 인사했는데, 작고 아담한 여직원과 내외를 하던데 이 둘을 그냥 계속 함께 만나게 해도 둘이 눈이 안 맞는지 물어보심.

```
▶택지췌 (태金궁)
..........................
父 未 - -
兄 酉 ─ 應                    申 월
孫 亥 ─
財 卯 - -
官 巳 -//- (父 辰)世          寅일(술해공망)
父 未 - -
```

지정된 사람이라면 우리 측 그녀 나눠 보시라고 했지요?
우리 측인 사화가 유금, 응효를 벌써 심리적 호기심 발동하여
극하니 남녀 관계에서 이런 극심리는 무슨 의미?
이것은 작업 걸다, 니가 쉬워 보여, 널 극해 볼꺼야. 그러다가 누가 변화하나요? 우리 측이지요? 진토로 변화하여 유금이 많이 이뻐 보이고 자꾸 끌립니다. 현재는 상황이 안 되어 상황 되기만 기다려주면 됩니다.

내가 지금은 상황이 안 되어 어쩌지 못하지만 이대로 놔두면 진토가 합됩니다. ㅎ 만나지 않게 하셔요 했더니 세 번 정도 만났는데 자꾸 둘 다 내외를 하더라고 합니다.
사랑은 존경 혹은 연민 이 둘 중 하나입니다 ㅎ

(결과 - 이 문제로 여자 분이 남자 분과 머리 터지게 싸우고
화해하고 … 결국 이 아담한 여자분 딴 데로 전출 갔음 ㅋ)

34. 거기가면 사과를 받을 수 있을까요?

어제 서점에 아이와 갔는데 계산대에서 있을 때 아이가 화장실 가고 싶다고 하여 계산 치르다 말고 갔는데 직원은 상품권 안 받았다고 하고 난 받았다고 하고 설왕설래로…

오늘 다시 갈건데 그 쪽이 어찌 나오냐고 물어보고 가고 싶다고 하심

돈 문제보다는 자존심 문제라고… CCTV 확인하자고 할 판이라고…

```
▶ 이火궁 (산수몽)
........................
父 寅 ―
官 子 - -                          未月
孫 戌 -//-(財 酉) 世
兄 午 - -
孫 辰 ―                           丑日(진사공망)
父 寅 - - 應
```

나 우리 측 세는 술토이고, 응 상대측 인목

응의 인목이 변효 되기 전의 우리 술토를 극하고 있다.

세가 동하면 누가 움직인다?

세가 변효로 유금 만드니 금극목으로 인목 부셔버립니다.

네 가시면 꼼짝 못하실 거고 돈 생긴다고 합니다.

저녁때 결과 보고 해주심 - 사과 받았고 책으로 주신다고 하길래 되었다고 함.

35. 아들이 여친과 헤어지고 힘들어 합니다.

아버지가 물으심
대학생 아들이 여친과 헤어지고 밤늦게 계속 들어오는데
언제쯤 정상이 되겠느냐고 물으심

```
▶ 진木궁 (뢰풍항)
..................
財 戌 - - 應
官 申 - -                    酉月
孫 午 ―
官 酉 ― 世
父 亥 ―/ (孫 午)           亥日(진사공망)
財 丑 - -
```

누구의 정상화? 자손이 용신입니다.
월일 비교하니 오화 손효 처량 맞습니다.
부효까지 와서 극하니 저 자손 안 되었습니다.

인묘일부터 괜찮아진다고 하기 그런게… 일진이 동효 해수를 강화시키고
좀 길어져서 인월이나 괜찮아질듯한데… 내가 완전히 끊긴 것 맞냐고 하니 완전히 끊어졌다고 합니다.
오화 살리려면 형효가 끼어야 되는데…
군대갔다왔으나…
주변에 친한 친구도 없다고 그래서 동료들에게 술도 사주었다고 함.
형효는 돈 나가게 하는 글자. 누구의 손에서? 아버지 손에서
30만원만 주라고 그래서 아이 기 살리라고 했습니다.
저 아이… 정말 힘들어 보이지요? 자손 살리려면 형효 써라가 답입니다.
이젠 이런 것 점 안쳐도 상식으로 알지요.

36. 이런 사랑

국제 전화, 30대 후반의 미혼녀.
애인과의 문제 어렵게 어렵게 겸사에게 털어놓는데…
그 애인이 자기랑 속궁합이 잘 안 맞는 것 같다고…

이 아가씬 한국 나와서 거시기 수술을 하련다고…
수술을 한다면 남친과 사이가 좋아질런지 물음

```
▶ 건金궁 (산지박 )
  ............................
  財 寅 ―/ (兄 酉)
  孫 子 - - 世              戌月
  父 戌 - -
  財 卯 - -
  官 巳 - - 應              丑日 (술해공망)
  父 未 - -
```

겸사가 말하길 으음 어쩐다니…
장기간 좋아지진 않는 점괘인데 어쩐다니…
그럼 단기간은 좋아하나요? 응.
그 남자 지금 환경이 안 좋아서 직업, 돈 쪽이 안 풀려서 힘든거지 꼭 OO
씨 거시기 때문에 그런 거 같진 않구먼 네에
꼭 그 사람이어야 한다면 그 사람이 잠깐 좋아할 때 결혼하던지 그려
아니면… 걍 사귀기만 하지 그려 목숨 걸고 그러지 말고
네에 그래도 수술은 하려구요. 으음 그려 그려 했습니다.
한국 나오면 들르겠다고… 으음 그려 그려
세효 응효 약하디 약한데 그래도 상효 재가 통관하고 회두극 맞지요?
6충은 … 오래유지 못한다. 혹은… 나 수술 안하겠다.
(결과 - 역시 세효의 의지가 저리 나약하면 안함)

37. 재혼 궁합

46세의 조선족 여인 남편 사별후 고등학교 다니는 아들과 함께 사는데
우리나라 49세 남자 몇 번 이별하신 분이라고…

밤늦게 전화 -일 때문에 못가서 그러니 전화로 궁합을 봐달라고 하심
여자 분은 까만 눈동자에 빛이 번쩍 번쩍 나시고 단아하고 정숙하신 분
우리 집에 어머니 모시고 오시고 사별 전에 남편도 같이 오셨었고…

```
▶ 화산려 (火)2효동
......................................
兄 巳 ㅡ
孫 未 - -                    亥월
財 酉° ㅡ 應
財 申° ㅡ
兄 午 -//- (官 亥)           未일(신유공망)
孫 辰 - - 世
```

세효에 손효를 잡았네. 난감하다. 이런 어떻게 말을 꺼내지?
난 머리 막 돌리고 있고…

혼인점에서 여자가 세효에 뭘 잡지 말자? 손효지요?
(여기서 잠깐… 처녀가 오래도록 만난 연인 궁합볼 때 세효 손효
  혹은 어머니가 딸의 혼사 묻거나 하면 세효 손효는 임신 되었습니다도 같
이 응해요.
  이건 조심해서 살피셔요 - 그건 괜찮아요 하늘이 우리에게 야 얘 임신 했어
를 알려주기도 합니다)

자아 겸사가 이분에게 뭐라 했을까요? 내가 선뜻 말을 못 꺼내고 으음 … 음 했더니 괜찮다고 사실대로 알려달라고 하십니다.

정이 많이 들지 않으셨다면 서두르지 마시고 좀 지켜보셔야 할 것 같아요. 그분 다 못한 말이 있고 가족이 좀 반대하지만 그건 뭐 그러다 마는데 잘생기시고 돈에 대하여 사정이 있지만 차차 나아질 겁니다.

이 정도 말했더니, 그 상대방은 스카이 대학 중 한 곳을 나왔고 이별했고 그 가족이 자신을 너무 좋아하고 남편에게 받지 못한 대접을 받으니 좋았다고 그런데 자신의 엄마와 아들이 그 남자 만나면 안된다고 이용당한다고 심지어 아들은 집을 나가겠다고 하고…
그 남자분에게 갚아야 할 빚이 1억 정도는 된다는 건 알고 있다고…
내가 그 분이 못한 말이 좀 있는데 혼인신고나 결혼식 등은 좀 미루시고
그냥 사귀어 보시라고 하니 자녀가 없다고 했는데 혹시 있느냐고
여기선 두 세명 정도 보인다고 하니 지갑에 여자애 사진이 있어서 누구냐고 하니 누나 딸 즉 조카인데 그 사진 빼고 이 여자분 사진으로 바꾸더라고…

그 쪽 집에서 자신의 사주를 철학관에서 보고 왔는데 자기네 아들을 부자로 만드는 사주라고 해서 그 가족이 너무 잘해준다고…

이 점사에서도 선생님이 나중에 그 사람 뒷수발 다 들어야 하고,
나중엔 존경심이 떨어져서 힘들 것 같은데요.
서로 같은 글자를 잡던지 그 쪽이 날 좋아하는 맘이 오래되어야 하는데
내가 밀어주고 내 힘을 빼는 글자를 잡았는데 어쩌쥬?
실망 하셔서 결국 이혼까지도 할 수 있는 궁합이라고

그러냐고 또 비밀이 없을까요? 물으시기에

그 분 지금 선생님만 만나는 것 같진 않유.

잘생기셨고 주변에 여자가 많은데… 결혼하신 분들과도 연관이 있는 것 같아요 끼가 좀 있다고 봐야 하넌디…

모든 여자들이 그 남자를 보석으로 보는데… 미안휴

아니라고… 잘생겼고 키도 크고 매너도 좋다고

그런데 자신의 아들이 너무 싫어하여 오늘도 무릎 꿇고 아들에게 이 남자 안 만나겠다고 싹 싹 빌었다고…

진짜 배필이 언제 오나 봐줄까요? 다시 괘를 뽑으니 뢰천대장 3효라… 이번달은 임자 있는 사람이고 다음 달에 좋은 남자 나와요…

일단 안정제를 투입

(결과 - 더 알고 보니 술 마시면 추태부리는 주사 있음 보았다고… 결혼은 하지 않겠다고 연락 옴)

38. 산후도우미 아주머니

새댁이 아기를 낳아서 산후도우미를 쓰는데
아주머니가 좀 이상해 보이는데 잘 할 사람이냐고 피해 줄 사람이 아니냐고 물음.

```
▶ 풍택중부 (간土궁)
................................
官 卯 ―
父 巳 ―/ (財 子)              戌월
兄 未 - -  世
兄 丑 - -
官 卯 ―                        子? 戌 (신유공망)
父 巳 ―   應                   (날짜 이쯤)
```

나는 처음 그냥 가볍게 그분이 새댁을 도와주려고 하긴 하는데
상황이 너무 안 된 사람이구먼, 나쁜 사람은 아닌데… 걍 힘든 사람이여 이렇게만 이야기 했습니다.

그런데 오늘 전화가 와서 그 아주머니에 대하여 말해줍니다.
이혼한 남자와 결혼하였는데 그 남자가 개패 듯 패서 못살고 나왔고…
거기 딸이 있다고 합니다. 그 딸은 호주가서 살고 있고, 그런데 이 남편이 갑자기 자살했다고 딸에게 연락이 안 되자 이 도우미 아주머니에게 연락이 와서 가게 되었다고 그래서 관뒀다고 합니다.

선생님이 힘든 사람이라고 하는데 정말 불쌍했어요. 하면서
잘해 주려고 하는 마음은 있었던것 같은데 일은 정말 못했어요 그냥 가사도우미지 아이도 못 보고요 합니다.

나는 이 점사를 보고 깨달은 것이 몇 개 있습니다.

이 점사를 물어보는 새댁은 아주머니가 혹시 자신에게 해가 되는가를 물었기에 나는 그런 사람은 아니다는 것만 말했고, 이괘에선

월일 휴수하니 힘든 사람이기도 하지만 일은 못한다는 것을 알려주었고

5효 사화가 동하니 - 아마 같은 사람이 교체될 것 같다는 것을 알려준 것으로 보입니다.

왜 똑같은 글자가 동하였을까? 일단 온다는 것을 보여준 것 같습니다.

그리고 해월이 오니 응효를 밀어냈는가? 하는 것을 추측하게 합니다.

사화변 자수는… 회두극으로 볼게 아니라 똑같은 사람(도우미)가 子일날 들어온다.

이렇게 보아야 될 것 같습니다.

또 사화변 자수는 - 응효의 5효 주인인 왕 남편이 회두극으로 죽는다. 이런 뜻으로도 볼 수 있습니다.

하늘은 저괘를 어떻게라도 응용하라고 저에게 알려줬는데

나는 너한테 해를 끼치진 않어 근데 힘든 사람이여 이것만 해결했습니다.

이 새댁은 선생님 그 분 정말 힘든 사람 맞았어요. 이것만 신기해합니다.

새댁은 그것이 감동이지만 난… 더 정확히 디테일하게 못 읽은게 부끄럽단다. 에휴… 10년만 더 하면 훤하게 읽혀지겠지요?

39. 남동생이 안 풀리는게 올케 탓인가요?

동생에 대해서도 볼 수 있느냐고 해서 어떤 것을 묻고 싶냐고 하였더니,
동생이 안 풀리는 게 올케 때문인 것 같다고 엄마가 철학관서 들었다고
그러신다고… 이혼을 하면 나은지… 속으로 얼마나 안 풀리면 저럴까 하는
마음 둘 사이는 어떠냐고 물으니 그저 그렇다고…
둘이 계속 앞으로 어떤가를 점단합니다.

```
▶ 손木궁 (풍천소축) 상효동
  ┄┄┄┄┄┄┄┄┄┄┄┄┄┄┄┄┄┄
  兄 卯 ― / (父 子)
  孫 巳 ―                    戌月
  財 未 - - 應
  財 辰 ―
  兄 寅 ―                    戌日 (자축공망)
  父 子 ― 世
```

세효 우리 동생 측, 응효 올케 측, 우리 동생 자수 공망에 월일 힘겹고
저쪽 응효 월일 생조 받아 인품은 괜찮으나 우리 쪽 무시?
형제효 상효 그런 미토 때리고…

미토에게 대접받으려면 관 오행상 금이 필요하길래
동생 직업이 뭔데요? 직업만 튼튼해도 괜찮은데 했더니
성악하고 있다고… 교수 쪽으로 안 되었나요? 불발되었다고…

지금 심리가 다 드러난 괘입니다. 저 진토가 일진에서 암동 된 것은
몰래 몰래 가족들이 동생 돈 지원해준 것이고
그러니까 형효가 미토 가끔 쥐어박은 것이고…

동생 자수… 저 괘에서 풀리려면 申년은 와줘야 될 것 같다.

사주 들여다 보니 대운이 내년에 바뀐다.
관운이 강하길래 어머니더러 올케 때문에 안 풀리는 것이 아니라
동생자체가 운이 좀 늦은 거라고 저 올케는 재물운이 좋아서 둘 중 하나라도 재물운이 좋은게 어디냐고 올케 탓 하지 마시라고 했습니다.
저 미토 일진 재효가 임하니 어쨌거나 재물운이 좋은 사람으로 보입니다.
우와 … 저괘로 저집 사연이 훅 보입니다. ㅎ

40. 부인과 어떻게 될지

40대, 정육점 사장님

내가 젤 궁금한게 뭐냐고 하니 부인과의 관계를 알고 싶다고 하심.

```
▶ 감水궁 (수뢰둔)
..........................
兄 子 - -
官 戌 一/ (兄 亥)應           亥월
父 申 - -
官 辰 - -
孫 寅 - -世                   酉일(오미공망)
兄 子 一
```

사장님이 부인에게 너무 심하게 하셔서 아프시던지 집을 나간다고 했던지 했다가 다시 맘 바꿔서 편하게 해준다고 한다고 했더니
미소가 번지시면서 한숨 돌리신 분위기

반 지하에서 사는 처지지만 부모님을 형이 모시지 않아 잘해드리자고 하니 부인이 뭐라 뭐라 해서 다투었고, 아내가 얼마전 갑상선 걸렸다가 앓고 나더니 본인에게 대하는 태도가 좀 나아지기는 했으나 혹시 싸우고 아내랑 못 사는 것은 아닌지 걱정돼서 물어본 것이라고…

내가 막대 하셨쥬? 그렇다고 함.
싸우고 선물이라도 하나 해드리지 그랬냐고 이제 그럴 것이라고 함.
어제 텔레비전에서 부부 싸움 시엔 독한 말 1번에 선한 말 5번 권장하더란 얘기 해드림.

관변형은 여기서 아팠다는 갑상선 수술을 의미했음.
나는 그냥 관이라고 해서 아프다고만 했더니 그 말 안했으면 큰일날뻔 했음.

41. 의뢰인에 대하여

대출관련 업무 하시는 분. 아는 지인이 자신에게 의뢰 하지 않고 다른 사람을 통해 일을 시키려 한다는 관계자에 대하여 물으시길래 다시 선생님에게 온다고 걱정하지 말라고 하였더니 그가 또 변덕… 이참에 확 손을 떼버리면 어떻겠냐고… 그래도 의뢰가 오냐고…

```
▶ 간土궁 (산택손)
..................
官 寅 一 應
財 子 - -                      亥월
兄 戌 - -
兄 丑 - - 世
官 卯 一/ (官 寅)               子일(진사공망)
父 巳 一
```

저쪽이 날 생조 하여야 되는데 극하고 있고 관이 동하여 퇴신되지만 왕상자라 퇴신 안 되고 자신만 손해… 안됩니다. 참으셔요.
선생님이 지금 비뚤어 질테다… 하시면 안 된다고 달래드림

왜요? 그 쪽에서 저 안 찾나요?
네… 왠지 다른 곳 알아보는데 금액이 나랑 비슷하지 더 하진 못할건데… 내가 안한다고 하면 딴 사람이 가져갈 것 같아서…

그러라고 참으라고 관이 동하여 세효 극하면 꽝이지요?

(결과 - 어제 본인이 다시 가서 내가 하겠다고 하였더니 그럼 자넬 믿을 수 있다고 이 분 주셨다고 합니다.)

42. 이혼이 되나요?

아는 여자 분이 이혼을 하려고 하는데 남자분이 버틴다고 이혼이 되겠느냐고…

```
▶ 감水궁 (수뢰둔)
  ........................
  兄 子 -//- (孫 卯)
  官 戌 一應                  丑월
  父 申° - -
  官 辰 - -
  孫 寅 - -世                 卯일 (신유공망)
  兄 子 一
```

우리측 세효에 손효 인목 지세다. 우리측 여자분 남편에 대한 존경심 떨어짐.

응 술토를… 부셔 버릴거야. 형제 자수는 동하여 인목을 자꾸 부추키고… 응효 술토 너 뭐하냐 지금? 일진 묘목과 뭐 하느겨…

남편에게 여자가 있는 듯함.

정작 우리 세효 정효로 가만히 있지요?
움직여서 술토를 극해야 이혼이 되는데 맘만 먹고 있지요?
그녀가 움직여서 활동해야 이혼이 되지 그냥 말만 하고 있나 보유.
이런 사항들을 지금 나에게 물어보는 훈남 선생님에겐 이혼을 하겠다고 했나봅니다.
나는 전후 사정을 잘 모르니까 그냥 이렇게만 봐줬습니다.
(결과 - 이혼 안하고 있고, 이 훈남 선생님과 이 여자와 얼레리 꼴레리 그러다가 훈남 선생님 부인에게 들켜서 육이오 때 난리는 난리도 아님 에효효… 이혼 상담하다가 오히려 훈남 선생님이 부인에게 이혼 당할 뻔 했다는 소식)

43. 올해는 남편과 사이가 좋을까요? (바람을 안 피우겠는지)

40대 후반 이 집 남편 교회 쪽 일보심 예술가처럼 생기시고…
바람 피우시다가 몇 번 걸리신 상태 임. 부인이 오랜만에 오심.

```
▶ 뢰지예 (진木궁)
..........................
財 戌 - -
官 申 - -                    寅월
孫 午 一 應
兄 卯 -//-(官 申)
孫 巳 - -                    未일(자축공망)
財 未 - -世
```

세효는 미토. 응효 오화가 남편이 됩니다.
둘만 보면 화생토와 육합으로 문제없지만
항상 길흉은 어디? 동변효에 있다고 했지요?

형효가 동하여 미토를 극하니 형효는 돈쓰는 글자, 형제, 동료, 라이벌이 날 때렸다. 딱 느낌이 오지요? 라이벌, 토깽이 같이 젊은 여자가 날 극하니까 이 못난 남편 바람 피우다 딱 들켜서 나는 기가 막히고 코가 막혔잖아요.

내가 아 그 멋쟁이 남편이 스캔들 또 났었남유? 남편인 오화가 도화살 응이니까… 그 여자 깨어졌다고 나오는데요. (회두극)
이젠 꽉 잡고 산다고… 많이 울고난 후 이참에 남편의 약점 제대로 잡았다고 하심. 그런데 저 남편 응 오화가… 일진 미토에 또 합하고 있지요?
내 차마… 저 얘긴 할 수 없었고…
몇 년 더 있어야 정신 차릴 것 같지요? 했더니 아직도 멀었다고 공감하심

ㅋㅋㅋㅋ 왜 딱 걸리고 그려… 저 미토는 안 걸렸음 했는데…

(결과 - 3일 후 상담하는데… 이 부인 전화 왜유? 하고 물었더니 선생님 남편이 그 여자랑 또 만나냐고? 아니라고 딴 분이라고 함.
　일진에 미토는 요즘 만나는 옛 여자 젊은 토깽이 말고…
　내가 말 안했던 6합 크으 드디어 들키심
내가 - 그냥 모르는 척하시라고 아시는 척하면 그래 어쩔래 너도 퍼라
　하고 나오면 골치 아프니까 꾹 참고 사시라고…)

44. 부인이 이혼하자고 하는데 부인이 지금 어떤 상태인가요?

40대 부부 남편도 아내도 법조인, 아내가 며칠 전 부터 이혼하자고 하신다고 - 이런 말을 정보 없이 들으면 부인의 외도, 타 종교의 심취로 감을 잡게 됩니다.

그래서 아내의 현재 상태가 어떤가를 고하라고 하고 점단하였습니다.

```
▶ 곤土궁(택천쾌)상효동
..........................
兄 未 -//-(兄 戌)
孫 酉 一 世                    巳월
財 亥 一
兄 辰 一
官 寅 一 應                    午日(신유공망)
財 子 一
```

여기서는 세응이 아니라 부인의 현재 상태 즉 부인의 신수점으로 봅니다.

부인이 해수, 자수인데 둘 다 월일 생조 없고, 형효가 진신이 되어 극하러 옵니다.

월파해수가 부인이라면 - 비신 인목과 6합이라 의심의 여지가 있지만 월파는 이달에 깨졌다, 형효가 동하여 극하여서 여의치가 않아 다른 남자가 있다고 단언하기 힘듭니다.

그러나 유혼에 거해서 지금 뭔가 문제가 있고 제정신이 아닙니다.

6충은 이 상태를 유지 하지 않겠다는 뜻도 있습니다.

부인입장에선 - 형효가 돈 쓴 문제도 되고 관공서 문제도 될 수 있습니다.

돈 문제는 주식투자를 조금 하는 것 이외엔 의심할 수가 없다고 합니다. 만일 이 부인이 다른 남자가 생겼다면 6합이 되는 글자가 있는 것, 종교에 빠졌다면 손효는 공망… 그래도 저토록 힘들진 않을 것 같습니다.

하여간 누구의 사주를 받았던 저 부인자수는 현재 결론은 돈 문제로 저리 힘이 없으니 결국은 돈 문제 같다고 하였습니다.

관효 인목이 일어나서 저 형효 때려줘야 부인이 삽니다. 부인이 말을 안 한다고 합니다. 그래서 대화를 가져서 해결보시라고 하였습니다. 남편이 해결해줘야 합니다.
이렇게 저렇게 했을 때 점단을 시도 하였고, 그 분은 그 돈 문제가 무엇인지 알아보신다고 하셨습니다.

(점단 후 결과 - 대화를 시도하였으나 부인이 너무 숨이 막힌다고 일단 따로 살자고 하였고, 남편도 동의하였다고 합니다.

6충은 따로 살겠다는 뜻이고 형효는 그에 따른 돈 문제를 걱정하는 것이었습니다. 6합도 의심이 가지만 괘에서 깨어놓기에 이걸 집중으로 말하기도 뭣합니다.)

45. 남편이 전화도 안 받고 뭘하고 있는지 알려주세요.

```
▶이火궁 (천수송) 3효동
..........................
孫 戌 ―
財 申 ―                          巳月
兄 午° ― 世
兄 午° ―//―(財 酉)
(복신 官 亥)
孫 辰 ―                          卯日 (오미공망)
父 寅 ― ― 應
```

　　40대 부부 ― 둘이 분식집 경영함. 저의 카페에 자주 등장하는 그 남편을 둔 아내가 밤늦게 전화가 왔습니다. 선생님 죄송한데 이 남편 도대체 어디서 무얼하고 있는지 알고 싶다고

　　참고로 이 남편은 집 자주 나가기, 폰으로 딴 여자와 문자팅하기, 경마장도 자주 가기, 입술에 립스틱 묻히고 오기, 가끔 밤에 집나가서 새벽에오기…

　　저번에도 점단하니 6합이 되어 있어 ― 아이구 미안허여… 여자랑 있구먼 했더니 그럴 줄 알았다고 선생님이 뭐가 미안하냐고… (이런 말은 친하니까 하는 말이지 이런 말 묻지도 않았는데 얘기하면 도끼 가지고 남편이 오니까… 제발 생각 생각 좀 하시고 말씀하셔야 합니다)

　　이 부인의 제 6의 감각이 발동되어 물어 본 것 같아 괘를 던졌습니다.
　　남편이 이화궁엔 이화 기묘 묘축해 유미사 이니까 복신으로 묘축해 올리면 3효 오화 밑에 숨어 있습니다.
　　세효가 4효이니까, 집 가까이 있어 멀리 안 나갔네? 집 가까이 있넌디?

그래요? 갸우뚱 하시면서 집에서 멀리 간 줄 알았어요.

해수가 저 초효와는 인해합으로 6합지상 - 남녀관계는 아무비신, 월, 일 모두 6합을 보아도 무방함

6합이 사월의 월건이 해수 남편을 월파하니 여자가 있어도 이번 달엔 깨졌다로 볼 수 있어 여자는 아니고 그냥 친구랑 술 먹나벼 했더니 (형변재로) 그간 남편과 싸움얘길 해줍니다.

부인 지갑에 손대는 것을 발견하여 - 나가라고 했다고 합니다. 나는 음 그랬구먼 하고 들어주는데 전화기를 통해 문소리가 들립니다. 부인이 어머 선생님 아배 들어 오나벼요 나는 그려 담에 허여 하고 끊었습니다.

그리곤 이괘를 써 놓고 들여다봅니다. 왜 이리 일찍 왔을까? 전화 온 시간은 밤 12시 20여분… 이 남자 늘 새벽에 들어오니 부인은 잠을 못자고 겸사를 찾은 건데…

형효가 동하였다면 친구들이 동하였음 - 오화가 동하였으니 오화랑 합되는 시간이거나 변효 유시인데 이렇게 늦게 올리는 없고…

아하 ~ 자시니까 비신 누화를 툭 껐으니 복신 亥수가 나오는구나… 그럼 자시 맞네 새벽 1시 30분 이전에…

조금만 더 섬세히 살폈으면 - 부인아 남편 집 근처에서 친구들과 술마시는데 이따 새벽 1시 30분까지 오겠네 걱정하지 말어 - 이렇게 말했으면 참 좋은 상담가가 될 수 있었는데 에이 부족해 부족해… 속상해라…

46. 그분이 어찌 되겠습니까?

이 점사 제가 잘 못 보았습니다.
학교 관계자 - 이분이 앞으로 어찌 되겠냐는 것은 이동이 있겠느냐는 점사입니다.

```
▶건金궁 (풍지관)
............................
財 卯 ―
官 巳 ―                         酉月
父 未 - - 世
財 卯 - -
官 巳 - -                        寅日(신유공망)
父 未 -//- (孫 子) 應
```

응이 부효이니 교사나 교수님이죠. 맞습니다. 움직였습니다.
그래서 난 이동한다고 보았습니다.

말은 나왔습니다. 이 대학교 저 대학교 알아보고 있다는 소문이 들렸으나 이동이 없었답니다. 왜?

미토가 자수로 힘이 빠지다. 즉 주저 앉다로 보았어야 했는데
동했다고 이동한다고 보았고 난 야호 했다가 틀린 점사입니다.

47. 신혼 부부

결혼 한지 반년도 안 되는 새댁, 남편과 싸워서 말 안한지도 며칠 되었고
이혼서류 들고 다닌다고… 사내커플이었다고…
앞으로 사이가 어떻겠냐고 물음

```
▶ 지뢰복 (곤土궁) 2효동
........................................
孫 酉 - -
財 亥 - -                              寅月
兄 丑 - - 應
兄 辰 - -
官 寅 -//- (官 卯)              子일(술해공망)
財 子 ―  世
```

세효는 재효 잡고, 응효는 축토로 월일에 휴수한 상태에서
가택효가 동하여 남편을 극하고…
저 집 남편 월에서도 극해 동효에 극받아… 멘붕 되었습니다.
왜 이혼하려고 하냐고 물었더니 못마땅한 행동을 고치려고 하는데 안 고쳐진다고…
내가 겨우? 그런 소소한 문제로?
지금 남편이 숨도 못 쉴 정도로 힘든데
따뜻한 말, 공손한 말 한마디가 필요한 사람인데 왜 잡냐고…
새댁이 말도 쌀쌀맞게 하고 욕도 했지? ㅋㅋㅋㅋ 그렇다고 ㅎㅎㅎ
(인목을 동하게 시켜서 남편을 극하니까…)

남편 4월까지 못살게 굴지 말고 공손하고 따뜻하게 해주라고
집에만 들어오면 숨 막힌다고… 그만 잡으라고 했더니…

겨우 말들어보니…
이 남편의 단점은 미안하다. 고맙다. 이것 좀 먹어봐라…
한마디로 새댁의 기분을 맞춰주는 멘트부족
겨우 몇 개월 살고 이혼얘길 하면 어쩌냐고 싸우면서 서로를 알아가지만
이혼얘기 이젠 하지 말라고 달랬음.
세효 재효를 잡고 있길래 이 남편과 살면 부자 된다고 함
세효에 손효를 잡으면 진짜 정 떨어진 건데
재효를 잡았기에 그런 마음 아니지요? 나에게 응석 부리러 왔음 ㅋㅋㅋ

48. 세입자에게 나가라고 했는데 나갈까요?

오늘은 집 70채 가지신 여자분 만나 봤습니다.
2000만원 가지고 시작하셨는데 통이 어찌나 크시던지
프린트 물로 몇 장 집 명단 가져오셔서 팔겠다고 하나하나 점쳐서
해결해 드렸습니다.

지금 물어보신 분은 그냥 부동산 관련으로 집 몇 채 가지고 계신 분 중
한 분인데 세입자가 월세 두 번 주더니 3개월 밀렸다고 나가라고 하고 왔는데 나가겠냐고 합니다.

```
▶태金궁(뢰택귀매)
..........................
父 戌 - -應
兄 申 - -                      未월
官 午 —
父 丑 -//- (父 辰) 世
財 卯 —                        丑日 (오미공망)
官 巳 —
```

세응으로 보셔야 합니다. 누가 움직였나요?
내가 움직여서 쫓아 냅니다. 부효가 동하니
내용증명 하나 발송하면 됩니다.

응효는 나갈 맘은 없으나 문서 때문에 6충(진술충)으로 깨어집니다.

49. 남편이 자꾸 화내요.

빚이 많은 치과 의사를 둔 부인의 물음.
남편이 이상하게 계속 꼬장 부린다고 거의 울먹거리는 목소리로
왜 그런지 알려주시면 안 되냐고…
그래서 그냥 처한 상태를 보았습니다

```
▶ 뢰천대장 (곤土궁)
........................................
兄 戌 - -
孫 申 - -                          卯월
父 午 一 世
兄 辰 一 / (兄 丑)
官 寅 一                          戌일(진사공망)
財 子 一 應
```

자신(부인)에게 화가 나서 그런지도 모르니까 용신을 관효로 안보고
세응으로 보기로 하였습니다.
6충 - 둘이 그랬구먼 (싸움)
항상 길흉은 동변효를 보아야 함. 형이 동하여 퇴신되는데 술일이라 퇴신
안 되고, 저어 선상님 동한 것을 충 하면 충산이라고 고서적에 써 있으니까
진토는 충산 되어 흩어 졌으니 동하나 마나 아닌가요? 라고 묻는 분들

그럼 동하지 말던지…
충산… 참 유혹될만한 단어 충 되면 흩어진다…
개뿔 흩어지면 저 남편이 왜 툴툴거릴까요? 설탕 알 만한 것이 동하여도
그 여파는 큽니다.
남편이 돈 막아야 할 것, 나가야 할 것 때문에 힘이드네요.
부인은 그런 것이었냐고 한숨 길게 쉽니다.
여러분들도 보이지요 진토가 동하여 자수 때려주는 것
 … 돈 많이 벌자구요 돈 없음 부부사이도 틀어지고 원…

50. 딸과 만나는 남자애가 배필인가요? - 품앗이 점사

제 머리 못 깎는다고… 무속인 분과 겸사가 만나게 되었습니다.
그분이 먼저 저를 봐주셨지요.

그러다가 따님이 만나는 사람이 있는데 이 남자가 어떤지 물으심

```
▶ 지천태 (곤土궁)
.......................................
孫 酉 - - 應
財 亥 - -                    辰월
兄 丑 - -
兄 辰 ― / (兄 丑)世
官 寅 ―                      辰일(술해공망)
財 子 ―
```

궁합은 이렇게 지정이 되어 있으면 세응 봅니다.
세효 형제라… 형제는 돈 쓰는 글자이면서… 난 계산 해 봤어요도 되고
실제로 쓸 수도 있구, 월일 왕상 하니 의지 강하고…

응효 유금 월일 생조 받으니 집안 좋고 잘 생기고
헉 근데 왜 생조하기만 하지 합까지 하고 있니?
(그 남자 유금은 월일, 나 까지 셋 6합 진토)

궁합에서도 관과 재를 봐주는데… 관은 약하고 재도 약하고…
직장은 판매업이니 약해도 이해하고 현금은 영 아니고
저렇게 월일이 왕상한데 재가 없을 땐
부효가 밀어주면 부동산으로 보시고 토는 땅도 됩디다.

예전에 20억 벌어서 부모님 드리고 부모님은 땅을 사났다고…
옆에 배우시는 선생님이 사주로 돈 있는 사주라고 귀뜸 했었다고 하고

근데… 우리 쪽이 토생금으로 생조하니 우리 쪽이 불리합니다. 명품 가방 몇 개 받았다고 하나 응이 힘들다고 하면 우리 쪽에서 다 밀어줄 태세우리가 퇴신되나… 일진에서 생조해서 그냥 갈등만 하지 포기 안할 것 같음

내가 엄마에게, 상대방 남자가 우리 쪽을 밀어줘야 좋을 텐데 우리 쪽에서 그쪽을 밀어줘서 마땅치 않으니 진짜 배필은 따로 있으니 이 사람에게 너무 올인하지 말라고 일러줌.

저 유금 사윗감을 진토들이 모두 보석으로 보여서 토생금 사랑합니다.
유금이 하는 말… 이놈의 인기는…
어머니도 긴가민가해서 물어보셨다고 집에도 참 잘하고 딸에게도 잘한다고… 딸에게도 인가요? 여러 딸에게도 잘하지요? ㅎ

51. 우리 남친이 옛 애인을 만나고 있나요?

옛 애인(40대)이 늘 신경 쓰이는 분

왜? 그 애인은 물어보시는 분의 나이(50대)보다 훨씬 젊었고, 둘 사이에서 아기도 있었는데 유산했고, 그 애인이라는 여자는 양다리 여인이었고, 양다리 때문에 남친과 헤어진 상태라고 함.

내가 다시는 이분 묻지 마유.

이번이 마지막이유 다짐 받고 점단해드림

(이런 것 막 쳐주시면 계속 여러분들 시달림, 그리고 몇 년 지난 사이 여친임 다시 만나는 것 보여도 말하기 참 곤란함 기타 등등)

```
▶ 이火궁 (산수몽)
..........................
父 寅 ―
官 子 -//-(兄 巳)                    卯月
孫 戌 - - 世
兄 午 - -
孫 辰 ―                              子日(신유공망)
父 寅 - - 應
```

우리 남친을 세효로 놓고 응효는 그 헤어진 여자로 보심 편함

둘이 만나고 있나요? 물어도 둘의 심리를 파악하면 되지요?

둘 사이에 부효가 통관한다면 둘이 연락 하는 것이고

둘이 생조하거나 동하여 합되던지, 이미 6합이던지 하면 만나는 것이지요?

우리 술토… 월일 휴수 환경불량 의지 없음.

(묘월의 묘목이 6합이라구요? 그냥 통과 응과 어떤 사이냐고에 집중

세응 보라고 하니 묘목 6합 보지 마셔요)

응효 인목 우리 측 극함… 이게 헤어진 상태가 아니고 서로 첨 교제라면 난 널 거시기 할거야인데 여기선 난 너 싫어로 볼 것, 게다가 자수가 동하여 인목 생조하니… 정말 싫어로 보실것

우리 측 남자친구 심리… 우선 환경불량 의지력 없음 말해주고
저쪽 여자는 정효로 가만히 있으니 움직이지도 않았고 우리측 목극토이니
싫어한다고 말해줌.

52. 미래의 시어머니와 시아버지가 이혼할 것인가요?

전화 - 언니 큰일 났어요. 나 결혼 못하는거 아냐?
있지 언니야 오빠네 엄마 아빠 이혼한대 엉엉하고 웁니다.

내가 생각할 때 이게 상식적으로 말이 되나? 난 다 듣기도 전에
이혼 하냐구 그게 궁금 한거지? 네

```
▶ 화택규 (간土궁)
........................................
父 巳 —
兄 未 - -                          卯월
孫 酉° 一世
兄 丑 - -
官 卯 —                           丑일(신유공망)
父 巳 —/ (官 寅) 應
```

우리측을 시어머니로 보고 상대를 시아버지 측으로 보기로 했습니다.
세효 월파에 공망에… 이것 하나로도 답이 나오지요
공망은 - 비어있다, 준비 안 됨, 진실이 아니다.
이 셋 중에서 뭘로 고르고 싶으신가요?

진실이 아니다 찍으신 분 - 이게 더 가깝지요?
아버지 사화로 안 된다고 하고…
게다가 암동 미토로 화생토 토생금 하니 통관되지요?
아가 이혼 안 허여 걱정 하지마 어여 끊어 끊어…

심리점사 **265**

53. 일을 거절했는데 1년 후에도 날 그분이 받아주나요?

```
▶ 풍택중부 (간土궁)
.............................
官 卯 ―
父 巳 ―                    卯월
兄 未 - - 世
兄 丑 - -
官 卯 ―                    寅일(신유공망)
父 巳 ―/(官 寅) 應
```

심리는 항상 1:1 세응이 용신입니다.
세효 미토, 응효 사화로 첨엔 화생토로 우리에게 호의적인데
누가 동하였나요?

세효가 동하면 - 내맘이 바뀐다.
응효가 동하면 - 상대의 맘이 바뀐다 이지요?
저어 선상님 저건 회두생이 아닌가요?

1:1 대인점사에선 회두생으로 보시면 안됩니다.
변효인 인목이 목극토로 저 세효의 미토를 극하니 넌 아웃이야 하고 안보는 것입니다.
이 점사는… 회두생의 이론에 매여서 오홍 더 뜨겁게 사랑해준다고
생각하지 마시라고 올림.

54. 담임 선생님이 이상해요.

초등학생 학부형 엄마가 전화, 충남 모 지역
전학생이 왔는데 담임선생님이 그 애에게 책 던지고…
학부형들이 교장실 가서 그 애랑 담임선생님 정신과 같이 다녔음 한다고
교장선생님 아니라고 아무 탈 없을 거라고 말하기가 무섭게 그날 또 던지고…
애매한 우리 아들까지 선생님이 이상해지지 않겠느냐고

```
▶ 간위산 (간土궁) 3효동
┈┈┈┈┈┈┈┈┈┈┈┈┈
官 寅 ― 世
財 子 - -                      辰월
兄 戌 - -
孫 申 ―/ (官 卯) 應
父 午 - -                      卯일(자축공망)
兄 辰 - -
```

세효 우리 아들 , 응효 그 선생님
응효가 손변관 손변관…
이럴 땐 동위시 변위종으로 끝났다고 보지 마시고 계속 그런 다고 보시기
금극목 했다가 목으로 비화되었다가…
왜? 갈등으로 응이 변덕이 심한 사람이 됨.
치료 받기는 해야 하는데… 저 응효 선생님이 힘 떨어지려면 다음 달이 와야 함.
그래도 일단 둘 유통이 水가 일단 필요하여 그 선생님과 재를 일으켜
밥 먹으면서 대화 해보라고 했음.

55. 어젯밤에 남편과 대판 싸웠어요.

지방 다른 분 전화 - 시부모님 돌아가시고 남편이 형제들을 멀리해 옴
왜? 이 남편이 너무 착해서 형제들에게 돈을 부인 모르게 퍼주고 또 퍼주다가 부인은 남편 퇴직금까지 다 털린 상태인지라 부인이 이혼하자고…
그 후 좀 주춤해진 이 남편
드디어 남편이 당신 땜에 1년 동안 안 봤다고 돈 좀 주고 하면 어떠냐고 형들 누나들이 날 이렇게 키웠다고 은혜를 모르면 안 된다고…
20년간 당신에게 뒷바라지 한 나의 은혜 좀 갚아야지 않냐고 당신이 자꾸 그러니까 나만 나쁜 사람 된다고 형제들이 일도 열심히 하지 않고 당신에게 자꾸 의지하는 것 아니냐고…

부인이 쌩하고 있으니 남편이 출근하긴 했는데 도대체 부인을 어찌 생각하고 있냐고 물으심.

```
▶ 택풍대과 (진木궁)
..............................
財 未 - -
官 酉 一 / (官 申)              卯月
父 亥 一 世
官 酉 一
父 亥 一                       酉日(진사공망)
財 丑 - - 應
```

이 점사도 일대일 세응으로 놓고 보시기
부인입장 세효의 부효는 우울 답답 맘속에 비가 내립니다.
저 응효 축토 월일에서 생조도 못 받고 토극수로 부인 원망합니다.
그런데 유금관효가 금방 퇴신은 안 되고 통관시킵니다.

축토 입장에선 손효이고 해수 입장에선 어르신이고
5효 관효이니 - 명망이 있고 왕 자리니 권위 있는 사람일 것 같지요?
그런 사람이 통관시켜 맘을 푼다고 하니

같이 가는 절의 스님일거라고 - 아하
그 스님께 저번에도 남편이 뭔가 상의하려다 시간이 안 맞았다고…
아이구… 머리아픈 부부 문제여…

56. 보복할까요?

　모 축구단에서 혼자 살고 거침없는 성격의 어떤 후배가 속 썩여서 잘랐다고 합니다. 혹시 그녀석이 평소 성격처럼 가족이나 자신에게 보복을 할 건지 물으심.

```
▶ 지뢰복 (곤土궁) 상효동
..................................................
孫 酉 -//- (官 寅)
財 亥 - -                              未月
兄 丑 - - 應
兄 辰 - -
官 寅 - -                              未일 (신유공망)
財 子 一 世
```

　이런 점사는 우려점이고 가족과 나를 세로 합해서 한 동이로 보면 됩니다. 세효의 우려점은 동효로부터 세효가 극받지 말자

　　상효가 살렸지요? 암동으로 축토 너 죽여 버릴거야 하면서 달려오다가
　　유금 손효가 자기야 뭐해? 나랑 휴가 가자
　　하니까 축토 응효가 세효 넌 담에 봐
　　어이 유금 이쁜이 오빠가 팥빙수 사줄게 하면서 유금에게 가니까
　　보복 안하지요? 암동이 탐생망극[7] 되었다는 것 보이지요?

---

7) 탐생망극(貪生忘剋)은 생하는 것에 팔려 극하는 작용을 잊었다는 뜻.

57. 이 후배와 부동산 사무실 하면 어떤가요?

50대 선생님 예전에 부동산 사무실 하다가 지금은 경비하시고 계신데
보살님 한분과 스님 한분이 올해는 개업 안 된다고 하고
겸사는 자리만 잘 보고 오라고 한다고 하심.
어떤 후배가 재정이 튼튼해서 같이 하면 어떤가 묻길래
내가 점도 안쳐주고 하시지 마시라고 만류
동업은 맨날 붙어 있음 인간성을 다 보기 때문에 사소한 것이
쌓여서 속병난다고 힘들더라도 혼자 하시라니까 그래도 점쳐 달라고 하심

```
▶ 이火궁 (산수몽)
..........................
父 寅 ―/ (財 酉)
官 子 - -                              未月
孫 戌 - - 世
兄 午 - -
孫 辰 ―                                未日(신유공망)
父 寅 - - 應
```

이 점사는 동업 시 돈이 잘 되느냐는 관점보다는 인간관계를 보신 것임
세효 술토 편안할 것 같은 생각, 응효 인목 내 맘대로 술토 극할 거야
부효 동하여 또 우리 술토 극하고 나중에 회두극 됨

그래도 원천적으로 응효가 우릴 생해줘야 내가 오케이 함
혹은 같은 글자로 비화 되던지 해야 권유함
선생님 그 사람이 사장이라고 선생님 간섭하고 지맘대로 한다고 선생님 속 터져 죽어요. 하면서 설명해주시니 지금은 형님 형님 하면서 자신이 더 하고 싶어 한다고…
저 상효 인목 불러다가 술토 극해 놓고 그 상효 또 오래 못 버티지요?
그래서 하시지 말라고 말림. 그러하시겠다고 함.

58. 아들의 취직운이 있는지

86년생이라고 함. 대학은 어디, 전공은 뭐 했고 어떤 쪽 기다리냐고 하니 물리학 전공 반도체 쪽 지원하는데 잘 안된다고

```
▶ 곤土궁(택천쾌) 초, 3효동
................................
兄 未 - -
孫 酉° ㅡ 世                         未월
財 亥 ㅡ
兄 辰 ㅡ / (父 午)
官 寅 ㅡ 應                           未日 (신유공망)
財 子 ㅡ / (官 寅)
```

용신 잡아 볼까요? 엄마 관심사는 오직 직장, 직장은 관효, 급료는 재효 이게 왕상 해야 일단 급한 불 끄는 거지요?

관 - 약해, 재 - 약해 근데 나와 있긴 함.
그럼 이름난 직장은 관이 강하고, 급료도 좋으려면 재가 강하면 되기에 그런 달 찍어주면 됩니다. 또 한 가지 우리가 컨닝 해야 하는 것은 자손의 직장 희망 의지력 - 월일 대입해야 합니다.

지금 동효가 관효 재효 아무리 살릴려고 해도 약하지요.
일단 - 해월이 오면 관이 강하고 재효도 강하니 해자월 둘 다 충족하니 이때 찬스이고…
그냥 이름만 있는 직장은 - 인묘월이 되는 셈이고 그나저나 저 자손의지 보려고 컨닝하니 자손이 월일 왕상한데 공망입니다.
공망은 - 비어있다, 준비가 안 되어 있다, 진실이 아니다.

아들 서울에 없나요? 아뇨 집에 있어요 직장 준비하고 있어요

그럼 진실이 아니다? 이 어머니가 나에게 뭐가 진실이 아니라고 한겨? 속으로 생각하는데 다름이 아니라 아들이 네덜란드 계열 직장 시험 다 보고 기다리고 있는 중이라고 발표는 담주에 난다고… 이런 이런… 공망 너 그 의미였어?

담주 발표면 그냥 기다리시고요 만약 안 되면 11 12월 잘 될거에요.

이번에 되더라도 11 12월 직장운 좋으니까 다니면서 넣어 보라고 하셔요. 네 하고 대답하십니다. 난 으음 진작 말을 하고 점쳤으면 더 좋았고

저 공망 저 자식 저거 저거… 이제부턴 실수하지 말아야지

여러분들도 자손 저리 공망되면 이미 기다리는 직장 있다고 말하셔요. 저 직장 재약해 관약해… 하여간 공망만 내가 제대로 읽었다면 더 좋은 통변이 되었을 텐데…

59. 이 사람 맘을 알고 싶어요.

19세 때부터 첫 사랑한 남자를 몇 십 년 지나서 둘 다 혼자되어 다시 만나서 큰 식당 같이 일함.
여자 분은 돈의 흐름을 알고 열심히 노력하시는 분이고 남자 분은 그냥 착한 분, 여자 분이 속 터져서 끝내려고 우리 집 오심 이 사람과 헤어지려고 한다고 일단 그 분의 마음

```
▶ 간土궁 (천택리)
..........................
兄 戌 ―
孫 申 ―  世              申月
父 午 ―/ (兄 未)
兄 丑 ― ―
官 卯 ―  應              巳日(자축공망)
父 巳 ―
```

세효 손 신금의 마음은 - 관을 극하는 마음 나 화났어요. 존경심 없어짐.
응 묘목의 입장으로 가면 - 난 세효가 똑똑하고 그 애 말이 맞다는 걸 알고 다 따르는데 요즘 힘이 없어요 살맛이 안나요. 세효가 신금 밑에 재효를 모두 넣어 놨잖아요. 난 지금 재가 필요한데 안줘요. 그래서 오화를 동하게 시켜서 좀 퉁명스럽게 말하는데 그 애가 못 알아들어요.

이렇게 상대방의 마음을 말하고 싶지만 내가 돌려서 여자 분에게 말하였더니 돈은 자기가 관리하여 빚 갚고 나중에 공동통장 만들려고 그랬다고 하심.

동효 오화 죽이려면 - 돈 좀 푸서야 한다고 했더니 아직은 아니라고…
세효에겐 내가 그 남자분과 같이 일하면 난 돈 얼마든지 내속에 저장한다고 그러지 마시고 1년만 참고 사시라고 달램.
남자 분은 묘목으로 재를 원하고, 여자분은 묘목은 우스운데 가끔 화를 동하게 하여 화가 나심. 장사운 보니 잘 돌아 가길래 잘 참으시라고 이런 얘기 두 시간 함.

60. 아내가 너무 무서워요.

잘 아는 40대 남자 분, 공무원, 몇 달 전 바람 피웠던 상대 여자가 보낸 휴대폰 문자 메세지를 밤에 아내에게 딱 걸린 우리 측 남자 분 싹싹 빌고 용서받았는데…

상처받은 아내가 잠도 못 자게하고 화내고 의심하고 집착이 심해졌단다.
해도 해도 너무 하고 정말 힘들다고 하시면서
앞으로 아내가 더 심해지느냐고 어떤지 물으심.

```
▶ 택수곤 (태금궁) 4효동
............................
父 未 - -
兄 酉 ―                    酉월
孫 亥 ―/ (兄 申) 應
官 午 - -
父 辰 ―                    未일(진사공망)
財 寅 - - 世
```

육효 초보자 통변 : 으음 6충으로 곧 끝나겠군.
육효를 좀 아시는 분들 - 에헤이 저거 저거 안그랬다가 또 시작했다가 반복이군 좀처럼 사그라들지 않고 해월이 와야 조금 안정되겠군.

지금 뭔 말을 하냐고 못 알아듣는 분 강의 들으셔요.

세응 볼까요? 부인이라도 심리는 세응 보라고 했지요?
누가 변덕스럽나요? 응이지요? 해수가 자꾸 신금으로 변화하고 어떤 땐 회두생도 하고…
　우리 세효　인목 휴수하니 피곤합니다. 그러게 왜 들키래?
　문제는 저 신금으로 변화하여 우리 인목을 금극목으로 패대기 치려하니
인목은 가시 방석입니다.
　저 응효 신금… 병원으로 가서 치료 받아야 수그러들 것 같습니다.
　신금과 인목사이 손효가 작동되려면 해수 부적 하나 그려드려야겠습니다.

　(결과 - 관털기 해달라고 해서 해드렸더니 한 번 더 크게 괴롭히고 잠잠해 짐)

건강점 모음

신수점, 우려점과 같은 원리로 봄

※ 질병점사에 대하여

가볍게 묻는 점사 : 우리 아버지 올해 건강, 우리 어머니 올해 건강
그 외 내 건강, 자손이 건강한지… 이런 점사는 가볍게 볼 수 있습니다.

그런데 심각하게 묻는 건강점사… 제가 코피를 자주 쏟는다던지
암이냐고 묻는지… 하여간 가볍게 볼 수 없는 점사는 반드시 전문기관을 가셔서 직접 들으시는게 낫다고 하셔요 (占이 전부가 아님을 아실 것)

질병점사는 항상 나이 대를 물으시고 용신 잡아야 하니 누구의 건강점인지 (자부재관세응) 중 하나를 잡아야 하니까 물으시고, 근병(近病)인지 구병(久病)[8]인지 물으시고 점단해야 합니다.
근병으로 입원 했다던지, 교통사고를 크게 당했다던지, 암이라던지, 뇌종양이라던지… 병원에선 뭐라고 하던가요? 를 묻고 점단에 임합니다.

---

8) 근병은 발병이 된지 3개월 미만인 것이고 구병은 발병이 된지 3개월 이상 된 것을 말함.

근병점사 (낫는 공식)	구병점사 (죽는 공식)
공즉생 (용신이 공망이면 금방 낫는다) 충즉생 (변효로 인해 6충 되면 금방 낫는다)	공즉사 (항상 용신이 휴수할 때 공망 죽음) 충즉사 (항상 용신이 휴수할 때 변효가 충이면 죽는다) … 2주 안에

본인점	타인점
세효에 뭐가 임했나 봅니다. (관효는 길게 가고, 부효를 잡으면 치료거부, 치료방법 바꿔야 합니다, 손효 임하면 잘 낫습니다.) 월일 왕상한지 봐야 합니다. 관효가 세효에 임하여도 왕상하면 이길 수 있습니다. 세효가 약하면 … 면역력 약화 세효가 재효 임하면서 약하면 밥 못 먹었음 (돈병 의심) 세효가 재효 왕상 : 과식 세효 보기가 끝나면 관효의 위치와 왕상을 보고 괘를 통해 어디가 아픈지 나옵니다. 관효 보기가 끝나면 약과 의사가 손효임으로 손효가 왕상 해지는 달에 치료 된다고 혹은 좋은 의사를 만난다고 하면 됩니다.	자손 부인 형제 남편 어른(부모 장인 장모 시어머니 시아버지 모두 부가 용신) 타인 점사는 꼼꼼하게 못 봅니다. 용신이 선택되면 기신만 안 동하면 일단 안심입니다. 죽느냐 사느냐 큰 것만 볼 수 있기에 자기점은 자기가 치라고 한 것이니 여기선 큰 욕심 부리시면 안 되고 크게 크게 봅니다. 단 어르신들 돌아가신 공식은 부효가 약한데 관효가 동하면 원신 관효를 충할 때 돌아가신다고 잊지 마시고 부효의 건강점에서 형효가 동하면 노환이라고 생각하시고 아무리 구병공식이 있어도 용신의 왕쇠를 꼭 보셔야 합니다.

1. 재밌는 건강점

거창에서 아시아 1인극제 행사장에서 60대 부인 건강점

```
▶감水궁 (수택절)
....................
兄 子 -//-(孫 卯)
官 戌 ―                    未월
父 申 - - 應
官 丑 - -
孫 卯 ―                    酉일(진사공망)
財 巳° ― 世
```

건강점에서도 먼저 살필 것은 세효, 재효 공망 (음식이 비었다) 월 일 휴수… 게다가 상효 형효가 동함

관이 있는 괘 - 감괘 : 귀 이명 , 태괘 : 입, 이

음식을 왜 안 드시고 그류 했더니 많이 먹고 있다고 펄쩍 뜀
 그래도 하늘에선 제대로 못 먹고 있다고 더 드셔야 면역력 튼튼해지고 병이겨 낸다고 하는데요. 하고 내 굳은 심지로 말함 사화 재가 빨간색이라 빨간색 음식 많이 드시래요.

자기가 사상 체질 중 뭐라고 했는데 하시며 설명해 줌… 선무당이 사람 잡는 격 어떤 음식은 맞고 어떤 음식은 안 맞고 우와
 옆에 이원하 선생님에게 이 분 추선생님(국어국문학과 나오셨지만 한의학 공부 많이 하시고 사상 책도 내심)과 친하지요? 했더니 이원하 선생님은 자긴 이 여자분 모른다고 하고 이 여자 분은 날 보고 추선생님 아시냐고? 안다고

나도 체질 알려줬다고…

그래도 자긴 추선생님 덕택에 몸이 많이 나아지셨다고…

내가 음식 많이 안 드시면 - 귀에서 이명 들리고 치아 나빠진대요. 이명 안 들리유? 며칠 전에 들렸다고…

저기유 음식 땡기는 것 있음 많이 많이 드시고 - 추선생님껜 선생님이 알려주신대로 먹고 있다고 허유 선생님 지금 몹시 음식 결핍으로 나오유

이원하 선생님도 옆에서 그분에게 조금씩 드셔도 되는데…

잠시 뒤 스텝선생님이 삶은 계란 드시라고 겸사랑 그 분들과 주셔서 먹는데 노른자를 홀랑 버립니다.

내가 이건 왜 안 드시는 거유? 또 체질타령… 나 겸사도 엄청 음식 까다롭게 구는 스타일로 아직 젓갈도 못 먹고 회도 못 먹고 청국장, 양배추 삶은 것… 아예 건드리지도 않아서 뭐 할 말은 없지만 체질을 따져서 먹는 건 아닙니다.

괘에선 음식 공망에다가 형효 동하여 또 가리고 가리고… 이건 아니거든요. 내 언제 추선생님께 한 말씀 드려야겠다고 하니 지금 미국 가셨다고 합니다.

※ **점단 할 때** = 괘에서 휴수하면 휴수한 걸로 통변해야지 저렇게 앞에서 펄쩍 뛴다고 말 바꾸기 하시면 안 됩니다. 사주에 특히 상관 있으신 분들 분위기 맞추시느라고 말 바꾸기 절대 하시면 안 됩니다. 하늘에선 그렇게 말한다고 버티셔요. ㅎㅎ

2. 거시기 때문에

　53세 여자분 - 무엇 때문에 전화하셨냐고 하였더니 생리가 끊나야 하는데 계속 찔끔 찔끔 나온다고 합니다. 병원에선 작년에 아이가 또 들어설까봐 거시기 수술을 마쳤으나 또 이렇게 나오니 걱정이라고 합니다.

```
▶ 손木궁 (중풍손)
..........................
兄 卯 ─  世
孫 巳 ─/ (父　子)         巳月
財 未 - -
官 酉 ─  應
父 亥 ─                   寅일(오미공망)
財 丑 - -
```

　상식적으론 병원을 가야 하는 것이 원칙입니다. 이런 것을 육효점으로 해결다 보면 의사가 뭐가 필요한가요. 항상 병원을 가보시는 게 원칙이라는 것을 알고 접근해 봅니다.

　육효 서적에는 여자의 생리를 월사라고 합니다. 그러나 월마다 찾아오는 월객 이라고도 합니다. 생리라고도 하고 관으로 보았습니다. 왜 생리를 관으로 보냐고 예전 선생님께 물어보니 피를 관으로 본다고 하는데…
　이건 수정 되어야 할 것 같습니다. 임신을 원하지 않는 사람은 생리가 시작되면 기쁨이요, 안심이요, 편안함이기 때문입니다. 그러므로 손으로 봐야 합니다. 그러나 아기를 원하는 사람은 생리가 시작되면 불안함이요, 걱정이기에 관효가 맞습니다. 저는 그냥 관으로 보기로 합니다.

　세효 묘목 - 일진 인일 생조 받아 죽을 병은 아니고 관효는 유금인데 약하디 약하고 동효 사화가 툭툭 쳐서 저 병을 깨는데도 완치가 안 되었다고 그러면 사화가 힘쓰다가 차츰 자수에 가끔 공격을 받았다는 것?

겸사가 말하기를 저기유 양력으로 6월 7일경부터 7월 5일 사이에 그 찔끔 찔끔 없애주라는 달인데요. 이렇게 찍어준 달이 지나는 즉 7월에도 그 증상이 있으면 병원가보유 여기선 한 달 지켜보라고 나오네요. (午달이 되면 저 변효 자수 회두극 하는 것을 월에서 날려줄 것 같아서…) 그러냐고 알겠다고 합니다.

섣불리 모든 병점 - 육효로 해결보지 마시고 병원 다녀오시고 점단 하시라고 하시길… 물론 점단으로 죽고 사는 문제는 나오지만… 만일 죽고 사는 문제의 점이라면 저 점사 영생하지요?

3. 아버님이 수술 하셨는데

경운기에 다치신 아버님 갈비뼈 등 골절이 많은 상태, 이 병원에 입원하면서 수술이 잘 될지… 며느님의 점단

```
▶ 손木궁 (중풍손)
.........................
兄 卯 —/ (官 酉) 世
孫 巳 —/ (父 亥)                    未月
財 未 - -
官 酉 — 應
父 亥 —                              寅일(오미공망)
財 丑 - -
```

수술이 잘 되냐고 묻는 점사라도 내 점이라면 속속들이 보지만 … 이 점사는 결국 아버님이 위험한가 괜찮은가가 맘속에 맺혀 있다고 봐야 합니다.
일단 父가 용신으로 잡히면 - 기신인 재만 안 동하면 됩니다.
외괘에 반음이 만들어졌지만 - 용신과는 무관합니다.
자손들 자신들이 왔다가 갔다가 하는 상황 같습니다.

해수가 너무나 약하지만 - 재효가 동하지 않아 신월을 기다리면 좋을 듯하다고 하였습니다. (1년 후 - 퇴원은 했지만 거동이 불편하여 며느님 아직도 시댁 가서 수발하다가 집으로 뫼셔 왔다가 왔다갔다… 아버님과 자신이 왔다가 갔다가… 효부로다)

4. 담임선생님이 암이라는 데

40대 초반 남자 분 초등학교 선생님 3개월째 간암(肝癌)으로 투병중인데 학부모가 건강이 어떨지 묻습니다.

```
▶ 지화명이 (감水궁)
..............................
父 酉 - -
兄 亥 - -                              未월
官 丑 - - 世
兄 亥 —
官 丑 -//- (孫 寅)                      丑일(오미공망)
孫 卯 — 應
```

선생님이라 용신은 부효 상효 유금입니다. 월일에서 강하게 밀어줍니다.
이렇게 용신이 부효로 잡히면 원신은 관효로 갑니다.
힘없는 용신을 원신이 동하여 밀어주면 원신 충 할 때 갑니다.
근데 여기선 용신자체가 원신의 도움이 없어도 됩니다.

자신의 질병은 - 속속들이 다 볼 수 있지만 타인으로 넘어가버리면 죽느냐 사느냐 그것 만 볼 수 있습니다. 근병 공식에 합즉사가 있는데… 이 경우엔 용신이 미약할 때 적용됩니다.
저 2효 관변손 - 질병을 치료하다는 의미 보다… 이 선생님이 직장을 유지 못 하다로 보여 집니다.
묻는이가 위독한지 괜찮을지를 물으니 그냥 거기까지만 봅니다. 돌아가시진 않을 것 같다고 했습니다.
(결과 - 4개월 후 쯤 인가 돌아가셨다고 합니다. 왜 틀렸을까요? 혹시 찾으셨나요? 저 점사가 그냥 일반 병이라면 제 통변이 맞았습니다. 제가 잘 못 한

것은 병원에선 뭐라고 하던가요? 를 못 물어 봤고, 암은 젊으면 몸도 좋고 병도 잘 클 수 있는 환경이 되는데… 그걸 감안하지 못했습니다.

그리고 원신이 동하면 이미 죽을 날 정해졌다는 것을 의심하지 않고 그저 언령이 작동하면 안 되니까 산다고 하자는 그런 감정적인 마음이 더 컸습니다. 암이 4년 후면 정복된다고 하던데… 여러분들은 저런 점사 물어보면 병원서는 뭐라고 하더냐는 것을 참작하여 통변하세요.)

5. 임신 7개월 아이를 당장 꺼내야 한대요.

조카분이 쌍둥이를 임신했는데 몸이 약하더니 지금 당장 수술해야 한다는데 아기 괜찮을지… 잠자다 깨어 게슴츠레 눈뜨고 시간점으로 암산 때리니

```
▶ 진木궁 (수풍정)
................................
父 子 - -
財 戌 —/(父 亥) 世          未月
官 申° - -
(孫 午 복신)
官 酉° —
父 亥 — 應               卯日(신유공망)
財 丑 - -
```

아기가 복신이라도 일진에서 생조하니 문제 없슈 했더니 복신이면 흠 있다면서요. 걔덜이 7개월이니 흠이 있지유.
하긴 인큐베이터에 가니까요.

잠시 후 문자 - 한 아이 1, 5 또 다른 아이 1, 3 킬로
수술도 잘 되고 금방 끝났다고…
공망 밑에 용신은 끄집어내기 쉽다고 했는데…

6. 60대 여자분 건강점

따님과 같이 오신 분 따님 점사 다 해결하고 어머니도 물으실 것 있음 물으시라고 하니 그저 우리 남편과 내 건강이지요. 하시기에 어머니부터 건강점 보자고 하니…

```
▶ 간土궁 (산택손)
........................
官 寅 ―  應
財 子 - -                          未월
兄 戌 - -
兄 丑 - - 世
官 卯 ― /(官 寅)                   亥일(진사공망)
父 巳 ―
```

세효 월파 - 이번 달에도 아프셨쥬? 그렇다고 하심
관효가 붙은 괘를 찾습니다. 태괘 - 이(齒), 간괘 - 팔
두 곳이 아프시다고 허네요. 했더니 이빨은 틀니로 자꾸 곪는다고
간괘 팔은 - 예전에 수술했는데 자주 욱신거린다고

내일 신월로 월파는 벗어나지만… 축토가 힘이 떨어질 듯 하고
뭘로 살릴까 - 얼른 원신 살피니 사화 부효 공망
어머니는 지금 - 고향이 어디래유? (아쉬운 대로 부효 생성 중) 평양이요
그럼 엄마는 살아 계시대유? - 막내라 일찍 가셨다고 함
어머니의 고향이나 어머니 좀 보고 오셨음 마음이 많이 안정 되실 것 같아서 물어본 거유

눈이 빨갛게 되시면서 눈물이 가득 고이심
딸이 엄마를 짠해서 쳐다 봄
내가 딸에게 엄마는 이렇게 소중한 존재유 했습니다.
이 분 축토가 너무나 안되었길래 우선 부효를 찾아본 것인데 … 자신의 마음을 겸사가 톡 건드렸나본데… (이렇게 순수한 맘으로 점치면 우리가 건드리는 대로 다 맞습니다. 제가 이상한 것 건드리지 않았고 그대로 읽었지요?)

7. 50대 초반 언니가 유방암이라는데요.

신수점에서 - 세효 해수가 사월 사일 월파 일파로 깨지셨던 분, 제가 밥 잘 챙겨 드셔야 병 안 나고 돈 먹튀 한 여자도우미 잊고 사시라고 … 그리 일렀건만 뭔가 잡혀서 병원에 가니 유방암이 생겼다고 합니다. 나에게 물은 것은 병원 결과를 가보면 알겠지만 혹시 위험하냐는 것을 묻고 싶으신 듯합니다.

```
▶ 뢰지예 (진木궁)
……………………………
財 戌 -//- (孫 巳)
官 申 - -                                    午월
孫 午 -   應
兄 卯 - -
孫 巳 - -                                    亥일(진사공망)
財 未 - -世
```

언니는? 형제효로 3효 묘목 일진에서 생조 받으니 괜찮고, 관효 신금은 월일 생조가 없어서 그리 심각한 것은 아니고, 상효 재효가 금을 생조하니 관이 자꾸 커집니다. 암동 사화도 재를 생조 하고 있고, 그렇거나 저렇거나 월에 손효가 나와 있으니 午달에 수술을 받는 게 오히려 좋은 의사, 약을 만납니다.

동생에게 병이 그다지 큰 것은 아닌 것 같은데 되도록 이달에 수술 받으시라고 하니 여름 방학 때 하려고 했다고 하여 아니라고 이 달에 하시면 괜찮으실 것 이라고 말합니다. 그리고 언니는 일진에서 생조하니 위험한 일은 없을 거라고 했습니다.

저 위의 언니 분 너무 믿었던 사람에게 충격 받더니 드디어 병이 오고 말았습니다. 암이 선천적인 것도 있겠지만… 너무나 속상함을 받으면… 없던 병도 오는 것 같습니다.

(결과 - 좋은 의사가 기다리고 있었다고 합니다. 방사선 치료는 안 받아도 된다고 하였다고 고맙다고 전화 왔답니다.)

6. 60대 여자분 건강점

따님과 같이 오신 분 따님 점사 다 해결하고 어머니도 물으실 것 있음 물으시라고 하니 그저 우리 남편과 내 건강이지요. 하시기에 어머니부터 건강점 보자고 하니…

```
▶ 간土궁 (산택손)
┈┈┈┈┈┈┈┈┈┈
官 寅 ─ 應
財 子 - -                    未월
兄 戌 - -
兄 丑 - - 世
官 卯 ─ /(官 寅)              亥일(진사공망)
父 巳 ─
```

세효 월파 - 이번 달에도 아프셨쥬? 그렇다고 하심
관효가 붙은 괘를 찾습니다. 태괘 - 이(齒), 간괘 - 팔
두 곳이 아프시다고 허네요. 했더니 이빨은 틀니로 자꾸 곪는다고
간괘 팔은 - 예전에 수술했는데 자주 욱신거린다고

내일 신월로 월파는 벗어나지만… 축토가 힘이 떨어질 듯 하고
뭘로 살릴까 - 얼른 원신 살피니 사화 부효 공망
어머니는 지금 - 고향이 어디래유? (아쉬운 대로 부효 생성 중) 평양이요
그럼 엄마는 살아 계시대유? - 막내라 일찍 가셨다고 함
어머니의 고향이나 어머니 좀 보고 오셨음 마음이 많이 안정 되실 것 같아서 물어본 거유

눈이 빨갛게 되시면서 눈물이 가득 고이심
딸이 엄마를 짠해서 쳐다 봄
내가 딸에게 엄마는 이렇게 소중한 존재유 했습니다.
이 분 축토가 너무나 안되었길래 우선 부효를 찾아본 것인데 … 자신의 마음을 겸사가 톡 건드렸나본데… (이렇게 순수한 맘으로 점치면 우리가 건드리는 대로 다 맞습니다. 제가 이상한 것 건드리지 않았고 그대로 읽었지요?)

건강점 모음 287

7. 50대 초반 언니가 유방암이라는데요.

　신수점에서 - 세효 해수가 사월 사일 월파 일파로 깨지셨던 분, 제가 밥 잘 챙겨 드셔야 병 안 나고 돈 먹튀 한 여자도우미 잊고 사시라고 … 그리 일렀건만 뭔가 잡혀서 병원에 가니 유방암이 생겼다고 합니다. 나에게 물은 것은 병원 결과를 가보면 알겠지만 혹시 위험하냐는 것을 묻고 싶으신 듯합니다.

```
▶ 뢰지예 (진木궁)
..............................
財 戌 -//- (孫 巳)
官 申 - -                         午월
孫 午 一 應
兄 卯 - -
孫 巳 - -                         亥일(진사공망)
財 未 - -世
```

　언니는? 형제효로 3효 묘목 일진에서 생조 받으니 괜찮고, 관효 신금은 월일 생조가 없어서 그리 심각한 것은 아니고, 상효 재효가 금을 생조하니 관이 자꾸 커집니다. 암동 사화도 재를 생조 하고 있고, 그렇거나 저렇거나 월에 손효가 나와 있으니 午달에 수술을 받는 게 오히려 좋은 의사, 약을 만납니다.
　동생에게 병이 그다지 큰 것은 아닌 것 같은데 되도록 이달에 수술 받으시라고 하니 여름 방학 때 하려고 했다고 하여 아니라고 이 달에 하시면 괜찮으실 것 이라고 말합니다. 그리고 언니는 일진에서 생조하니 위험한 일은 없을 거라고 했습니다.

　저 위의 언니 분 너무 믿었던 사람에게 충격 받더니 드디어 병이 오고 말았습니다. 암이 선천적인 것도 있겠지만… 너무나 속상함을 받으면… 없던 병도 오는 것 같습니다.
　(결과 - 좋은 의사가 기다리고 있었다고 합니다. 방사선 치료는 안 받아도 된다고 하였다고 고맙다고 전화 왔답니다.)

8. 40대 시동생 암이 재발하였다고 함

40대 후반 시동생이라고 하시는데… 다시 항암 치료를 받아야 한다고 합니다. 의사 분들은 뭐라고 하더냐고 물으니 이런 경우는 별로 없어서 치료를 해봐야 한다고 했다고…

```
▶ 곤土궁(택천쾌) 상효동
..................
兄 未 -//- (兄 戌)
孫 酉 一 世                          申월
財 亥° 一
兄 辰 一
官 寅 一 應                          午일(술해공망)
財 子 一
```

용신은 : 관의 비겁이니 관효입니다. 인목 관효 월파로 깨지고 일진에서 휴수합니다. 원신을 빨리 찾습니다. 재효 해수 공망으로 음식물 섭취 못하고 미토가 동하여 술토로 회두생 되니 그나마 원신을 깨려고 준비 중 입니다. 자수도 암동하나 동효 미토가 자수를 방해 합니다.

이미 약한 용신이고 구병 6층은 충즉사, 월파는 내일이면 벗어나지만… 해월이나 와야 저 인목이 사는데… 대개 저러면 2주를 못 넘깁니다.
그러나 이럴 땐 11월만 오면 사는데 11월 이전에 위험할 수 있습니다.

(결과 - 11월 7일 오늘 해월이 시작되는 날인데… 며칠 전에 돌아가셨다고 합니다. 해월을 못 기다렸네요. - 카페 댓글에 결과 적어 놓은 기록)
※ 죽는 것 잘 맞추면 사람들 잘 안 옴. 잊지 마셔요.

9. 지인의 남편이 쓰러졌다고 합니다.

고급반 수업 시간이 좀 남기에 점칠 것 있으면 치시겠어요 ? 했더니 ㅈ 선생님이 고객의 남편이 51세 인데 어제 쓰러졌다고… 내가 병원에 갔느냐고 하니 아까 병원 간다고 하는데 아직 연락이 안 되었다고 어떻게 되겠느냐고 하시기에 점단해보시라고 하니 점단하심.

```
▶ 택수곤 (태금궁) 4효동
┈┈┈┈┈┈┈┈┈┈┈┈┈┈
父 未 - -
兄 酉 ㅡ                          酉월
孫 亥 ㅡ/ (兄 申) 應
官 午 - -
父 辰°ㅡ                           戌일(진사공망)
財 寅 - - 世
```

누구의 질병? 남편, 남편은 오화 관효 귀혼에 있지요?
또한 일진 술토에 입묘되었습니다.

남편이 죽으려면 무엇이 동하여라? 손효가 동해야 합니다.
손효가 열심히 회두생까지 받고 엄청 강합니다. 그럼 죽을지도 모릅니다.
게다가 관효는 휴수되었습니다. 귀혼에도 임하였으니 걱정입니다.
손효가 계속 관효 때리려고 기다리고 있고 자일이 되면 비신을 충하기에 고장지에서 빠져나와 쾅 맞을 수도 있습니다.

살려봅니다. 해수가 저리 강한데 - 오화는 일단 술토에 숨었고, 2효 진토 공망이나 술일의 술토가 암동시키면 토는 휴수해도 토(土)끼리는 암동 됩니다. 그러면 해수를 막습니다.

근병점에 6충이면 충즉생, 충즉유(癒)

이런 점사에서 - 죽이려고 작정하고 보면 죽습니다.

살리려고 작정하고 보면 삽니다.

이런 점사에서 여러분의 인격이 살리려고 하는 사람인지 아닌지 티납니다. ㅎㅎ

택수곤괘의 4효동은 논란이 많습니다. 야 저게 회두생이지 왜 6충이냐… 겸사가 겪어본 바로는 회두생의 의미보다는 충으로 경험을 많이 해 보았습니다. 여러분들이 이것은 더 경험해보아야 합니다.

다음주 ㅈ 선생님이 오시면 물어보겠습니다. 부디 암동으로 해수 막고 충으로 사셨으면 합니다.

(결과 - 오늘 10월 17일 수요일 반 선생님에게 그 분 죽었슈 살았슈?
안 죽었어요. 6충이 살렸습니다.)

10. 신생아 아기 건강점

제 달을 다 못 채우고 태어난 아기 배에 가스가 차서 우유도 제때에 못 먹인다고… 아이가 괜찮을 지 묻습니다.

```
▶ 지산겸 (태金궁)
..............................
兄 酉 - -
孫 亥 - - 世              申月
父 丑 - -
兄 申 —/ (財 卯)
官 午 - - 應             寅일(자축공망)
父 辰 - -
```

아기의 건강점이니 해수 자손인데 월에서 생조 하고, 일진에선 힘을 뺍니다. 애정사건 이런 것 아니니까 이럴 땐 6합으로 보면 안 됩니다.

만일 아기도 약하고, 원신이 동하여 밀어주면 원신 충할 때 죽는데… 이렇게 힘을 받으면 괜찮습니다.

그러므로 저 동효는 형이 동하여 음식을 차단하다가 다시 음식 섭취 잘 된다고 보시면 됩니다. 해수가 돼지를 상징하니 아이 투실 투실 잘 클 거라고 했습니다.

결과 - 살았다고 합니다.

11. 시어머니 건강점

강릉에서 4시 쯤 오신 분 시어머니가 70대이신데… 요즘 부쩍 이상해지셨고 남편과 통화가 잦아지셨는데 좀 이상하다고 건강운이 어떠신지도 알고 싶다고…

```
▶ 간위산 (간土궁) 2효동
........................................
官 寅 一 世
財 子 - -                          戌월
兄 戌 - -
孫 申 一 應
父 午 -//- (財 亥)                 戌일(오미공망)
兄 辰 - -
```

6층은 남편과 싸움하는 것을 본 시어머니 그 때부터 계속 본인을 오해하고 계시다고 함. 용신은 2효 오화 부효인데 월일 휴수 심상치 않음.

길흉은 동변효인데 오화변 해수라…
용신도 약하고 원신도 약하고… 그 상태에서 회두극이라
지금은 해수가 약해서… 해월에 문제가 있어 보이지요?

선생님은 왜 꼭 진토가 암동 치는 것은 안보세요? 술토랑 월파 먹었는데… 이런 것은 왜 안보세요?

그러던지 저러던지… 해수가 오화를 회두극하는 것은 피하기 힘들어 보입니다.
육효를 보다보면 더 잘 보이는 것, 즉 핵심만 봅니다.
진토가 월파 암동… 굳이 통변하지 않고 오화가 해월에 문제가 있다는 것만 여기선 핵심입니다. (결과 - 한 참 후에 소식 들음 돌아가셨다고 하는데 몇 월인지는 말 한하심 그 이후로 돌아 가셨어요. 들음)

12. 4개월 아기 건강점

내게 남편감이 배필이냐고 물어서 괜찮다고 했던 그 아이가 어느새 시집가서 아기를 낳았는데 자꾸 아이가 아프다고 합니다.

그래서 건강운을 묻습니다.

```
▶ 손木궁 (산풍고)
  ..........................
  兄 寅 ―/(官 酉) 應
  父 子 - -                     子월
  財 戌 - -
  官 酉 ― 世
  父 亥 ―                       丑日 (인묘공망)
  財 丑 - -
```

아기의 건강이니 아기를 찾아봅니다.
비신에 없습니다. 복신은 항상 흠이 있다. 로 봅니다.
손목궁의 납지를 올리면 손목 신축 축해유 미사묘
5효 자수 밑에 복신되어 있습니다.

인목형제 원신이 동하여 목생화 하려는데 자수에게 막혀서 발만 동동 구르다가 자신도 아픕니다. 여기서 인목형제로 봐야할까요?
사화 아기입장에선 바로 엄마이지요? 육친비틀기

아기가 따뜻함이 필요하지요? 지금은 병원에 자주 갈 수 있어서 병질환은 병원서 알아서 할텐데 아무 말 없는 것을 보니 아기가 몹시 면역력이 떨어져서 그런 것 같습니다.

저 아이가 복신상태에서 힘을 받으려면 인월이 와줘야 할 것으로 보이지요? 4개월 된 것이 얼마나 안스러우면 겸사에게 전화를…

음 면역력이 떨어져서 그런 것이지 2월 오면 괜찮티야 했더니 그러냐고 안심합니다.
이런 점사는 여기서 끝내면 안 됩니다. 가택에다 처방 한 번 해봐
네 합니다.

(결과 - 아기 괜찮아 졌고, 선생님 이거 자주 해도 되나요? 묻기에 음 그려 해도 되어 했습니다.)

13. 1차 항암 치료 잘 되었는지

중학교 친구가 유방암 2기 였는데 수술 후 림프 절에 전이된 암, 1차 항암 치료 후 줄어들었는지 봐달라고…

```
▶ 건金궁 (화천대유) 상효동
──────────────────
官 巳 ─ / (父 戌)應
父 未 ─ ─                          子月
兄 酉 ─
父 辰 ─ 世
財 寅 ─                            酉日(자축공망)
孫 子 ─
```

관이 어디 있나 보니 상효에 사화 관이 동하여 술토에 고장지로 빠집니다. 그럼 1차 항암치료는 잘 된 것이 됩니다.

(결과 - 유방암은 요즘 거의 완치 됩니다. 한 쪽을 제거 하였고, 1년간 수차례에 걸쳐 항암, 방사선… 약한 환자에게 이 점사는 그나마 관이 약하니 그대로 말하였지만… 우문(어리석은 질문)이지요? 치료가 안 되었어도 괜찮대 하고 거짓말 해줘야 합니다. 육효점 치다 보면 우문이 너무 많습니다. 여러분들도 우문인지 현문이지 잘 파악하여 잘 대답하세요)

14. 40대 남자 본인 건강점

일본인 남자와 여친이 방문, 일본인에게 뭐 묻고 싶은 것 없냐고 시쯔몽(질문) 하라고 했더니 건강점 물음

```
▶ 간土궁 (산택손)
................................
官 寅 ―應
財 子 - -                     子월
兄 戌 - -
兄 丑 - - 世
官 卯 ―/ (官 寅)              巳일(술해공망)
父 巳 ―
```

본인 건강점
항상 세효, 세효 임한 육친 월일왕상 대입하는 것은 거의 공통

다음 관효를 봅니다. 태괘 - 입, 이빨 내가 이빨 아프냐고 물으니 우웅 깜짝 놀람.
저 위에 간괘 - 괘로는 손 팔이지만 그림 상으론 머리 아프냐고
그렇다고… 태괘 입 말고 그림으론 종아리 종아리도? 우웅 끄덕임
별것 아닌 것 가지고 일본인 놀라고 감동함.

15. 남편이 밥을 못 먹고 있다고 함

남편(40대)이 아프다고 하면서 밥도 못 먹는다고 어쩌면 좋으냐고 물으심.

```
▶ 진木궁 (뢰풍항)
..........................
財 戌 - - 應
官 申° - -                    丑月
孫 午 —
官 酉° — 世
父 亥 —                        丑日 (신유공망)
財 丑 -//- (父 子)
```

유금 관효 공망, 근병점 공식 = 용신이 공즉생 (유… 병나을 유), 변효로 충즉생 (유) 낫는 공시기 두 개 다 걸리지요?

재효가 저렇게 많으니 과식 같구먼. 혹은 체한 것임
좀 못 먹어도 될 듯해서 낼 부터 괜찮아진다고 함 - 나도 언젠지는 모르지만 일단 안심 시키려고요.

16. 환갑이신데 건강운 물음

건강운 물으시길래 연세가 어찌 되시냐고 올해 환갑 되신다고…

```
▶ 곤土궁(뢰천대장) 3효동
  ....................................
  兄 戌 - -
  孫 申 - -                     丑월
  父 午 一世
  兄 辰 一/ (兄 丑)
  官 寅 一                       巳日 (진사공망)
  財 子 一應
```

이 점사는 제가 잘난 척 하려고 올립니다.
항상 본인점에선 세효 보라고 했지요? 쓱 월일 살펴보고 강하면 통과지요.
왜? 강하면 다 이긴다고…관효도 아주 작고… 볼 것 없지요?

겸사는 얼른 저 위의 사항이 한 눈에 파악이 되었습니다.
그래서 6층을 건드렸어요. 건강으로 한 번 놀랐쥬?

아니 예전에 병원… 옛날 일 아니유 요즘이유 6층은 깨지다 놀라다…
깜짝 놀랐으니까로 찍고 낙상 하실 뻔 했지유?
이분이 스스로 자백합니다. 엉덩이에 살이 쪄서 안 다쳤다니께
그게 나와요? ㅋㅋㅋㅋㅋ

낙상… 왜 찍었냐면 계절이 계절인 만큼(丑월은 양력 1월이라)
그리고 저 위에 관효가 약하니까… 같이 오신 분과 웃었습니다.

17. 당뇨가 있다는데 어쩌지요?

40 중반 되시는 여자분 밤 11시쯤 문자로 저 당뇨라는데 큰 병인가요? 괜찮을까요?

```
▶ 풍택중부 (간土궁)
..................
官 卯 ―
父 巳 ―                    丑월
兄 未° - - 世
兄 丑 - -
官 卯 ―                    丑일(오미공망)
父 巳 ― /(官 寅) 應
```

노름왕 남편 때문에 얼마나 맘고생이 심했으면 당뇨가… 괘를 냅니다. 그냥 제가 통변하는대로 따라와 보시기 바랍니다.

세효 형효 미토 월파 일파, 공망인데 일진 축토에 의해 풀림…
세효에 형효지세라 음식물(재) 거부의 괘.
관효 쓱 보니 콩알 만하고…

병 때문에 죽는게 아니라… 당뇨라는 말 때문에 먼저 죽겠다…
재효 거부인데 재도 복신으로 음식도 못 먹고 있구먼…

문자로 - 까딱 없어유, 음식 가리지 마시고 잘 드시면
2월부터 좋아지고 가을에 낫아유.

해서 보냈습니다… 2월에 관효가 오는데 왜 2월이냐구요?

이 괘상에서 일단 월파가 지나가야 됩니다.
월파 일파로 세효가 지금 제 정신이 아닙니다.

당뇨가 심하였다면 관이 왕하였겠지요.
다음 달 신경 쓰지 마셔요. 왜 가을에 낫느냐구요? 손효 오는 달인데… 이건 뭐 일단 세효를 푹 안심시켜야 합니다.

그리고 재효의 음식 거부는 어디서 당뇨병은 음식 조절 잘해야 한다고 들었겠지요. 그래서 밥 좀 먹이려고 음식 가리는 것 막으려고 저리 답을 보냈지요.
누구나 당뇨끼 있지 않나요? 암세포가 누구나 있듯이…
스트레스 받으면 병이 쑥 자란다고 들었는데…
일단 저 세효 월파 일파… 저기서 구해내야 합니다.
까딱 없대유… 좀 안심되지 않나요?
답변 없는 것 보니 먹힌 것 같아요 ㅎㅎㅎ

(결과 - 당뇨 얘긴 꺼내지도 않고 건강 괜찮다고 합니다.)

18. 어머니 건강

무료 토정비결 ,대구 유명한 철학원
모두가 올해 어머니 상복 입을 수 있단다고 하는데 올해 건강하실지…

```
▶ 간土궁 (산택손)
..................
官 寅 ―/(孫 酉)  應
財 子 - -                    寅월
兄 戌 - -
兄 丑 - - 世
官 卯 ―                      巳일(술해공망)
父 巳 ―
```

누구의 건강? 부효 이지요?
어른들 돌아가시는 공식 중에 신약한 용신 부효가
원신이 동하면 원신 충 할 때 가신다고 하였지요.

부효 사화는 일진에서도 강하니 신약한 용신은 아닙니다.
근데 원신 관효 인목이 동하여서 회두극 당합니다.
그럼 저 공식에서 하나가 충족이 안 되었지요?
용신은 강하고 원신이 동하였다.

그럼 어떻게 통변할까요? 이젠 좀 물어야지요?
거동은 어떠하시냐고 큰 병은 있냐고 요양원에 계시면서 주말은 큰 따님 댁에 가서서 쉬고 오신다고 그럼 뭐 일진에 부효라서… 괜찮으실 거 같다고 함.

대개 연세 드신 분들 큰 병 없으신 분들은 돌아가시기 1년 전부터 식사 - 주무심을 무한 반복 하십시다

　따님 집에 귀찮아서 가시기 싫다시면 의심해 봐야하는데 너무도 고대하신다고 합니다.

　(결과 - 11월인가 12월인가 돌아 가셨다고 합니다. 원신 동하면 의심해 보아야 할 것 같습니다. 틀렸지만 죽는 것 너무 찍지 마셔요. 죽는 것 맞추면 안 온다니까요)

19. 2살 아기 죽나요?

처녀보살님 전화 - 고객의 아기가 두 살인데 다쳤다고 죽을 것 같냐고

```
▶ 화택규 (간土궁)
..........................
父 巳 ―
兄 未 - -                    卯월
孫 酉 ― 世
兄 丑 - -
官 卯 ―                      寅일(오미공망)
父 巳 ―/ (官 寅) 應
```

질병 수명점도 우려점 공식과 같습니다.
아기라고 했으니 용신은 - 손효, 동하면 안 되는 것은 - 부효

용신부터 봅니다.
유금 월일 대입하면 월파 그리고 휴수함 4효에 거하니 식물인간으로 보입니다.

동효는 에구 참… 부효 사화가 회두생 월일 왕상하여 저 여린 보석 유금을 극합니다. 참 참 참… 한 다리 건너서 물어보니 다행이지 부모가 물으면 대답하기 곤란하지요.

보살님 10일만 있으면 청명, 진월로 달이 바뀌니까
10일만 잘 넘기면 위험한 고비는 넘긴다고 하셔요.

진월만 와줘도 월이 생조하니까 좀 나을 듯 한데
저렇게 강한 동효에서 어찌 구하나요?

맨날 촛불 켜고 빈다고… 땅에다가도 비셔야 하는데…
통관이 토입니다. 땅에도 가서 빌겠다고 합니다.
참 안타까운 점사입니다.
여러분들도 죽는 것이 보여도 아주 쉽게 죽는 다네요.
이런 말 안하시기… 언령, 구령 작동 위험

(결과 - 몇 달 만에 통화 아기 어찌 됐냐고 했더니 살았다고 합니다)

20. 목에서 피가 나는 언니 암이 아닌지…

내 친구 언니가 목에서 피가 나서 병원 가서 폐 시티 찍는다는데
혹시 암이 아닌가…

친구가 암 치료 받을 때 언니가 수발 했고 친구는 지금 자신의 집에서 휴양 중인데 걱정이 되어서 저에게 물었습니다.

언니는 50대 초반입니다.

```
▶ 화산려 (火)초효동
 ..............................
 兄 巳 ―
 孫 未 -//-(財 申)           巳월
 財 酉 ― 應
 財 申 ―
 兄 午 - -                  申일(술해 공망)
 孫 辰 - - 世
```

누구의 질병? 형효 형효 찾아 봅니다. 월에서 생조 받아 멀쩡
관효도 컨닝해 봅니다. 3효 신금 밑에 복신…
손이 동하여 있는 관도 깰 판 아니라고 걱정 하지 말라고 하라고 시킴
(결과 - 암 아님)

21. 시 아주버님 수명점

아주버님 60대 폐암 말기여서 요양병원에서 계시는데 형님이 자주 찾아뵈었는데 병원에선 준비하라고 하여 걱정되고, … 고통스러워 하시니까…
형님이 언제 쯤 아주버님이 돌아가실 것 같은지 알 수 있느냐고 물음.

```
▶뢰산소과 (태金궁)
................................
父 戌 - -
兄 申 - -                           申월
官 午 ㅡ 世
兄 申 ㅡ
官 午 - -                           子일(인묘공망)
父 辰 -//- (財 卯°) 應
```

관효가 용신인데 세효의 오화입니다. 유혼이라 산송장, 식물인간, 거동불편 子일 그러니까 오늘이 가장 위험한데…
빠르면 또 자일, 혹은 입묘되는 술월인데…

오늘 寅일날 돌아가셨다고 합니다. 이 점사로는 인일을 찍을 순 없습니다. 명복을 빌어봅니다.

22. 아기의 무탈점

임신 한 달도 안 되었는데 아기가 자리를 못 잡은 것 같다고
주변에 아기 낳다가 죽은 분이 한 분 계신데
자꾸 맘에 걸린다고 하면서 나에게 그 분 관털기 해달라고 하여서 관털기
하고 결과를 물음.

```
▶ 진위뢰 (진木궁)
……………………………
財 戌 - - 世
官 申 - -                    寅월
孫 午 ―
財 辰 - - 應
兄 寅 -//-(兄 卯)            戌일(자축공망)
父 子 ―
```

이런 점사는 항상 동변효가 답입니다. 형이 진신되면 손효가 좋지요.
진신은 승세이진 - 기세를 타고 나아감이니 인월 이달 다음 달 계속 살리지요.

23. 외국여행 가도 유산되지 않겠지요?

　새댁이 임신 24주째 인데 시어머니가 유산기 조심하라는 무속인 말을 전해 주어 찜찜한데 그래도 외국 여행 나가고 싶다면서 여행하여도 아기가 괜찮겠 냐고 질문.

```
▶ 천뢰무망 (손木궁)
..............................
財 戌 ―
官 申 ―              巳월
孫 午 ― 世
財 辰 ― ―
兄 寅 ― ―            申일(술해공망)
父 子 ―/ (財 未) 應
```

아기의 안위니까 공식은?
동효로부터 손효가 극받지 말자

　그런데 자수가 신일에 생조 받아 쾅 치러 가는 순간 일진 신금이 인목 깨우지요 일어나서 자수의 공격을 탐생망극으로 살리라고… 암동이 살리지요?

　암동은 이렇게 급박할 때 봅니다.
　천금부에 유상수구… 상처가 있으면 구원하라
　첨엔 아녀 가지 말아야 되여 (시간점으로 암산)
　그래서 암동까지 계산해보니 괜찮아서 음 가도 되여 했습니다.

(결과 - 잘 다녀왔다고 함, 아기 후에 잘 낳았음)

24. 남편 본인의 건강점과 부인의 건강점 비교

68세 남자분 본인 건강점   부인 67세 건강점

▶ 뢰화풍 (감水궁) 무동	▶ 태위택 (태金궁) 초효동
官 戌 - - 父 申 - - 世 寅月 財 午 ━ 兄 亥 ━ 官 丑° - - 應 卯日(자축공망) 孫 卯 ━	父 未 - - 世 兄 酉 ━ 寅월 孫 亥 ━ 父 丑 - - 應 財 卯 ━ 卯일(자축공망) 官 巳 ━/ (財 寅)

왼쪽은 본인 점사입니다.
세효 임한 글자는 부효… 약 발 안 받음, 약 거부
월일 비교 - 인신 충으로 월파 이달에 고뿔 혹은 아팠다.
휘청… 면역력 약화
병의 월일 대입 - 축토 관효 공망 휴수하니 약하고 병명 없음
저 술토 관효 휴수 걱정 안해도 되고
축토는 이괘이니 - 눈이 침침, 술토는 진괘에 관이니 - 발
인체부위로는 술토는 머리, 축토는 종아리?

결론 : 몸도 약하고 병도 약하고

저쪽 오른 쪽 부인의 건강점
내점이 아닌 타인점은 용신이 괜찮은가? 나쁜가? 그것 만 잘 잡힘
일단 6충이니 한 번 건강으로 크게 놀라거나 깨졌다.
재효가 용신인데 2효 묘목 월일 왕상하니 힘이 넘치는데

동효 관효가 그 힘 다 빼먹고 있으니…
관효의 사화는… 저 정도 힘이면 금방 난 병이 아닌 듯해서
6층이니 이 분 큰 병 있었남유? 유방암 있었다고

괘효로는 태괘라 입주변이냐고 하니 턱 쪽 밑에 갑상선인지 임파선인지 뭐라고 하심. 괘 인체 그림으로 발도 아프시냐고… 발이 좀 기울어지셨다고…

결론 : 이 부인은 몸도 강하고 병도 강하고… 죽거나 위험하진 않지요?

여러분이라면 어떤 쪽 택하시겠어요?
몸도 약하고 병도 약하고
몸도 강하고 병도 강하고
너무나 비교 되어 올립니다.
난 몸도 튼튼하고 병도 없었음 합니다.

25. 어머니 건강

효자 아드님이 물어 봄

```
▶ 택풍대과 (진木궁)
..........................
財 未 -//-(財 戌)
官 酉 ―                    辰月
父 亥 ― 世
官 酉 ―
父 亥 ―                    未日(자축공망)
財 丑° - - 應
```

누구 건강? 부효
무엇만 동하지 말아라? 재효

부효부터 살펴보니 진월에 입묘되었고 휴수
재가 진신 되어 부효 때리러 가는데 부효는 진토 속에 숨어 있고
그럼 巳월이 오면 스나이퍼 진신에게 당합니다.

그래서 설명 드리고 피할 수 있는 방법을 몇 개 일러 주었습니다.
1) 병원에 미리 가서 입원하기
2) 여수 고향 쪽 며칠 가서 쉬고 오기 기타 등등 점단하니
여수 쪽 갔다 와서 좀 나아졌습니다.

어머니 건강으로 눈물을 흘리시면서 아파하시는 효자를 오랜만에 보아서
행복했습니다.

(결과 - 걸음을 잘 못 걷다가 넘어지셔서 경미하게 다치시고 괜찮으셨다고 함)

26. 남편의 건강점

오늘 우아한 50대 초반 전문직 남편(치과, 한의, 건축)을 둔 세분이 오셨습니다.

두 분이 먼저 신수점을 보았는데 두 분 모두 세효에 관효가 임하였습니다. 뭐가 그리 막히고 체하셨냐고 물으니 다 막혔다고 해서 하나씩 풀어나갔습니다.

그 중에서 두 번째 부인의 이야기 이것저것 다 묻고 남편의 건강운이 어떤지를 물었습니다.

```
▶ 진木궁 (뢰수해)
..........................
財 戌 - -
官 申 - - 應              未月
孫 午 一/ (財 丑)
孫 午 - -
財 辰 一   世              卯日 (진사공망)
兄 寅 - -
```

이 점사 좀 특이해서 올립니다. 남편의 직업은 건축관련일
남편의 건강점은 - 남편도 관이고 병도 관인데 그래도 관이 남편입니다.
당연히 손효는 남편의 입장에서 관효가 됩니다.

그러므로 용신이 관효, 기신이 손효가 됩니다.

에이 선상님 손효는 약, 의사, 자손 그런거잖아요.
맞유 그런데 이 점사는 용신이 관효로 확정되니까 관효를 치는 글자가 손효라 남편 입장에선 자신을 극하는 관효로 육친 비틀어야 합니다.

5효 신금 관효 월에서 생조 받는데, 손효가 동합니다. 이러면 큰일입니다.
내가 남편 건강에 문제가 있다고 하는데 과거형일지도 모르기에
수술 했나유? 작년에 하셨다고…
수술을 안했다면 미래형인데 그건 이미 했다니 이게 뭐지?
일진에서 손효가 너무 강하므로 이것 문제 있는데… 앞으로 혹은 현재형인데…
남편이 계속 아프던지 뭔가 안 좋은 일이 계속되시는 것 같다고 하니
기러기 아빠가 된 후 도박에 빠지셨다고 집 몇 채 값 도박으로 잃었다고…
그제서야 오호 저 손효가 남편 입장에선 관효가 도박?
질병이나 사고가 아니라 손효의 탈을 쓴 관효가 도박이라니…

부모님의 집도 날리고, 지인들 돈도 많이 갖다가 썼다고 부인은 그런 남편이 이해 안되어 이혼하려 맘먹고 있단다. 그렇게 착실한 남편이 기러기 아빠 된 후 외로움을 그렇게 해소한 것 같다고… 저 손효의 탈을 쓴 관효는 나쁜 습관으로 규정지을 수 있습니다.
일진에서 밀어주는 오화가 쉽게 사그라 들기가 힘듭니다.
건강점을 물었지만… 관재송사로 남편 문제가 생길 수 있습니다.

27. 콩알 만한 물혹이 있다고 합니다.

40대 남자 선생님 내가 바빠서 문자로 사연을 알려달라고 했더니
콩알 만한 물혹이 있는데 병원에 가봐야 하느냐고 걱정되셔서 물으심
그래서 나는 이분의 병이 어떠한가를 물음

```
▶ 감水궁 (수화기제)
..............................
兄 子 - - 應
官 戌 ㅡ                          午월
父 申 - -
兄 亥 ㅡ / (官 辰) 世
官 丑 - -                         卯일(자축공망)
孫 卯 ㅡ
```

폰 문자에서 자신이 물었기 때문에 세효를 봅니다.
세효 휴수하고 회두극 맞으니 갈등지상입니다.

관효를 보니 축토 공망, 5효 술토 월에서 생조받아
강합니다. 축토 관공망은 아직 발견되지 않은 것이라 보여집니다.
다행히 일진에 약, 의사가 나와 있어서 좋은 의사를 만날 수 있기
때문에 문자로 병원가시면 좋은 의사 만난다고 보냈습니다.
아마 혹이 두 개일 거라고 말했습니다.

28. 미국에 있는 딸 20대 건강이 괜찮은지요.

```
▶ 건金궁 (천지비) 상효동
............................
父 戌 —/ (父 未) 應
兄 申 —                               丑月
官 午 —
財 卯 - -世
官 巳 - -                             寅日(오미공망)
父 未 - -
(孫 子) 복신
```

누구의 건강? 용신은 자손
자손이 문제없으려면… 부만 동하지 말아라.

일단 자손 봅니다.
힘도 없는 자수가 월파 맞은 미토 속에 웅크려 앉아 있으니 너 참 힘들구나 병은 그냥 관 봅니다.
오화 공망 관 - 공망 된 관효는 병명 없음 괘체로는 머리
사화 힘있는 관 - 곤괘의 관은 배, 위장

부효만 동하지 말라고 했더니 동하여 퇴신
이 상태라면 미토 속의 복신이 열릴 때… 축월이니 이번 달에 죽었어야지요?
이번 달에 안 죽으면… 자월에 치 될 때 죽어야지요?
근데 왜 살았냐구요? 5효 신금이 일진에서 암동 되어서 계속 부효를 막지요?
내가 따님이 지금 공부며, 알바며 힘드는데, 윗사람(5효), 동료 형효 신금 때문에 그나마 위장하고, 머리만 좀 아픈데 큰 문제는 없네유.
했더니 거기 언니뻘 되는 사람이 그리도 잘한다고
돈도 잘 써준다고… 아하 형효니까… 암동이 살린 딸입니다.

27. 콩알 만한 물혹이 있다고 합니다.

40대 남자 선생님 내가 바빠서 문자로 사연을 알려달라고 했더니
콩알 만한 물혹이 있는데 병원에 가봐야 하느냐고 걱정되서서 물으심
그래서 나는 이분의 병이 어떠한가를 물음

```
▶ 坎水궁 (수화기제)
.........................
兄 子 - - 應
官 戌 一                          午월
父 申 - -
兄 亥 一/ (官 辰)世
官 丑 - -                         卯일(자축공망)
孫 卯 一
```

폰 문자에서 자신이 물었기 때문에 세효를 봅니다.
세효 휴수하고 회두극 맞으니 갈등지상입니다.

관효를 보니 축토 공망, 5효 술토 월에서 생조받아
강합니다. 축토 관공망은 아직 발견되지 않은 것이라 보여집니다.
다행히 일진에 약, 의사가 나와 있어서 좋은 의사를 만날 수 있기
때문에 문자로 병원가시면 좋은 의사 만난다고 보냈습니다.
아마 혹이 두 개일 거라고 말했습니다.

28. 미국에 있는 딸 20대 건강이 괜찮은지요.

```
▶ 건金궁 (천지비) 상효동
.........................
父 戌 一 / (父 未) 應
兄 申 一                    丑月
官 午 一
財 卯 - - 世
官 巳 - -                   寅日 (오미공망)
父 未 - -
(孫 子) 복신
```

누구의 건강? 용신은 자손
자손이 문제없으려면… 부만 동하지 말아라.

일단 자손 봅니다.
 힘도 없는 자수가 월파 맞은 미토 속에 웅크려 앉아 있으니 너 참 힘들구나 병은 그냥 관 봅니다.
 오화 공망 관 - 공망 된 관효는 병명 없음 괘체로는 머리
 사화 힘있는 관 - 곤괘의 관은 배, 위장

부효만 동하지 말라고 했더니 동하여 퇴신
 이 상태라면 미토 속의 복신이 열릴 때… 축월이니 이번 달에 죽었어야지요?
 이번 달에 안 죽으면… 자월에 치 될 때 죽어야지요?
 근데 왜 살았냐구요? 5효 신금이 일진에서 암동 되어서 계속 부효를 막지요?
 내가 따님이 지금 공부며, 알바며 힘드는데, 윗사람(5효), 동료 형효 신금 때문에 그나마 위장하고, 머리만 좀 아픈데 큰 문제는 없네유.
 했더니 거기 언니뻘 되는 사람이 그리도 잘한다고
 돈도 잘 써준다고… 아하 형효니까… 암동이 살린 딸입니다.

29. 따님 피부병

20대 대학생 따님 근래 생긴 빨간 피부염
어제 문자로 물으셨는데 바빠서 까먹었더니 오늘 밤에 전화 오심

엊그제 병원 가서 치료 받았는데 오늘 없어졌다가
세수하니까 또 생김 병이 어떻겠냐고 놀라서 전화 드린다고

```
▶ 뢰산소과 (태金궁)
  ............................
  父 戌 - -
  兄 申 - -                    亥월
  官 午 ― / (父 丑)世
  兄 申 ―
  官 午 - -                    巳일(신유공망)
  父 辰 - - 應
```

비신에는 자손이 없고, 월에 자손이 있지요 그럼 어찌 보냐구요?
별 문제 없음, 고로 병만 따져 보자구요.

원래 일진은 길게 작용한다고 하였지만, 이 경우는 단기간에 생긴 병이고
병원도 다녀왔고 해서 이럴 때 일진은 하루하루 계산 때려봅니다.

지금 오화 두개 한개는 축토 변효로 주저 앉는데 일진이 생조하니
내일 午날까지 극점을 찍습니다.
그래서 내일까지 극성맞고 모레부터 가라앉을 것 이라고 말했습니다.
단 모레까지 문제가 있으면 다시 전화 달라고 했습니다.

(결과 - 미날 새벽부터 나아졌다고 연락 옴)

30. 태어난 지 몇 달 안 되는 손녀가 병원에 입원 했다고 하심

수요일 공부하시는 연세 많은 여자선생님이 걱정되어 괘를 내심

```
진위뢰 (진木궁)
..................
財 戌 - - 世
官 申 -//-(官 酉)              丑월
孫 午°  —
財 辰 - - 應
兄 寅 - -                    酉일(오미공망)
父 子 —
```

점단하신 선생님 말씀에 관이 진신이고 자손이 약해서
이거 큰일이 아닌가 한다고 하심, 목소리도 심각하심.

겸사가 물음 손녀가 예전부터 아팠나요? 요즘 병인가요?
요즘 그런 거라고 ㅎ

나 속이 타서 : 그럼 금방 나으유

손이 저리 약한데 금방 어찌 났냐고 물으심
　근병 낫는 공식 공즉생, 충즉생이라고 했잖아요. 지금 오미공망 중이니 자손이 오화 공망이니까 금방 낫는데 관효가 저리 진신 되어 왕상자이니 유 술일까지 진신 되고 해일부터 관이 약해지니 내일까지만 고생하라고 허유 했더니

저번에 점단을 하니 관이 공망이었다고…

자아 한 번 더 암기하셔요. 병점에서 관이 공망이면 병명을 못 찾는다고 하고 용신이 공망이면 금방 낫는다.

제가 지금 선생님께 지금까지 39번째는 말씀드린 것 같은데유 했더니

이제야 안심 되셔서 겸사 선생님이 그렇게 알려줬어도
이렇게 내가 쳐봐야 머리에 들어오는 걸 어쩌냐고…
연세도 많으신 선생님이라 둘이 웃고 말았음
젊은 선생님이셨으면 쥐 잡듯 잡았을텐데 ㅎ 봐드립니다.

근병인지 구병인지 꼭 묻고 근병공식과 구병공식에 대입하면 끝입니다.

기타점사

꿈 외

일단 꿈 해몽부터 올립니다. 다른 사람의 꿈은 결과를 안 알려줘서 몇 개 없습니다. 제가 꾼 꿈은 결과가 금방 금방 나오니까 그러합니다.

1. 청소하는 꿈

사각형의 방을 가뜩이나 좋지도 않은 머리로 어디부터 치울까? 꿈에서도 궁리하는데 걸레로 벽의 먼지를 닦고 있었습니다. 깨끗하게 드러나는 벽을 보면서 보람 느끼다가 깨었습니다.

```
▶ 이火궁 (화수미제)
..........................
兄 巳 ―/ (孫 戌)  應
孫 未 - -                         戌月
財 酉 ―
兄 午 - - 世
孫 辰 ―                           午日 (인묘공망)
父 寅 - -
```

꿈해몽은 일단 세효를 극하는 것이 없다면 동변효에 길흉
형변손… 뭐변손은 돈 되는 공식

내가 먼저 쓰고 못 받은 돈이 있던가? 없넌디…
친구, 동료, 형제가 돈준다? 에이…
형제에게 기쁨 아기 소식?… 에이
동료가 손님 데리고?… 에이

저 형변손이 뭘까?
육효점은 금방 답 나와서 참 편합니다.

저어 선생님 동효 사화가 술토 변효에 입묘된다고 하지 않나요?
일진에서 힘이 있기에 힘있는 글자는 고에 빠지지 않습니다.

(결과 -오늘 진짜 집 청소하고 수박덩어리 맛이 없어서 남도 못 주고 믹서기에 다 갈아서 껍질만 음식물 쓰레기 만들어 버리고 그간 논문 자료 빼놓은 것 훅 버리는데 전화 와서 꼭 오셔야겠다고 손님 전화…
3시에 오셔서 5시 20분쯤 가시고 눈물로 하소연하시고… 너무 길게 앉아 있었다고 15만원 주십니다. 엄… 청소꿈 괜찮다… 여러분도 청소 꿈 꾸세요. 카페 댓글에 적어 놓았던 글임)

2. 곰팡이 꿈

사당동 우리방 천정에 검정색 곰팡이가 번져있어 이상하다? 싶어 꿈속에서도 머릿속으로 저걸 어떻게 처치해야 하나 왕 고민하다가 깼고 ... 무슨 꿈인지 알고 싶어 점단

```
▶ 곤土궁 (수천수)
..........................
財 子 - -
兄 戌 —                          戌월
孫 申 - - 世
兄 辰 —
官 寅 —                          辰일 (인묘공망)
財 子 —/ (兄 丑) 應
```

세효 신금 월일 괜찮고… 재동이라…
오늘 예약 없는데… 아하 수업료… 재효 자수 월일 무력 암동에… 회두극에… 곰팡이 맞네… 재효에 곰팡이 슬었구먼…

이 꿈이 재물점이라고 해서 보면 세효 손효는 엄청 갈망하는 것이고
그냥 세효가 극당하지 않는다면 그냥 꿈해몽은 동변효에 길흉이 있습니다.

곰팡이 꿈은 오늘 돈이 들어오긴 들어오는데 그닥 많지는 않다는 그런 꿈입니다.
괜히 걱정했네… 뭔일이 생기나? 하고 점단했는데 다행입니다.

(결과 - 오늘 자수가 1. 6수인데 ... 이것 저것 총액 36만원 들어왔습니다. 자수 저렇게 쥐어 터져도 돈이 되긴 되네요. 참고 하셔요 자랑 하는 것 아닙니다. 동효는 동효의 위력이 있다는 것...수업료는 곰팡이 맞았구요. ㅎ(한분 담주에 주신다고)

3. 조각 시체 꿈

꿈에 목만 있는 시체, 다른 부분 시체… 또 이것을 큰 비닐봉투에 청소하는 아주머니를 보았고 그 아주머니가 아파트 계단을 딸과 함께 올라가는데… 내가 뒤따라가는데… 가다가 정지하고 시체를 또 줍는데… 도구가 많아서 올라가지 못하시길래

내가 청소도구 몇 개를 들어서 먼저 올라가게 됨 하여간 여기 저기 시체 부스러기 천지…
깨었는데 약간의 공포가 엄습…
이게 무슨 꿈일까? 망설이는데 일반전화 옴 받으니 아들이 직장을 관두느냐 마느냐 물으시길래 상식적으로 갈 직장이 있다면 그만두고 갈 직장이 없다면 알아봐 놓고 관두어 한다고 이건 점칠 문제가 아니라고 목 잠긴 소리로 해놓고… 다시 누웠는데 아무래도 걱정이 되어 텔레비젼 셋톱박스 시계 보니 아침 9시 20분

▶ 뢰천대장 (곤土궁)
....
兄 戌 - -
孫 申 -//-(孫 酉)   戌월
父 午 一 世
兄 辰 一
官 寅 一   午일(자축공망)
財 子° 一 應

오 ~ 손효 진신?
손효만 동해도 좋은데… 손효가 진신?
소망성취? 기쁨 두배? 재물? 오오 몰라 몰라…

시체 꿈 괜찮네요. 응사 시기는 신일이나 유일? 신시나 유시? 보고 해드리겠습니다.

(결과 - 오늘 신일… 예약 2명 있었는데, 한 명 또 오시고 또 한 분, 또 한 분 - 총 5명 귤 한 박스 갖다 주신 분… 진신이 이정도면 약한데… 유날은 내일인데… 내일 학교 가고 서산가고… 야 진신 너 이렇게 약하면 안 되잖아… 내일 기다려봅니다.)

4. 불꽃 싸대기 꿈

잘 아는 분 두 분이 꿈속에서 나를 속였음이 발각 되었습니다. 꿈속에서 너무나 어이가 없어서 한 사람씩 가서 불꽃 싸대기… 날렸습니다. 꿈속에서도 너무나 서운하였습니다.

겉과 속이 너무나 다른 행동에… 어찌나 서운하던지…

현실인줄 알고 꿈에서 깨었습니다. 시계 보니 새벽…

이 꿈이 어떤 의미가 있는 건지…

```
▶ 간土궁 (산택손)
..........................
官 寅 一應
財 子 - -                         亥월
兄 戌 -//-(孫 酉)
兄 丑 - - 世
官 卯 一                          亥일(진사공망)
父 巳° 一
```

형변손… 동료로 인한 기쁨, 재물에 대한 기쁨 뭐 변손은 그래도 돈 됨, 형제의 기쁨? 아침에 덜 깬 소리로 여보세요? 했더니 주무세요?

아! 챙피… 내 라이프 스타일을 모르시는 분

그분께 반가운 소식 들었습니다.

동료의 소식은 아니고 孫의 소식, 孫 중의 兄의 기쁨

그런 게 있슈. 꿈 해몽에선 동변효에 의미가 가장 많은데 일진에 재효가 있어서인지 오늘 상담 손님 3명과 제자 선생님도 다녀가시고…

하여간 여기서 다 말할 수 없지만… 좋은 소식이 있었습니다.
뭐 변손은 하여간 편안한… 나쁘지 않은 꿈

(이 꿈은 박사과정 학교 다닐 적에 후배들과 뭔가를 하려 했는데 안 해줘서 내가 서운한 마음을 가지고 있었다가 그 맘이 표출된 꿈입니다. 저 괘보면 문서 월파 일파 맞았고, 나는 그 문서가 무척 필요해 보이지요? 다행히 동한 형제 동료가 세효를 도와주었고, 현실에선 그랬고, 재정적으로도 좋았습니다.)

5. 손님이 300만원 주는 꿈

우리 집에 밤 시간대에 오시는 여자분이 황금빛이 도는 봉투에 100만원씩이나 들어있는 것 3개를 검사에게 고맙다고 줍니다.

나는 꿈속에서도 이런 돈을 받아 본적이 없어서 (ㅎㅎㅎ 현실에서도 복채는 20만원 최대금액 받아봤음 103평대 부인도 돈 없다고 2만원인가 주고 갔음 ㅎ)
내가 거북하면서 받아야 하는지 말아야 하는지 헷갈려 하는데 그분의 미소는 진짜 날 고마워하는 듯 보였음 뭔 의미가 있는지 점단

```
▶ 이火궁 (산수몽)
........................
父 寅 ―
官 子 - -                        子月
孫 戌 -//-(財 酉) 世
兄 午 - -
孫 辰 ―                          子日(인묘공망)
父 寅 - - 應
```

손변재라 돈이 실제로 들어온다는 얘긴데… 재효 너 너무 휴수하다
오늘로 응사되는지…
오늘 수업 수업료도 이미 다 받았는데 돈 들어올 일이 없는데…
하여간 오늘 지켜보겠습니다.

(결과 - 인터넷 때문에 오신 기사님 돈 안 받고 고쳐주심. 생각도 못 한 30 들어왔습니다. 정말 생각치도 않았습니다. 고맙습니다.
… 옴마나 이 꿈… 효력이 아직도 이어 지네요… 이제 꿈을 올렸으니 금액도 밝혀야 하는데 내일 부쳐주신다고 합니다. 오늘 들어왔습니다. 100 뭔 일? 그런 일 있슈. 130만원 총 들어옴, 꿈에 돈 주신 주인공은 아직 잘 안 풀림)

6. 물고기 꿈

한마리 작은 물고기는 죽어있고, 거의 투명하게 죽어있어서 죽은지 좀 되어 보임. 저쪽으로 가니 미꾸라지 작은 것 속에 등줄기만 보이는데 큰 것이 하나 섞여있고, 또 저쪽으로 가니 붕어떼… 근데 붕어?라고 해야 하나? 관상용은 아닌데 뭔 붕어가 참 예쁨 걔네들이

떼로 나에게 와서 스스로 무릎 꿇음… (잡혔다구요)

이 점사 왜 올리냐면 이것 일요일 꿈인데… 진신은 치될 때 응사되거든요. 수요일, 목요일 응기 되나 보려구요

```
▶ 곤土궁(뢰천대장) 5효동
............................
兄 戌 - -
孫 申 -//- (孫 酉)              丑월
父 午 一世
兄 辰 一
官 寅 一                         巳일(오미공망)
財 子 一應
```

세효와 동효가 별 상관이 없을 땐 세효 저리 치워버리고 동효의 의미만 풉니다.

손효진신이니 뭔가… 횡재수가? 있지요? ㅎㅎㅎ 미안

물고기?… 손효 진신 또 임신? 의심하기 없기

왜? 하여간 그것은 절대아님

응기가 되는지 수요일 목요일… 기다려보려고 올렸습니다.

(결과 - 신일 오늘 새해 무사하게 해달라고 아는 고객이 거시기해 달라고… 돈이 조금 30 왔습니다. 손효 진신은 학교 홈페이지에 글을 한 학생이 우리들 몇 명을 명예훼손죄로 고발해 놨는데 공주경찰서에서 증거불충분으로 무혐의 처리 되었다고 연락 왔습니다.)

7. 족제비 꿈

한의학에선 꿈을 꾸는게 건강엔 별로 도움이 안 된다는 글귀를 본 것 같습니다. 우리 강아지 점복이가 내 옆에서 자면서 흠칫 흠칫 놀라기도 하고 끄응 하면서 강아지도 열심히 꿈꾸는 걸 내가 봤습니다.

저번에 남편과 휴가때 족제비 새끼한마리가 아이보리색이었는데 칡순 옆에서 길에 죽어 있는 것을 차타고 오다가 본적이 있었습니다.

그 때문인지 어제 꿈에 아이보리 색깔의 족제비가 강아지처럼 쿨 쿨 자고 있길래 내가 장난기가 발동해서 그 족제비 배를 손으로 툭 치고 갔습니다.

근데 이 족제비가 크르릉 하면서 나에게 신경질을 냈습니다.
언제 물어다 놨는지 물고기도 앞에 있었고
인석은 내가 그 물고기 탐낸 줄 아나비다 하면서 꿈에서도 당혹스러웠습니다. 그래서 컴 시간 보고 점단합니다.
10시 39분   산택손 초효동입니다.

```
▶ 간土궁 (산택손)
..................................
官 寅 ─ 應
財 子 ─ ─              未월
兄 戌 ─ ─
兄 丑 ─ ─ 世
官 卯 ─               子일(진사공망)
父 巳 ─ / (官 寅)
```

꿈해몽도 모든 길흉은 동효와 변효
부변관이라 부는 - 어른, 소식, 비, 책, 장소이동 이런 것
관은 - 관공서 남편 단체…

금방 비는 왔고, 연락 온다 남편, 혹은 관
소식 온다 관공서에서 뭐지?
내가 학생이라면 상장 받는 것 같은데 이제 학생도 아니고…
뭐지? 이따가 저녁때 검산해봐야겠습니다

(결과 - 부변관 … 석사 10기 장현삼 선생님과 11기 윤경옥 선생님이 허준 박물관 가자고 집에 오셔서 갔다 왔습니다.
갑자기 연락 와서 관공서(단체가 가도 되는 곳, 관광지) 허준박물관 가서 점쳐 드리고 거기서 관계자분이 논문 자료도 주시고 ㅎ 즐겁게 갔다 왔습니다. 장현삼 선생님은 논문 - 동의보감에 나온 구안와사 쓰신다고 했음, 부변관 연락 오다, 장소에 가다 기타 등등 ㅎ)

8. 남편과 애정행각 꿈

```
▶ 건金궁(풍지관) 5효동
..............................
財 卯 ─
官 巳 ─ / (孫 子)           戌月
父 未 - - 世
財 卯 - -
官 巳 - -                    辰日 (자축공망)
父 未 - - 應
```

세효 부효 월 일 초효 부효가 4개입니다.

아침에 모 선생님 전화 - 교통사고 당해서 치료받는 엄마 보험료 6천만원 물어내라고 중앙선 침범으로 돈 못 준다고… 시골길에서 고양이 피하다가 중앙선 침범인데…

이 전화 받고 이런 이런 이놈의 내 꿈자리 벌써 시작 이구먼 했는데

두번째 전화 남편 바람난 이야기
세번째 전화 돈 떼먹은 것 어떻게 받느냐고 제자선생님
네번째 전화 관털어야 할 일 있다가 방문하시겠다고 ㅎ

지금 다시 괘를 그려서 가만히 보니 관변손… 관털기 꿈이네요 ㅎㅎㅎㅎ
아무리 동변효의 답이 있다 해도 오늘은 세효 부효와 부효가 너무 많습니다.
하여간 꿈이 특이한 것은 좀 점검해봅니다.
만일 꿈이 뒤숭숭했다면 관변손의 풀이는 달라집니다.
그냥 뭐변손도 돈된다로 가볍게 가야 합니다.

(복채로 단감 한 박스 보내주신 다는 분 전화도 받았음)

9. 남편의 꿈 - 아이를 팼다고 함

청양 사는 애기엄마 전화, 남편의 꿈에 - 자다 보니 아무도 없는데 웬 아기가 들어와 있어서 아내랑 아이들을 찾으니 아무도 없고 공포 스러워서 그 아이에게 나가라고 했더니 안 나가기에 몇 대 팼다는데도 안 나갔다고 합니다.

그 남편분이 왠지 찜찜하다고 꿈 얘길 하니 이 아내분 꿈이라도 그렇지 애는 왜 패냐고 혼냈다고…

겸사가 그래서 남편이 나에게 물어보라고 하던가요? (용신을 세냐 관이냐 잡으려고) 물었습니다. 그랬더니 그랬다고 합니다.

```
▶ 감水궁 (수뢰둔)
............................
兄 子 - -
官 戌 一 應                    巳월
父 申 -//- (兄 亥)
官 辰 - -
孫 寅 - - 世                   卯일(오미공망)
兄 子 一
```

꿈해몽의 길흉은 어디 있다? 동변효 이고 이 점사는 부변형
 나에 물어보라고 했다고 하니 본인은 세효 인목 손효인데 부효가 동하니 - 본인에겐 저게 관효도 될 수 있지요.

신금 동효가 아무리 힘이 없어도 일은 발생하는데 사월이 묶는다고 해도 누달이 금방인데…

부인에게 이 꿈은 그리 좋은 꿈같진 않다며 - 가택처방을 시켰습니다.

세효 입장에서 부효는 문서로 인해 돈 나갈 수 있고, 육친비틀기 하면 세효 입장에서 관효가 되니 몸이 아플 수도 있고 다칠 수도 있어서…

혹시 요즘 남편이 아프다고 하던가요? 했더니 그렇다 합니다. 더 말해봐야 부정적인 말 밖에 안 나올 것 같아 가택처방 하면서 우리 남편 건강하고 아무 일 없게 도와달라고 하라고 했더니 그러겠다고 하였습니다.

10. 구정물에 손 씻으셨다는 꿈

50대 후반 부동산 많으신 여자 분

```
▶ 손木궁 (풍화가인)
..........................
兄 卯 ―
孫 巳 ― 應              午月
財 未 -//- (孫 午)
父 亥 ―
財 丑 - - 世            午日(인묘공망)
兄 卯 ―
```

이 꿈은 돈 들어오는 꿈인데요. 나쁜 꿈 아니래유.
전화 갑자기 끊김 …………

다시 전화
오늘 돈이 들어올 데가 있었는데 생각보다 돈이 더 들어 왔다시며…
겸사에게 그동안 많이 물어보셨다고 조금 쏴주신다고… 어엄…
그래도 꿈 해몽은 별로 달갑지 않음
긴박하고 정말 다급하고… 이런 점사 환영함.

11. 태몽

점보러 온 새댁 할머니께서 꿈을 꾸었는데 빨간 고추 아주 대형? 큰 것을 몇자루 따셨다고… 그게 무슨 꿈이냐고

```
▶ 천뢰무망 (손木궁)
..........................
財 戌 —
官 申 —                    寅월
孫 午 —/(財 未)世
財 辰 - -
兄 寅 - -                   寅일(진사공망)
父 子 — 應
```

이것 상식적으로도 태몽이지요. 꿈 풀이는 동변효에 답
손효가 동하지요? 으음 태몽이랴 했더니 좋아합니다.
이게 이게 진정한 태몽입니다.

(결과 - 떡두꺼비 같은 아들 낳았음)

12. 꿈이 안 좋아서요.

　50대 후반 부동산 많으신 분　여자분
　11시 쯤 전화 - 선생님 실례가 안되지요? 저 어제 꿈에 검찰에 잡혀갔고
　꿈이 너무 안 좋아서 선생님이 괜찮다고 하면 외출하려고 지금 선생님만 기다렸어요.

　무슨 중요한 일을 목전에 두셨나요?
　아니라고… 선생님 그 꿈이 나에게 문제없는지
　그것만 알려달라고…

```
▶ 뢰산소과 (태金궁)
………………………………………
父 戌 - -
兄 申 - -                              卯월
官 午 ―  / (父 丑)世
兄 申 ―
官 午 - -                              戌일(진사공망)
父 辰 - - 應
```

　저 괘 보면 관변부, 누가 움직였나요?
　세효가 동하였지요? 세가 동하면 통변공식은?
　내가 움직인다. 내가 맘이 바뀐다. 갈등한다.
　이중에서 가장 만만한 것은? 갈등한다지요?

　선생님 혼자 괜히 걱정 하시네요. (이분의 부동산 중 땅은 올랐는데 다 아시다시피 요즘 집값이 많이 하락한다는 소리에 늘 끙끙 앓고 있는 분이라는 것을 교감 통해 내가 알고 있음)

　엊그제 부동산 뉴스 듣고 맘이 안 좋아서 꾼 꿈이니
　걱정하지 마시고 하실 일 하시라고 하자 알겠다고 그런 것 같다고….
　위에서 물으신 분은 우려점 비슷하게 봐야 합니다. 그렇게 보아도 문제 없지요?

13. 밤새 고양이 죽인 꿈

밤새 고양이를 죽였습니다. 누가? 나유 겸사유 ㅎ
몰라요 나도 왜 죽였는지…
퍽퍽 검으로 무사처럼 계속 많이도 죽였는데…

```
▶ 수산건 (태金궁)
..............................
孫 子 -//-  (財 卯)
父 戌  一                         申월
兄 申  - - 世
兄 申  一
官 午  - -                        申일(술해공망)
父 辰  - - 應
```

손변재라… 돈되는 공식이지요?
재는 약하지만 손이 계속 동해주니 으응 몰라 몰라…

(결과 - 친구 병원 가서 사람들 점 봐주고 복채 받고, 손님 부부 가시고 관 털기도 의뢰 들어왔습니다.)

14. 꿈

쌀 보내주신다는 분 곧 받을 거라면서 물으신 점사
이제는 내가 꿈을 다 듣지 않고 풀어드림
그냥 희한한 꿈이었다고…

```
▶ 간위산 (간土궁) 5효동
................
官 寅 ―  世
財 子 -//- (父 巳)           子월
兄 戌 - -
孫 申 ―  應
父 午 - -                    申일(자축공망)
兄 辰 - -
```

6층이지만 재동하여서 뭔가 못받았던 돈 받던지
돈 들어오는 꿈이라고 하였습니다.

이분은 부동산 많으신 분, 저위의 점사 주인공
나쁜 꿈 아니고 재물 꿈이라고 하니 안심하시고 좋아하심.

15. 작은 불상을 주워 왔는데 괜찮은지

아는 지인 남자 선생님이 밤 주우러 산에 갔다가 작은 불상을 주웠는데
이 불상을 가지고 있어도 별 문제가 없는지
아님 이 불상으로 인해 어떤지… 본인이 괘를 내셨다고 합니다.

```
▶ 지산겸 (태金궁)
.........................................
兄 酉 - -
孫 亥 - - 世                          戌月
父 丑 - -
兄 申 一
官 午 - - 應                          寅일 (자축공망)
父 辰 -//- (財 卯)
```

우려점이면서도 신수점처럼 전체적으로 살핍니다.
세효 손효 해수 월일 휴수하니 겁먹음 ㅋ
항상 길흉은 동변효 진토가 월파로 비틀거린다 해도 동효는 하여간 파워가 있는데…
세효를 향해 직진하다가 일진 인목이 3효 신금을 암동시킴. 엉아가 일어나서 진토 좀 말려줘 하니까 신금이 알았따 하면서 어이 진토 나랑 사귈래?
하니까 진토가… 야 해수 손효 너 너 관심없어 나 신금하고 놀거야 합니다.
그제서야 해수 세효 기운이 좀 납니다.

저 동효 진토 부효는 수리하다 라는 뜻도 있고 장소를 옮기다는 뜻도 있습니다. 수리하여 돈 만들었다. 팔았다도 되기에 팔거냐고 아니라고
목이 똑 부러져서 수리하는 곳에 맡겼더니 오래된 것은 아니고 중국에서 만들어 온 것 같다고 하셨다고 몇 센치냐고 하니 5센치 정도라고 합니다.

주사위를 던졌던 점이라 암동이런 것은 이 불상이 다 고쳐지기 까지의 사연들이 있었던 것 같습니다.

세효 저 해수는 하여간 신금이 암동 해줘서 편안함을 줍니다.

손효는 편안함, 기도, 약, 관의 침입을 막아주는 글자이기에

가지고만 있어도 편한데… 해수를 동하게 시키면 (기도를 한다던지)

재를 만들어 온다고 했더니 좋아하시기에

김준현 멘트로 내가 : 아주 부러워 질투나아… 했더니 막 웃으십니다.

꿈에도 좋은 꿈을 꾸시고 계룡산 근처에서 밤 주우시다가 발견했다고 합니다. 내가 막 좋다고 하니 겸사 주까? 아니유.

16. 강아지들이 없어졌는데 누가 가져갔나요?

서산서 우리 국화가 강아지를 낳았는데 몇 달 후에 애초에 강아지가 4마리 없어지고 어저께 두 마리 없어졌습니다.

족제비인지 살쾡이인지 고라니인지 너구리인지 아님 사람인지 도통 몰라서 점단을 했는데…

이 점사를 하늘은 정확히 알려줬는데 내가 알아먹지 못했다가 오늘 동네 사람에게 이 점단이 맞았음을 알았습니다.

```
▶ 건金궁 (산지박 )
..............................
財 寅 ―
孫 子 -//- (官巳)世            月
父 戌 - -
財 卯 - -
官 巳 - - 應             日
父 未 - -
```

우리 강아지를 누가 가져갔냐고 물으면 뭔가 동하여 손효를 극하면 그게 범인인데 어쨌거나 기세로 읽으려고 점을 쳤는데
손효가 동하여 관으로 바뀝니다.

강아지 스스로 죽었다. 도둑 되었다? 도둑맞았다.
5효면 도로이고 외부인데…

깊게 생각을 안했습니다. 그 어린것들이 누가 가져가지 않았다면
생활 반경이 넓지 않아서 경계를 넘지 못하는 것들인데…

오늘 동네 사람에게 혹시 강아지 보셨냐고 물어보니
우리 국화 목줄이 풀려서 국화가 강아지 4마리 딸려서
돌아다니다가 차가오니까 무서워서 지만 우리 집으로 도망 오고
강아지들은 나몰라라 하고 내뺐다고… 누가 봤다고 하고

어저께는 다리 쪽 수로에서 강아지가 낑낑거려서 가보니
두 마리린데 키울 수도 없고 해서 맡아 놓고 있다고
근데 그 사람이 어쨌는지 모르겠다고 하고
오빠들에게 가서 찾아오라고 하니 누구네 집인지 모르겠다고
그냥 두자고 합니다.
저 괘에서 손변관 도로 우리 국화가 도로에서 미아 만들어 놓았다고 정확
하게 알려주고 있습니다.
난 해독 불가라 날짜도 기억 안 나고 잊어 버렸습니다.
이 동네 사람 말 듣고 퍼뜩 저 괘가 생각났습니다.

하늘은 내 질문에 정확하게 답을 주고
난 도둑맞았다고 내 고집대로 생각하다가 뒤통수 맞은 점사입니다.

바보 같은 겸사 하늘이 넌 왜 알려줘도 못 푸냐?
하고 괘씸하게 생각하실 것 같네요.

17. 다이아몬드 귀걸이 실물

어제 밤에 술자리를 가질때 착용했는데 집에 오니 다 있는데 귀걸이만 없다고 패물이라 반드시 찾아야 한다고 급하게 말합니다.

```
▶ 지수사 (감水궁)
..........................
父 酉 - - 應
兄 亥 - -                    寅월
官 丑 - -
財 午 - - 世
官 辰 一                     午日(술해공망)
孫 寅 -//-(財 巳)
```

집 잘 찾아보라고 세효에 용신 재효 잡으면 찾음
왕하고 손변재 또 찾는 글자라 집에서 찾을 거라고 했더니

언제까지 찾냐고 해서 오늘이라고 했더니
오후에 문자로 선생님 찾았어요.

18. 그 책이 어디 있나요?

지난주 월요일부터 쭉 찾았던 그 책(갑골관련서적)이 어딨나요? 맨날 점치면 초효… 아무리 바닥, 아래에서 첫째 칸을 마구 마구 찾았답니다.

마지막으로 또 점을 쳤습니다. 그 책이 어디 있냐고

```
▶ 이火궁 (화수미제)
..........................
兄 巳 ―   應
孫 未 - -                    亥月
財 酉 ―
兄 午 - -  世
孫 辰 ―                     丑日(신유공망)
父 寅 - -
```

왜 동효 표시 안 하냐구요? 집에서 못 찾는 것은 굳이 동효가 필요 없어요. 위치랑 왕쇠만 보아요.

또 초효… 부효 인목
거실, 저쪽 방, 이쪽 방… 안방… 혹시 틈새에 있나? 바닥을 볼펜으로 쭉 어? 걸립니다. 이런 소책자 복서정종 이거 아닌데…

넷 북 밑에 수북히 쌓아 논 곳에 그 책이 조금 보입니다. 헐 완전 대박
난 논문 쓰느라 입술이 터진 게 아닙니다. 찾고 나니 너무 허탈해서 입술이 간질거려서 거울 보니 헉 물집이 생겼습니다. 젠장… 그래도 남들에겐 논문 쓰느라고 힘들어서 그랬다고 해야겠습니다.

진짜 어이없습니다. 한 꼭지만 쓰고 결론 쓰면 되는데… 이 책을 꼭 인용해야하는데 없을 때… 점에선 바닥이나 첫째 칸에 있다고 그리 알려줬는데 내가 못 찾은 걸 어쩌냐구요. 하늘도 참 답답할 것 같아요. 넌 왜 점을 치니? 하고 물을 것 같아요.

19. 뱀 두 마리가 집에 들어 왔는데

　청양 아기엄마 전화… 선생님 집안에 뱀이 두 마리가 들어와서 119 불러서 아저씨들이 처리 해 줬는데 그 뱀이 무척 비싼거래요. 저희가 안 만지고 119 아저씨들이 치웠는데 괜찮냐고…

```
▶ 진木궁 (뢰풍항)
..........................
財 戌 - - 應
官 申 - -                          酉月
孫 午 ㅡ
官 酉 ㅡ 世
父 亥 ㅡ                            亥日(오미공망)
財 丑 -//- (父 子)
```

　이런 점사는 잘 안 걸리시겠지만 - 그냥 우려점이나 신수점처럼 보시면 되겠지요?
　심리적으로 - 세효에 관효 붙으니 꺼림찍 하지요?
　재변부가 되면서 6충… 곧 괜찮아집니다.

　상식적으로 이런 점사 나빠도 좋다고 하는 거 아시지요?
　음 그려 걱정하고 있는데 아무 탈 없대
　네 선생님… 너무 싱겁지요? ㅋㅋㅋ 그래도 그냥 읽으셔요.

20. 화분에서 김이 올라오는데 가서 보면 없어요.

저희 집에 화분이 있는데 김이 올라와서 이상해서 가보면 없어지고 멀리서 보면 또 김이 올라오고… 이 징조가 무엇이냐고 합니다.

```
▶ 이火궁 (중화리)
..........................
兄 巳 一世
孫 未 - -                          未월
財 酉 一/ (孫 戌)
官 亥 一 應
孫 丑 - -                          申일(술해공망)
父 卯 一
```

항상 길흉은 어디? 네 거기 돈이 회두생 받고 일진에서 계속 밀어주지요? 좋은 징조유 돈 들어 온대유. 아！선생님 감사합니다.
　재래취아(財來取我) 재가 나에게 안김 세효에 형 잡아도 안기고, 부효 잡아도 안기고… 뭘 잡든 재동은 반드시 돈 들어옵니다.

나는 어제 신수점에서 부래취아… 부효가 진신되더니 전화가 풍년입니다. 전화 받다가 그래도 논문 오늘로 다 썼습니다.
　강간점사도 있었지만 그래도 뭐… 유료도 있었습니다.

21. 택배아저씨 언제 오는지

오늘은 택배 부칠 곳이 3개 오후 1시부터 오시라고 전화함
은행도 나가봐야하고, 수퍼도 가야하고… 3시까지 기다림 몇시에 오유?
4시 5분쯤 오실거냐고 온다고…
6시쯤 기다려도 오지 않기에 점단합니다.
기사아저씨를 응으로 보고 어디 있으며 언제 오는가?

```
▶ 화산려 (火)초효동
......................................
 兄 巳 ―
 孫 未 - -                    酉월
 財 酉 ― 應
 財 申 ―
 兄 午 - -                    亥일(진사공망)
 孫 辰 -//- (父 卯)世
```

응이 어디 있나요? 현관 쪽이지요? 집 근처에 와 있다는 얘기이고
세효 동하여 회두극 - 겸사 속 터져 죽는 것 보이나요? ㅎㅎㅎ

6충은 이 현상이 금방 깨어진다는 것이니… 10분정도 기다리니 왔습니다.
거의 집을 나가지 않고 있지만 외출하려고 하니 택배 때문에…

어디 쯤 와 있는가를 용신을 꼭 정하시고 보셔요. 이것 참 잘 맞습니다.
용신이 5효이면 도로이고… 세효에 근접해 있는가도 보셔요.
이 점사는 응효로 정했기 때문에 효로 따져야 합니다.
택배기사님을 이렇게 아쉬워하다니 참…

22. 아기가 안 생겨요.

30대 부인이 아기가 안 생긴다고 하여 점단합니다.

```
▶ 손木궁 (화뢰서합) 상효동
.................
孫 巳 ― / (財 戌)
財 未 - - 世                    辰월
官 酉 ―
財 辰 - -
兄 寅 - - 應                    未日 (자축공망)
父 子 ―
```

아기라… 본인점은 그래도 세효부터 살피자.
세효 월일 왕상하고 아기 갖고 싶은 의지 넘쳐나고
아기 찾자, 상효 아기 사화 움직이니 임신되는데 술토 무덤으로 들어가니
아기만 임신되면 죽는 신기한 현상

(선상님 월파로 진토가 술토 때리는데요… 미일의 일진이 변효 술토 밀어주고 월이 변효를 월파로 때리지만 사화는 고로 빠질 수밖에 없었나봅니다.)

아기 손효 살리려면 - 형효 쓰던가 손효 쓰던가.
해야 하는데… 손효 쓰기로 함. 손효가 뭐냐구요? 치이… 알면서…

23. 5주 아기 아들인지 딸인지

2년 전 오셨다고 그 당시 아기를 언제 갖느냐고 해서
애기 한명 잃었냐고 하면서 시간은 걸리지만 반드시 임신 된다고
제가 그랬다는데 드디어 임신되셨다고…

세효가 약했던지 부효 잡았던지 했겠지요.
부효 잡으면… 지난 날 죄책감 걱정으로 임신하기 힘듬
남편은 가족이 모두 딸이라 아들 바라고
부인은 무조건 딸을 원하고

```
▶ 곤위지 (곤土궁)
..............................
孫 酉 - - 世
財 亥 - -                    辰월
兄 丑 -//- (父 午)
官 卯 - - 應
父 巳 - -                    午일(인묘공망)
兄 未 - -
```

아들 딸 감정 아시지요? 손효 - - 유금이니 딸
내가 딸인데 아빠 미안 했더니 웃으시며 자긴 좋다고 함

형효가 심하게 동하길래 병원서 도움 받으셨냐고 하니 인공수정
으음 돈 많이 쓴 아이고 예쁜 (유금) 아이라고 아이 튼튼하다고 하니
좋아하심 산부인과 의사분들 또 미안
우리가 먼저 알아서 ㅎ

24. 엉겅퀴 효소가 어떤 영향을 줍니까?

언젠가 효소가 몸에 좋다고 들어서 이 카페 저 카페 다니면서 담는 법을 배워서 작년에 꽃피기 전에 연한 것으로 뿌리 채 씻어서 설탕 넣고 푹씬 썪 혔다가 금요일 가서 썩은 것 휙 걷어냈더니 거기 즙이 잔뜩 고였기에 아까와 하면서 버리고 펫트병 반 정도 수확이 있어 가져왔습니다.

논문 주물럭거리려면 목이 탈 것 같아 엉겅퀴 효소를 물에 타먹으려고 일단 어떤 효험이 있는지 점단해 보았습니다. 육효인은 어엄 아무거나 안 먹잖아요. ㅎ

```
▶ 택화혁 (감水궁)
..................................
官 未 - -
父 酉 —                        卯月
兄 亥 — 世
兄 亥 —
官 丑 -//- (孫 寅)              酉일(진사공망)
孫 卯 — 應
```

세효 해수 - 형제효라 일진에서 생조하니 통과
축토 관효 동하여 인목에게 쥐어터지네요.
어라 초효 묘목 일진에 암동치고 관 두개 아주 초죽음

이화괘의 관효는 - 눈
저 상괘 태괘의 관은 - 이빨, 입 주위 요즘 뽀루지 작렬 니들 디졌어.
인체 그림으론 - 상효 : 머리
2효 - 종아리

하여간 나에겐 참 유용한 효소가 됩니다. (지방도 좀 분해해주면 안되겠니?) 저번에 개 복숭아는 효과 없더면…

나는 이빨이 좀 약하고, 혈액순환이 잘 안되면 팔꿈치가 뭐가 박힌듯 아프고 발바닥이 아프고, 버스에서 앉았다가 일어나려면 된장독이 아픈데… 이 병들은 혈액 순환제 먹으면 싹 낫습니다.

그런데 이 엉겅퀴 기특합니다. 그래서 큰 컵에 따라서 물과 섞어서 한잔 만들고 향을 맡으니 꽃향기처럼 쏴아 한 것이 코를 자극합니다.
몸에 좋다니 먹습니다. 달콤합니다. 올해는 더 담아야겠습니다.
이제 슬슬 논문 또 만나러 가야겠습니다.

25. 손님 이빨 뽑아도 되는지요?

문자로 치과 남편 부인이 보낸 문자, 어르신 틀니하신분이 남은 이 자꾸 뽑아 달라서 남편이 의사신데 이거 뽑아드려도 그 어르신에게 문제가 없는지 알려달라고 함

(이분 너무나 이런 것 물으심 어엄 전번에 와서도 겸사가 이런 것 다 맞췄대나 뭐래나⋯) 의료사고가 많으니 겁나서 그런 것 같은데⋯ 잘 맞춰줘도 메아리가 없는게 흠인데⋯

```
▶ 감水궁 (중수감)
..........................
兄 子 -//-(孫 卯)世
官 戌 一                              卯월
父 申 - -
財 午 - - 應
官 辰 一                              亥일 (오미공망)
孫 寅 - -
```

누구의 우려점? 그 어른, 부효 ⋯⋯⋯⋯. 1초안에 용신 잡혀야 한다고 했지요? 우려점 공식 동효로부터 용신이 극 받지 말자

이 점사에선 부효 4효 신금이 용신 맞는데 월일 너무나 휴수한데

형효가 동하여 힘을 빼니 부효가 죽는 건 아니지만 너무나 후달거리지요?

그래서 뺀다면 진월부터 나아질 것이고, 진월부터 뺀다면 좀 나을 수 있다고⋯ 이렇게 보냅니다.

극을 받진 않지만 저렇게 휴수하니⋯ 이가 쉽게 나을 것 같지 않다는 것을 충분히 알려드렸으니 우린 여기까지만 말합니다.

26. 이 산삼이 효과가 있을까요?

풍수지리 답산 갔을 때, 학생들 몇 명이 안와서 기다릴 때 묘소 입구에서
들꽃 사진 찍다가 발견된 산삼이 얼마나 많은지 12뿌리 정도 캐어서 몸 약하신 선생님들 몇 명 한 뿌리 씩 드리고 한 개 남겨놨는데 내가 만일 먹게 된다면 혹시 효능이 있을까?로 점을 해 보았습니다.
원래는 우리 남편 갖다 주려고 지금 냉장고에서 다음 주를 기다리고 있습니다 만 나도 인간인지라 흑심이 생겨서 한 번 점단

```
▶ 지화명이 (감水궁)
……………………………
父 酉 - -
兄 亥 - -                            辰월
官 丑 - - 世
兄 亥 ━
官 丑 -//- (孫 卯)                    未日 (자축공망)
孫 卯 ━ 應
```

세효에 관효를 잡았다는 것은 원래 고질병이 있다거나 점칠 때 불안 걱정으로 점단해도 저렇게 관효가 잡힙니다. 2효에 축토 관이 있는데 관변손으로 이괘의 눈 - 요즘 텔레비전을 보거나 하면 눈탱이 많이 흐릿한데 어멈머 눈은 잡힙니다.

묘목이 약해서 일시적 효과 같은데 원래 자기점사는 합리화를 많이 함으로 효과가 있다고 보여집니다. (남편이랑 조금 나눠 먹었고, 너무 어린 산삼이라 그 산에 몇 뿌리 남겨 놨는데… 올해 가서 캐어야겠습니다.)

27. 까마귀 울음소리의 의미

어제 새벽 3시쯤 큰비 그러더니 그침… 그러거나 말거나 논문빼고 잠들 무렵 새벽 5시 37분 - 도심에 웬 까마귀가 까륵 까륵 웁니다. 저 새의 울음소리가 나에게 의미하는 것이 뭘까요?

```
▶ 손木궁 (손위풍)
.................................
兄 卯 一 / (父 子) 世
孫 巳 一                     午月
財 未 - -
官 酉 一 應
父 亥 一                     卯(술해공망)
財 丑 - -
```

세가 동하여 부효로 되다. 이게 뭘까?
내가 비를 맞다.
바람이 불고 비가 온다.
내가 돈쓰고 힘들어 한다.
내가 움직여 책방간다.
내가 움직여 공부하다.
내가 움직여 연락되다.
돈 나가는 문서 받다.
내가 우울해지다.
내가 움직였는데 연락 받다.

내가 오늘 책을 사러 가느냐고 강남 고속터미널역 영풍문고 갔더니 없어서 - 거기서 9호선 첨 타고 강남 교보로 다시 갔고 거기서 책 사고 비도 좀 맞았고… 저 놈의 까마귀 시키… 하여간 힘들었습니다.
하긴 예약전화도 받았습니다.
여러분들도 어떤 징조가 있을 땐 - 점단해보시고 맞추어 보셔요.

기타점사 355

28. 남편이 시댁만 다녀오면 이상해져요.

　남편이 시어머니만 만나고 오면 눈빛이 변하고 사람이 달라져서 이상하여 지고 하여간 뭐가 씌인 사람 같아요. 집안 분위기를 아주 험악하게 만들어요. 왜 그럴까요?

```
▶ 산화비 (간土궁)
..................................
官 寅 ―
財 子 -//- (父 巳)              辰월
兄 戌 - - 應
財 亥 ―
兄 丑 - -                       庚子일(진사공망 )
官 卯 ― 世
```

　왜 그러합니까? 하고 괘를 내면 - 하늘이 오냐 그건 이것 때문이니라 이렇게 알려주지 않습니다. 특별한 능력이 있는 사람만이 알겠지요?

　우리는 그냥 공부하는 사람들이니까 하늘의 대답을 유도할 뿐입니다. 그럴려면 과연 엄마가 아들에게 나쁘게 하여 우리 아들이 공격받는지 이런 식으로 봐야 하니 이 물음은 둘 사이가 어떠합니까?로 하늘에게 물으면 답을 주시지요?

　어머니랑 아들사이니까 부와 손이겠지? - 이렇게 추측하는 사람들은 육효공부가 아주 멀었습니다. 육효는 탄력적으로 대응해야 하고 빨리 답을 쉽게 보이게 머리를 돌려야 합니다. 그냥 남편 쪽을 세, 시어머니 쪽을 응으로 놓아야 합니다.

　자 봅니다. 세효 묘목 관효에 응효는 술토라 - 주도권을 누가 잡았나요? 우리 측 남편이 잡아서 엄마에게 당하는게 아니라 우리가 엄마를 부담스럽게 합

니다. 동효가 우리 세효 오히려 강하게 합니다.

여기서 좀 떨떠름한 게 세효 관효입니다.
이럴 때 육수를 한 번 써 봅니다.
경자일의 천간이 경금이니 백호가 초효에 붙습니다.
백호라… 남편과 둘이 직접 얘기하면 뭔가 속시원이 잡힐 텐데 부인이 남편의 얘기를 들려주니 나도 갑갑합니다.
원래 귀신은 적선하는 사람을 젤 무서워하니 그 집에서 올 때 동전이나 몇 푼 던져놓고 집으로 오라고 합니다. 그리고 이 부인에게 시댁에 가서 잠 잘 기회가 있으면 간소하게 음식차려서 집에 두었다가 다음날 처리하라고 알려줍니다.

그러겠다고 합니다. 저 백호살 확실히 누가 저러한지 잡아내면 좋겠으나 그냥 저 재극인으로 해결해 주고 맙니다.
그리고 나서 남편이 달라지는지 내게 보고해달라고 하였습니다.

육수관계는 하지장에 많이 나와 있지만 저렇게 모호한 심리적 상황에 한 번 쯤 적용하여 보면 뭔가는 잡힘을 봅니다. 육효를 하다보면 무속인, 스님, 등이 하시던 일들도 우리가 표절할 때가 있음을 아시기 바랍니다.

29. 합의를 해주지 않았을 때 어떤가요?

검사가 대학원 박사과정 다닐 적 학교 홈페이지 상에 갑산선생님께서 캡쳐해준 글에 답 글을 달았는데 내가 큰 웃음 주셨다고 논문제목 아직 정하지 않은 사람들 이런 논문 제목 어떠냐고 강추 한다고 올린 적이 있습니다.

물론 캡쳐 내용은 논문지도교수 배정, 논문제목 등을 안내하는 글임

이 글을 가지고 어떤 분이 자신을 겨냥한 것 같다고 나를 명예훼손죄로 고소한 것인데 경찰서에서 조사를 받고 무혐의 판정이 났는데 공주 검찰에서 오라고 했습니다.

왜 그 사람 글에 이런 글을 달았냐고 해서 난 캡쳐한 글에 올린 거라고 하니 검사가 캡쳐가 뭐냐고 물으니 서곡 선생님이 원본 훼손을 우려해서 사진 찍어 놓은 거라고 설명하니 검사는 깜짝 놀라 작성자를 이제 봅니다.

이 검사 화들짝 놀랐습니다. 고소한 사람은 자기 글이라고 검사에게 말했고, 나는 답글을 갑산 선생님의 캡쳐 글에 달았으니 대략 난감함을 봅니다.

검사가 고소한 사람에게 사과를 하면 합의를 해준다고 하니 합의하라고 하고, 내가 뭘 사과하느냐고 우리 학과는 융복합이라 어떤 논문도 쓸 수 있는데 뭘 잘못 한거냐고 하니 정신병자가 그 사람이라고 보여 진다는 것입니다.

검사는 자꾸 윽박지르고 나는 왜 사람 잡냐고 기분 나쁘다고 하고… 윽박지로… 난 그런 의도가 없다고 상담하다 보면 4시간 얘기하고 집에서 또 그 내용 다시 묻고 하는 사람들이 많다고 그리고 나도 정신병자 같다고 하고… 내가 합의를 안했을 때의 상황이 어떤지 점단합니다.

```
▶ 곤土궁(택천쾌)
..........................
兄 未 --
孫 酉 一 世            卯월
財 亥 一
兄 辰 一
官 寅 一 應           寅日(?공망)
財 子 一
```

동효 계산 할 필요가 없는 패입니다. 내가 지려면 동효가 날 극해야 하는데 암산으로 때려도 유금을 깨는 화가 비신에 없기 때문인지라 나는 얼른 세응만 봤습니다.

지금 내가 유금으로 환경이 몹시 불량이지만 때만 오면 저 인목 응효를 극하기 때문입니다. 내가 이깁니다.

내가 이괘를 보고 더욱 화를 냅니다. 실명을 거론한 것도 아니고 그 지발저림까지 내가 사과를 해야 하느냐고 큰 소리 칩니다. 그러다가 내가 너무 복받쳐서 눈물이 떨어진다고 별일을 다 보겠다고 합니다.

계속 그 짓 윽박지르고… 난 아니라고 생사람 잡지 말라고 하고 이런 실갱이를 하다가 경위서를 쓰라고 해서 나는 그걸 쓰고 왔습니다.

(결과 - 한참 뒤 증거불충분으로 무혐의 처리 통보 받음. 학교 다니면서 파란만장했습니다. 그럼에도 불구하고 논문을 썼답니다.)

30. 감사를 받았는데 문제가 없는지 알고 싶다고

오랜만에 오신 은행지점장님… 몇 가지 물어 볼 것이 있어서 오셨다고 합니다.
은행 감사를 받는데 괜찮겠느냐고? 나는 그 시기가 언제냐고 7월이라고

그럼 정성스럽게 물어보시라고 하고 난 어디다 내팽개쳤는지 알 수 없는 점사노트에 기록해야 함으로 찾으러 다니고 찾아서 앉으니 이미 괘가 던져진 상태입니다.

```
▶진木궁 (뢰수해)
..........................
財 戌 - -
官 申 - - 應              未月
孫 午 —
孫 午 - -
財 辰 — 世              未日 (술해공망)
兄 寅 -//-(孫 巳)
```

다들 암기하신 우려점 공식 이 때 쓰는 것이지요?
세효의 우려점 공식은 ? - 동효로부터 세효가 공격받지 말자.
타인점의 우려점 공식은? - 동효로부터 그 지정된 용신(자부재관형제 응) 중에서 지정된 용신이 동효로부터 공격받지 말자.

이걸 대입합니다. 세효가 동효로부터 공격 받지 말라고 했더니 어떤가요? 설탕 알 만한 인목이 진토 세효 콩 때립니다. 딱 걸립니다.

내가 하는 말이 내괘니까 형효이니 어떤 비용처리인지 뭔가 하나 걸리는데

잘 해명하시면 괜찮아유.

빨리 가서 이것 손 보셔요. (인목 동하나 유지 못하고 변효 사화로 힘 빠짐)

그 분 나를 심각하게 쳐다봅니다. 그분이 오시자마자 잠깐 기다리라고 해놓고 세수하고 양치하고… 너무 짐승 같아서 그런가? 하고 속으로 너무 티 났나? 하고 찔려 있는데…

지금 걸렸어요. 날 더러 해명하래요.
겸사 : 헐 !!!!
아니 그럼 지금 감사중이라고 해야지 몇 월에 하냐고 하니까 7월이라면서요. 했더니 지금 7월이잖아요. 내가 키득 키득 웃으면서… 자세히 얘기를 해야지 난 또…

하여간 그럼 해명하면 문제 없슈 했더니 혹시 자리 이동되고 그런거 아니냐고…
이 점사에선 문제가 있다고 해명 잘 하면 된다고 나온 것이라고 이동은 따로 점단했습니다.

▶▶ @ 관털기 _____

관효란 사주명리에서는 정관과 편관이 있지만 육효에서는 정관과 편관을 함께 보고 질문으로 정관적인 질문인가, 편관적인 질문인가를 봅니다.

정관적인 질문 : 남편, 직장운, 관공서, 단체, 승진, 명예적인 것 등입니다.

편관적인 질문 : 질병, 관재송사, 구설, 대출금, 시체, 귀신, 막히고 체함 등으로 보는데 가택효에 관이 임하면 그 집에 병자가 있다. 혹은 귀신이 있다고 봅니다.

소강출판사 - 『야학노인점복전서』〈응용편〉, 옛날 주택 편, 226~227 쪽 관귀가 괘 중에서 동하면 정말로 요괴요, 실제로 유령이다 라는 소제목을 잘 읽어 보시면 이런 말이 보입니다.

고법에서 귀신을 제복시키는 방법으로는 庚申일이나 甲子일 혹은 섣달 그믐날 밤에 노란 종이돈을 여러 장 만들어 놓고 미음죽 한 그릇을 준비하여 괘에 金 관귀일 경우에는 서쪽 방향으로 전송하고, 水 관귀일 경우에는 북쪽 방향으로 전송하며, 木, 火, 土 관귀도 각각 그 방향을 헤아려 사람들이 조용한 때에 문밖으로 가서 전송하는데 여러 번이나 편안했던 것을 중험하였다.

이것을 우리는 조금 업그레이드하여 응용한 것입니다.
특히 집은 (부효, 어른)이기에 어른들은 재(음식, 선물, 돈)을 쓰면 어른들이 집안의 귀신을 쫓아주기도 하기에 재극인의 방법으로 씁니다.
이러한 모든 방법을 관털기라고 칭합니다.

여러분들이 알아야 할 것은 몸이 아프다고 하는 사람들은 대부분 그 원신 재효가 힘이 없어서 그러는 것이니 돈병이 많고, 돈이 없다고 하는 사람들, 사업이 잘 안된다고 하는 사람들, 매매가 잘 안 되는 사람들은… 재효의 힘을 빼는 관귀의 작용일 수도 있으니 잘 참조하여 관털기로 편안하게 해주시기 바랍니다.

나가는 말

지금까지 제 실관사례를 잘 읽어주셔서 감사드립니다.

생생한 현장감을 가지려고 제가 늘 쓰는 사투리와 함께 구어체로 써서, 참 이상한 책도 있다고 처음 보시는 분들은 놀라시겠지만, 제 실관사례를 처음부터 보신 분들은 습관이 되어서 괜찮으실 겁니다.

공주대학교 대학원 동양학과 카페 육효실관방에 끊임없이 상담사례를 적고 있으니 오셔서 봐주시기 바랍니다.

자꾸 점을 치니까 한 해 한 해 더 점사가 잘 보이고 실력이 늘어나고 있습니다. 점사들이 모이면 또 출간하려고 합니다.

제가 조금 걸리는 것은 점치러 오신 분들이 혹시라도 이 책을 보시고 이거 난데 내 얘길 하다니 하고 괘씸해 하실까봐 최대한 조심하긴 했는데 불쾌 하셨다면 용서해 주시기 바랍니다.

이 책은 육효 공부하시는 분들에게 도움이 되길 바라고 통변에서 막히시는 분들에게 조금이라도 도움을 드리려고 낸 책이기에 대의를 생각하셔서 한 번 더 용서해주시기 바랍니다.

그리고 역학 공부하시는 분들은 좋은 정보가 있으면 서로 서로 공유하여 역학의 글로벌 리더가 되셨음 합니다.

2014년 계춘 방배동에서 겸사 이시송 올림

육효박사

2014년 5월 20일 초판 발행
2021년 6월 20일 재판 발행

글쓴이 **이 시 송**
펴낸이 **류 래 웅**
펴낸곳 도서출판 太乙
        경기도 성남시 수정구 산성대로 331
        한신프라자 1517호
        전화 (031)730-2490, 730-1255, 팩스 (031)730-2470

제 작 늘솔 TEL: 02-966-1495

출판등록 2002년 9월 5일 / 등록번호 129-91-16233
ISBN   978-89-955565-2-8

정가 33,000원